国民主権と天皇制

尾高朝雄

講談社学術文庫

序言

日本国憲法が施行された昭和二二年に、憲法普及会によつて新憲法大系というシイリイス〔series〕が編集され、私もその一冊として、『国民主権と天皇制』という小著を書いた。そののち間もなく、出版者である国立書院が廃業してしまつたので、この本も絶版の形で今日にいたつた。いまその改版を、多少の字句の修正を加えただけで世に送るのは、晩秋の候にかびくさい浴衣を出して着るような気がしないでもないが、近ごろは憲法改正の議論がやかましくなつて、天皇の地位についても再検討が行われつつあるので、かつての私の発言をここでもう一度くりかえすことも、あながち無意味ではないと思い、青林書院の懇請を容れた次第である。

終戦後の日本は、国民主権の建前の下に議会民主制を実行して来たのであるが、その実績は、いままでのところ、はなはだ香《かんば》しくない。民主政治も現実政治である以上、筋の通らぬ駈けひきがともなうのは、やむを得ないが、今日の日本の議会政治は、筋の通らぬことがあまりにも多すぎる。これを是正するためには、さまざまの現実的な配慮が加えられなければならないと同時に、国民の政治的行為に公共性もしくは道義性の筋金を入れることが、ぜひとも必要である。国民の厳粛な信託を受けて、実際の政治にたずさわる政党人にとつて、その心構えがとくに必要であることは、いうまでもない。そういう角度から、国民主権ということの意味を考えなおすためにも、ここで私のかつての発言をもう一度くりかえして見たいと思う。

国民主権と天皇制についての私の主張に対して、その当時、宮沢俊義教授が二回にわたって懇切な批判を加えられた（国家学会雑誌、第六二巻、第六号、昭和二三年、および、同、第六三巻、第一〇・一一・一二合併号、昭和二四年）。これに対して、私も、私の立場を明らかにするために、その都度答えを書いた（国家学会雑誌、第六二巻、第一一号、昭和二三年、および、同、第六四巻、第四号、昭和二五年）。この論争は、単なる議論のやり取りである以上に、主権の問題を探究する上で、若干の建設的な意味をもっていると思うので、旧著の改版を出すにあたり、私の二つの答えを、第六章および第七章として再録することにした。私は、この機会に、宮沢教授の学恩に対して重ねて感謝すると同時に、議論の一方である私の主張だけをここに収録したことの非礼につき、教授の海容を乞いたい。

昭和二九年一一月

尾高朝雄

はしがき

　新憲法ができ上りつつあつたころ、多くの人々は、新憲法の採用しようとしている国民主権主義と、日本固有の天皇制とは、水と油とのように融け合い難いものであると考えた。したがつて、新憲法の草案は、名目の上では天皇制を存置せしめているけれども、その内容はいままでのそれとは全く違つたものに仕立て上げて、国民主権の原理の邪魔にならない程度で、伝統尊重のジェスチュアを示しているのである、と見た。

　なるほど、新憲法成立の由来やその背景には、あるいはそのような考慮が働いていたかも知れない。しかし、でき上つた日本国憲法をば、日本国民がわれわれの憲法として受け取つた以上、そうなつたものならそれでよかろうというような、日本人一流の「流れ次第の風次第」的な態度ですますことは許されない。新らしい日本の建設の出発点たる国民主権主義と古い日本の歴史を担つている天皇制とは、新憲法の中で、木に竹を継いだように、間に合わせに結びつけられているだけであるのか、あるいは、その結び目を通つて、両者の間に生きた民族精神の血が通うようになる見込みがあるのか。新憲法が真の「日本国憲法」として国民生活の中に深く根を下すことができるためには、この問題を第二の可能性の方向にむかつて解決するように、あらゆる努力を傾注しなければならないと信ずる。

この小著は、著者自身の専攻する法哲学の立場から、この困難な問題についていささか思索して見た結果として生れた、一つの試論である。もともと憲法の専門家でもなく、まして歴史の知識にはいたつて暗い上に、ほとんどこれを一気に書き上げたので、色々な間違いや、考え足りないところがあるだろうと思う。したがつて、本書は、新憲法の解説書としての体裁や資格を備えたものではない。むしろ、読者諸賢に卒直に問題を提供し、この大切な事柄を共々に考えて行つて戴きたいというのが、あえてこれを公表する著者の本来の念願に外《ほか》ならない。

昭和二二年中秋

尾高朝雄

目次

国民主権と天皇制

第一章　新憲法をめぐる国体論議

一　新憲法による国民主権主義の宣言

昭和二一年一一月三日に公布され、昭和二二年五月三日から施行された日本国憲法は、国民主権主義を採用した。その趣旨は、新憲法の二つの場所に明白な言葉を用いて表明されている。すなわち、前文のはじめにあたつて、日本国民は「ここに主権が国民に存することを宣言し、この憲法を確定する」といつているのが、その一つである。第二には、第一条で天皇が日本国の象徴であり、日本国民統合の象徴であるという地位に立たれることを規定するにあたり、「この地位は、主権の存する日本国民の総意に基く」といつているのが、それである。これらの明文の表現によつて、今日の日本が民主主義の徹底した形態たる国民主権主義によつて立つ国家であることが、明らかに示されるにいたつた。

元来、民主主義は、三つの点で国民を「主」とする政治の原理である。第一に、それは、国民が政治の「主体」であるという意味で民主的である。これをいいかえれば、国家の政治的権威は国民に淵源するということであり、更にいいかえれば、主権は国民に存するということに外《ほか》ならない。次に、第二に、民主主義は、政治が国民の手によつて行われるという

「方法」において民主的である。もつとも、国民の手によつて政治を行うといつても、国民のすべてが政治上の権力の行使にあたることは、事実上不可能である。そこで、民主政治は、実際には国民の中から選ばれた代表者による政治として行われる。そうして、第三に、民主主義は、国民すべての福祉を政治の「目的」とするという点において民主的である。すなわち、民主政治は、君主のための政治でも、国家のための政治でもなくて、国民のための政治でなければならない。故に、リンカアンは、民主主義の精神を要約して、「人民の、人民による、人民のための政治」であるといつた。新憲法もまた、この三原則を前文の中にかかげて、「そもそも国政は、国民の厳粛な信託によるものであつて、その権威は国民に由来し、その権力は国民の代表者がこれを行使し、その福利は国民がこれを享受する」といつている。すなわち、新憲法はここでもまた、政治の方法および政治の目的とならんで、政治の主体が国民にあることを認め、国民主権主義の態度を明確に示しているのである。

　しかも、新憲法は、いま引用した前文の言葉につづいて、「これは人類普遍の原理であり、この憲法は、かかる原理に基くものである」といつている。すべての権力の淵源は国民の意志に存するということ、その権力は国民を代表する政府によつて行われるということ、かくして行われる国政は、国民の人間としての福利の増進を目的としなければならないということは、アメリカ合衆国の独立およびフランス革命以来、民主主義の定言命令として確立されて来た。そうして、それは、人間自然の本性に立脚する「人類普遍」の政治原理であるという意味で、「自然法」と呼ばれた。新憲法はこの自然法を認め、それが日本の国家構造の根本原理であることを宣言したのである。国家統治の大権は「皇祖の神勅《しんちょく》」によって永世変らず天皇に帰属し、政治の権力は臣民の「翼賛」によって行われ、政治の目的は滅私奉公以て「国運の隆昌《りゅうしょう》」を図るにあるとされて来た日本としては、誠に有史以来の大変革であるといわなければならない。

そこで、新憲法をめぐって最も問題となり、最も真剣に論議されたのは、新憲法によるこの国民主権主義の採用が、日本古来の「国体」の変革を意味するかどうかということであった。

日本の国体とは、「万世一系の天皇」の統治を核心とする国家構造の基本原理である。この基本原理によれば、日本における統治権の主体は天皇である。統治権という言葉と主権という概念との間には、多少のニュアンスの相違があるが、それを大体として同義であると解するならば、日本における主権の所在は天皇であり、天皇以外の何ものでもあり得ないと考えられていた。しかるに、新憲法は、卒然として、主権が国民に存することを宣言し、国民主権主義の建前に転換したのである。こういう考え方は、終戦前の日本では、全然介入の余地のない異端邪説とされていた。その異端邪説が、いまや「人類普遍の原理」として採用され、日本もまたそれに対する例外ではあり得ないことが、最も公然と、最も公式に認められたのである。一言にしていえば、主権在君が主権在民に切りかえられたのである。それは、まさに「万邦無比《ばんぽうむひ》」と誇っていた日本の国体の変革ではないか。それをしも国体の変革ではないというのは、全く理論上の根拠のない強弁にすぎないのではないか。

そういう議論がさかんに主張されるにいたつたのは、すくなくとも普通の国家理論にいう主権の概念をそのままに認め、主権の所在によつて国体が分類されると見るかぎり、理の当然であるといわなければならないであろう。

もつとも、明治憲法の解釈に関しては、天皇主権説はかならずしも学問上の定説として異論なく通用していた訳ではない。むしろ、ドイツ公法学の影響を主として受けた日本の有力な憲法学者たちは、ドイツに発達した国家法人説を受け入れて、統治権は法人たる国家そのものに帰属すると考えた。したがつて、天皇は主権または統治権の主体ではなく、統治権の主体たる国家の統治作用をつかさどる機関たる地位にあると説明した。満州事変の起る頃までは、かような国家法人説——天皇機関説——が最も有力な学説として行われていたのである。

この理論を今日も支持することができるとすれば、新憲法の下でも、厳密な意味での主権の所在は国家そのものであると見る可能性が残されるであろう。新憲法は、主権は国民にあると明言しているけれども、その場合にいう「国民」とは、個々の国民の総計ではなくて、超個人的な「国民共同体」であり、これを法学的に概念すれば、結局において「国家」それ自体に帰着する。そうであるとすれば、旧憲法においても、新憲法においても、主権の所在は国家そのものであることに変りはない。ただ、旧憲法では天皇は国家の統治権の「総攬《そうらん》者」であつたのが、新憲法の天皇は日本国の「象徴」として位置づけられ、統治作用については実質上何ら関与せられることがなくなつたにとどまる。それは、変革といえば変革であるが、変つたのは主権発動の態容であり、いわゆる「政体」であつて、主権のあり方としての「国体」には変化は生じなかつたと見られ得る。故に、新憲法成立の過程にあたつて、一部の論者は主権在国家説をかかげ、憲法変革の前後を通じて、国家の基本構造に一貫した意味を与えようと試みた[1]。

しかしながら、主としてドイツに発達した国家法人説は、君主制と民主主義との妥協の理論であり、その意味で特殊の政治的意図を背景としている。したがつて、その政治的背景が変れば、新らしい政治動向によつて排撃されることを免れない。したがつてまた、この学説は、いかなる政治の立場をも納得せしめ得るような普遍的な国家構造の理論であるということはできない。

帝政時代の旧ドイツでは、民主主義の要求が強くなつて来るにつれて、君主の権力を制限する新らしい国家理論の構成が必要となつて来た。けれども、国民主権説をそのままに採るときは、君主主義の立場との正面衝突を避け得ない。これに対して、国家そのものを法人と見、権利主体と考えるならば、統治の権力は法人としての国家に帰属する固有の権利であるということになる。国家が統治権の主体であるならば、君主といえども、国家の統治権の行使にあたる機関の一つに外ならない。そうして、法人たる国家の統治意志は、——一般に法人の意志がその構成員の合議によつて、例えば、株式会社の意志が株主総会の決議によつて構成されるように、——国民の投票により、もしくは国民を代表する議会の決定によつて構成される。そうなれば、形は君主国であつても、実質上は民主主義の要求が満足せしめられ得ることになる。すなわち、君主は、国民の意志によつて作り上げられた国家の統治意志の行使をつかさどる機関である、という結果が得られる。国家法人説の狙いは、正《まさ》にそこにあつたのである。

かように、国家法人説は、君主主義の制度と民主主義の要求とを妥協せしめようとする理論である。だから、世の中が動いて、君権至上主義や独裁主義の傾向が強くなつて来ると、その立場からの排斥を受ける。現に日本では、満州事変以来国粋主義が急速に勢を得て、国家法人説および天皇機関説をば国体と相容れ得ぬ学説として、政治的に葬り去つてしまつた。ドイツでも、国家法人説は、ナチス絶対主義の立場からの激しい論難を受けた。

そうかと思うと、逆に、民主主義を国家組織の隅々にまで行きわたらせようとする動向にとつてもまた、国家法人説は政治の徹底した民主化を妨げるものと見なされる。なぜならば、国家法人説は、主権を国家という曖昧な主体に帰属せしめることによつて、君主の権力と国民の権力との折衷を図るものであり、一種の君民共治主義を理論的に基礎づけることになるからである。日本の新憲法が主権は国民にあると宣言したのは、単に君権絶対主義のみならず、さような曖昧な君民共治主義をも排斥する趣旨であると解せられる。そして、その国民主権主義は、正《まさ》しく天皇主権主義の否定である。明治憲法と新憲法との対立は、主権在君と主権在民との対立である。この対立は、そのどちらにも属さない国家法人説によつては緩和できないほどはつきりとした対立である。故に、いまさら国家法人説を復活せしめ、それによつて国体変革の論議の焦点をぼかそうとするのは、決して問題を真に解決する所以ではないといわなければならない。

さて、そこで、新憲法をめぐる国体論議を改めて通観して見ると、国体は変革されたという意見の方が圧倒的に多い。新憲法によつて天皇制は形式上は維持されることになつたが、すでに国民主権主義を採る以上、主権者もしくは統治権者としての天皇の存在は否定されたものと見なければならぬ。その意味で、「万世一系の天皇の統治」を以て本義とする日本の国体は、正に変革されたと考えざるを得ないというのが、この見解の要点である。(2) これに対して、国体不変革論の主張者はきわめてすくない。国民の多くがこの事態を何と見たかは別問題として、論陣を張つて公然と主張された理論の大多数は、国体変革論である。その中にあつて、ひとり政府は、国体は変革されないという主張を以て議会での質問に答えて来た。しかし、それも、議会の審議がすすむにつれて次第に主張の積極性がうすれ、半ば変革論を認めたような形になつて行つた。(3) それが、国体論議の大勢であつたといつてさしつかえないであろう。

勿論、同じく国体は変革されたと見るにしても、この変革を国体の変革として「認識」することと、この変革に対していかなる「評価」を下すかということとは、全く別個の問題である。国体は変革されたと認めている論者の中には、日本の民主化を徹底させる以上、ここまで来るのは当然であり、正にしかあるべき帰結であると考えている人々も多いであろう。更にすすんで、国体は変革されたといつても、なお形式の上で天皇制が存置されている以上、これを足場にしていつ反動勢力が台頭して来るかわからないから、この際すべからく天皇制の廃止を断行すべきであつたと見ている人々もあるであろう。他方また、これとは全く逆に、新憲法の成立が国体の変革を意味するという現実は、これを徒《いたず》らに回避することなく、むしろこれをたじろがずに直視すべきであるが、しかし、いかに敗戦の結果とはいえ、二千年の伝統をここに放棄するのやむなきにいたつたことは、何としても残念であると思つている人々も、決してすくなくないに相違ない。政府が憲法審議の議会で力《つと》めて国体変革という結論を避けようとした一つの有力な理由は、今日となつてはかえつて黙して語らない国民精神の底流に、伝統を重んずる気持が強くひそんでいることをおもんばかり、できるだけこれを刺激すまいとしたところにあつたものと推察される。

かような価値判断の対立は、すこぶる微妙な問題であつて、今後の民主政治の運用の如何によつては、それが大きな禍根となつて現れるときがないとはいえない。現在のところでは、憲法もすでにでき上つてしまつたことであるし、国民全体の上に経済危機という死活の問題が大きくのしかかつているために、国体に関する論議も一応出つくした形のままで、時代の流れから取り残されようとしている観がないではない。しかし、永い将来のことを考えると、この根本の問題についての価値判断の険しい対立をそのままにして置くことは、はなはだ危険であるといわなければならぬ。

新憲法は、いうまでもなく革新日本建設の礎石である。そうして、新憲法における革新の要素の中心をなすものは、国民主権主義である。しかし、新憲法の目ざすものは、「日本」における民主主義の実現に外ならない。民主主義は、それ自体の本質においては「人類普遍の原理」であるが、その実現される具体的な形は、時代の相違や民族の特殊性に応じて色々と相貌をことにしたものとなつて現れる。(4)それは、一つには民族の歴史的伝統というものが、人間の現実の社会生活の中に牢固《ろうこ》として抜きがたい力をもつているからである。いかなる合理的な革新の動向といえども、歴史の伝統を無惨に破壊するならば、かえつて反動の力を刺激して、革新そのものを不成功に終らしめるおそれがある。近世における民主主義の革新が最も大きな必然性を以て行われた場合は、フランス革命であるが、そのフランスでも、革命ののちにいくたびか君主制への復帰が行われた。そうして、ナポレオン三世の没落とともに最後の君主制が崩壊したのちにも、普通選挙によつて成立した国民議会では王党の勢力が強く、共和制の将来があやぶまれるような有様であつた。それにもかかわらず、フランスがその後、共和国として存立し、君主制への復帰が行われなかつたのは、王党の中で、ブルボン王朝の復辟《ふくへき》を図る正統派、ボナパルト家の再興を目ざすボナパルト派、オルレアン王家を擁立しようとするオルレアン派が分裂し、互に争つて譲らなかつたためである。(5)国民主権主義の自然法思想が最も逞《たく》ましい発達を遂げたフランスにおいてすらしかり。いわんや、永いあいだ天皇制の伝統を尊び護《まも》つて来た日本においてをやである。

　およそ政治というものは、社会経済上の諸条件によつて決定的に影響される。それは、マルクスの使徒ならずとも、今日何人《なんぴと》もが認めざるを得ないところである。民主主義は、人類の永い歴史の体験を通じて発達した、きわめて合理的な、非常に弾力性に富んだ政治の原理であるが、しかし、民主主義が繁栄するためには、政治社会のすべての構成員にモデレエト

〔moderate〕な生活を保障するに足りるだけの経済上の地盤がなければならない。さもないと、危機の連続にあえぐ国民は、諸政党が対立し、互に他の非をあばき合つて「多数」の獲得に狂奔《きょうほん》する民主政治に、不信の念をいだくようになる。そうして、情勢につれて右や左にぐらつくようなことのない、強大な政治的指導力の出現を待望するようになる。その上に、国民の政治的訓練が不十分であり、堅忍持久の精神に乏しい場合には、それが独裁政治への転換の有力な機縁となる。独裁主義や極端な国家主義を以て、単なる個人的な権勢慾や階級的な支配慾の産物と見るのは、皮相な一面観にすぎない。特に日本の場合には、連合国による軍事占領の下において民主革命が行われ、新憲法の成立を見た。こうした、きわめて異常な事情の下に国民主権主義が採用されて、それで今後の民主政治が順調に発展すればよし。さもない場合には、この異常な状態での変革の根源にさかのぼつて、悲痛な民族精神の反噬《はんぜい》が行われることにならないとは保しがたい。民主国家としての日本の健全な更生を期待する人々は、国の内外を問わず、この点に深く思いを致さなければならないであろう。

新憲法が、一方において革新的な国民主権主義を採りながら、他方において伝統的な天皇制を存置したのは、もとよりこの点を深くおもんばかつてのことであるに相違ない。しかし、もしもそれらの二つの契機が互に対立したような形で、特に、伝統の要素が革新の要素によつて事実上は排斥されながら、ただ名目の上だけで残されているような形で、単に併存しているにとどまるならば、日本の再建はその出発点ですでに暗いかげを宿しているといわなければならないであろう。故に、新憲法をめぐる解釈論上の最大問題の一つは、いかにして国民主権主義と天皇制との調和をはかるかにある。一口に国体は変革されたといつても、それは一体どういう意味であるのか。未曾有の敗戦によつて国民生活のあらゆる面が激動しつつあるとき、国家の基本形態だけが変革されないということは、到底あり得ない事柄である。その意味では、国体は変革されたに違いない。けれども、変革とは、一つのものの急激な変化である。変化するその一つのものすら、もはやそこには存在しないということになれば、それは変革ではなくて、生命の中断であり、過去とは縁もゆかりもない全く新たなものの突発的な出現にすぎない。これに対して、人が今日「国体の変革」ということを論じているならば、その人はそこに、変革によつて否定されることのない一つのものの存続を認めているのである。新憲法解釈の根本態度は、正にかくのごとくに、変革のもつ変革としての意義を十分に明らかにしつつ、その間に、変つても変つても変ることのない一貫した精神のつながりの存することを把握するにあるといわなければならぬ。

この小著の目的は、さような態度を以て、新憲法によつて描き出された国家の基本構造に対し、若干の原理的な考察を加えようとするにある。しかし、それには、まず、新憲法の成立過程を概観し、その際に行われた国体論議の要点を記して、問題の焦点をはつきりと捕えて置く必要がある。

（１）政党として国家法人説を認め、主権は国家にある、という考え方を採用しようとしたのは、社会党である。すなわち、昭和二一年二月二四日に発表された日本社会党の新憲法要綱には、「主権は国家（天皇を含む国民協同体)に在り」ということになつている。法制局編・新聞等に表はれた各政党その他の憲法改正案、昭和二一年、四一頁。

東京大学の南原繁総長が貴族院議員として行つた質問演説にも、国家の政治的権威は国民共同体に在ると見るべきであるという見解が示されている。これについては、のちに述べる。

(2) 憲法改正案を審議するにあたつて、議会、特に貴族院で展開された国体変革論の要旨は、のちに改めて叙述することとする。ここでは、議会以外で発表された国体変革論を代表するものとして、美濃部達吉博士の主張を挙げて置こう。

美濃部博士は、「今度の変革によつて国体はもう改変せられているとお考えになりますか」という一新聞紙の質問に答えて、次のごとくにいわれる。すなわち、「改正憲法草案は立法、行政司法の殆んど全部に通じて天皇の国家統治の大権を除き去り、限られた数個の形式的権限の外には単に国家の象徴たるに止めようとしているのであつて、その我が従来の国体を根本的に変革せんとするものであることは更に疑を容れないところである。これを以て国体の変更に非ずというが如きは明白な欺瞞というの外はない」と。美濃部博士・私は思う。憲法研究会編・新憲法と主権、昭和二二年、二頁。

(3) 吉田〔茂〕内閣総理大臣は、昭和二一年六月二五日の衆議院での答弁において、君民一如の日本では、「国体ハ新憲法ニ依ツテ毫モ変更セラレナイ」と断言している。官報号外、昭和二一年六月二六日、衆議院議事速記録、第五号、七五頁。

また、金森〔徳次郎〕国務大臣は、六月二六日の衆議院での答弁で、「此ノ憲法ノ改正案ヲ起案致シマスル基礎トシテノ考エ方ハ、主権ハ天皇ヲ含ミタル国民全体ニ在リト云ウコトデゴザイマス」と説明している。官報号外、昭和二一年六月二七日、衆議院議事速記録、第六号、九三頁。

つまり、主権は天皇を含む国民の全体にあるのだから、国民至高の総意によつて憲法が確定され、天皇の地位が規定されることになつても、明治憲法の国体は変更されたことにはならないというのが、政府の一貫して固持しようとした論理なのである。しかし、その政府も、のちになつて国体の概念が精密に分析されるにおよんで、法的な意味での国体は変革されたと認めるようになつた。これについても、のちに改めて述べる。

(4) 同じ典型的な民主主義の国々であつても、スウィス、フランス、アメリカなどと、国をことにするにつれて、それぞれ特殊の形態を示すものであることは、James Bryce: Modern Democracies, 1921, に詳しい。

(5) 岡義武教授・近代欧洲政治史、昭和二〇年、一一二頁。

二　新憲法成立の経過

新らしい日本は、国民主権主義を基礎として再建されることになつたが、新憲法がこの態度をこれだけはつきりと表明するまでには、色々な迂余曲折があつた。

まず、憲法改正の問題が具体的に取り上げられたのは、終戦の年、昭和二〇年の一〇月にさかのぼる。この月の九日に幣原《しではら》〔喜重郎〕内閣が成立したが、そのころ内大臣府で憲法改正の準備が企てられ、故近衛《このえ》文麿《ふみまろ》氏が主としてこれにあたることになつた。しかし、憲法の改正に着手する以上、その調査はまず政府の手でこれを行うのが筋道である。そこで、松本〔烝治〕国務大臣を中心とする憲法改正〔問題〕調査委員会が設けられ、内大臣府での計画と平行して、いわゆる松本試案が練られることになつた。しかし、その内容は、いずれも旧憲法と大差のないものであり、もとより天皇の統治を基本とする国家構造には何ら手をふれようとするものではなかつたようである。日本の最後の戦時内閣は、ポツダム宣言を受諾するにあたつても、天皇の国家統治の大権を変更する要求を含んでいないという了解の下に、受諾の申し入れを行おうとしたほどである。したがつて、終戦直後の情勢の下で、政府が自ら天皇の大権に根本の変更を加えるような憲法の修正を考えるということは、およそあり得べからざることであつた。しかし、それでも、明治憲法成立以来いまだかつて表面の問題となつたことのない憲法改正の仕事に、ともかくもすすんで着手しようとしたのは、政府としてはそれだけですでに「英断」であつたに相違ない。

ところが、その同じ幣原内閣は、やがて唐突に態度を豹変し、翌二一年三月六日に、旧憲法とは全く系統をことにするきわめて革新的な「憲法改正草案要綱」を発表して、国民を驚かせた。この「要綱」の革新性は、国家の機構の全面にわたつているが、特に統治権力の淵源については、前文では「国民至高意思ヲ宣言シ」という言葉を用い、第一条で天皇の地位を規定するにあたつても、「日本国民至高ノ総意ニ基キ」といい、明らかに国民主権主義に立脚する態度を示したのである。これらの言葉は、のちに条文の形に整備して発表された「帝国憲法改正案」では、前者は「国民の総意が至高なものであることを宣言し」となり、後者は「日本国民の至高の総意に基く」という風に改められたけれども、それは、もとより修辞の上での訂正にすぎない。その間に幣原内閣は退陣し、代つて五月二二日に成立した吉田〔茂〕内閣は、この改正案を引きついで、これを六月二〇日に第九〇帝国議会に提出した。日本の歴史はじまつて以来の大変革たる憲法改正の審議が、正式に行われることになつたのである。

全体として保守的な性格が強いといわれた当時の政府、中でも、旧憲法の描く国家構造の枠を大幅に動かすことなどは思いもよらないと考えられていた幣原内閣が、どうして突然にかような革新的な憲法改正案を以て世に問うにいたつたのであろうか。それについては、色々な推測を下すことができるであろう。

その一つは、当時の国内情勢である。国内にある革新的な動きが、政府の心境に影響を与えたのであろうという推測である。政府が松本試案を練つていたころ、それに刺激されて、各政党や種々の団体やあるいは個人の立場からさまざまな憲法改正案が賑《にぎや》かに提案された。その大部分は、すくなくとも松本試案として想像されていた内容に比較すれば、大なり小なり「進歩的」なものであつた。中には、天皇制を廃止して共和制を採用すべきであるということを、大胆に提唱したものもあつた(1)。政府としては、もとよりこれらの国内世論の動きをも十分に考慮していたに相違ない。けれども、さればといつて、政府がさような国内一部の急進論に影響されて、その態度を急角度に転換させたのであるとは、到底考えられない。なぜならば、三月六日に発表された政府の改正案要綱は、それまでの政府の態度とはあまりにもかけ離れたものであつたばかりでなく、それは、ごく一部の共和制支持論を除いては、諸政党および一般民間の改正意見のいずれをも、はるかにしりえに瞠若《どうじやく》たらしめるほどに、民主主義の方向に徹底したものだつたからである(2)。

故に、この心境の変化は、そうした国内の政治動向によるのではなく、主として、敗戦後の日本をかこむ国際情勢のしからしめるところであつたと解するのが、あたつているであろう。なぜならば、日本の軍国主義を粉砕し去つた連合国側からは、日本を戦争に駆り立てた根本原因は、神秘の雲につつまれた天皇統治の組織と、これに対する国民の盲目的な信仰とにあると見られていたに相違ない。して見れば、日本をして将来ふたたび世界の平和を攪乱するおそれがないようにするためには、天皇制の形態を存置するにしても、その実質上の政治力を完全に取り除くことが必要であると考えられたことは、きわめて当然であるといわなければならない。さような国際環境の中にあつて、日本が生れかわつた平和国家として、信を世界に回復するためには、古来の伝統たる天皇統治の国家組織を根本から改革することが、第一の条件となつたのである。その間の消息は、吉田内閣総理大臣が議会で、この急角度の転換をば「急激なる国際情勢の変化」にもとづくものとして説明していることからも、十分に察知され得るであろう(3)。

ただし、かような事情の下に議会に提出された政府案は、明らかに国民主権主義に立脚しているにもかかわらず、用語の点では主権が国民にあるということを明示せず、「国民至高の総意」というようなやや漠然たる言葉を用いていた。これについては、議会で主として政府側の説明にあたつた金森〔徳次郎〕国務大臣は、「主権」という言葉が多義的であるから、それでこれを用いることを避けたのである、といつている(4)。

なるほど、主権という概念には学問上色々な意味をもたせることができるから、多義的であるといえばいえぬことはない。しかし、主権という言葉をいかなる意味で用いるにせよ、主権が君主にあるか、国民にあるか、ということになれば、その区別は疑いの余地のないはつきりしたものとなるのである。すなわち、前の場合には、国政の最高の決定権は君主に帰属するし、後の場合には、国権の最後の淵源は国民の意志に存するという風に考えられる。それが、普通の場合の主権という概念の用法であつて、そのどちらかに決めてしまうというならば、何らまぎらわしいところはない筈《はず》なのである。むしろ、事実上は国民主権主義を採りながら、しかも、その旨を明示することを避け、「国民至高の総意」などというソフト・フォオカス〔soft focus〕の表現を用いる方が、はるかに問題を多義的ならしめるものといわなければならない。

そこで、衆議院の審議の結果、主権は国民に存するという趣旨を明文を以て示す修正が行われるにいたつた。前文の中の問題の個所は、「主権が国民に存することを宣言し」となり、第一条は、「主権の存する日本国民の総意に基く」ということに改められた。それによつて、はじめて、国政の権威は国民に由来するという国民主権主義が、名実ともに新憲法を一貫する原理として確立されたのである。

政府案は、かように、最初からわざと主権在民の趣旨を明示することを避けた。いまいう通り、政府によれば、それを避けた理由は、「主権」という概念が多義だからであるというのである。しかし、察するに、それは表面の口実であつて、実はそれとは正反対に、主権在国民といつてしまうことがあまりに事態を一義的に決めることになりすぎると考えたからであろう。それよりも、「国民至高の総意」という多義的な——実際、国民至高の総意などというよりも、主権の存する国民の総意という方が、ずつと一義的なのだから——言葉を用いて、事の実体を露骨に示さないで置く方が、色々な意味からまだしも無事であると見たからであろう。それでは、政府がこうして苦心して露骨に示すまいとしたところの事の実体とは、そもそも何であつたであろうか。

いうまでもなく、それは「国体の変革」という結論である。敗戦後の日本が置かれた情勢は、民主主義をば国民主権主義にまで徹底させずには置かなかつた。しかし、そうなると、おそらく国体は変革されたことになる。しかるに、「国体の護持」ということは、軍国日本が万策つきて無条件降服を決意したときにも、なおかつ最後の一線として譲るまいとした伝統の合言葉である。それだけに、政府としては、事実上国体を変革するような憲法改正案を作製することとなつても、この結論を白日の下にさらすような表現を用いるに忍びない気持があつたのであろう。自らそれを忍びないとしたばかりでなく、この結論を明示することが、二千年来の伝統を守り尊ぼうとする多数の国民の心に、深刻な衝撃を与えるであろうことをおそれたのであろう。その間の政府の苦衷《くちゆう》は、いかにも筋が通らぬように見える議会での答弁を通じて、かえつて十分に推察されてしかるべきものがあつたといわなければなるまい。

それにもかかわらず、歴史の変革は、変革それ自身に内在する論理をば客観的に徹底させて行つた。国体の変革という帰結を言葉の綾によつてぼかそうとする政府の苦心は、結局において徒労に帰した。衆議院は、主権在国民の趣旨を明示する修正案を可決した。そうして、修正された憲法改正案は、八月二六日に貴族院に送付された。歴史の変革の論理には、ここで更に第二段の学問的な検討が加えられることになつた。すなわち、貴族院には、特に憲法問題審議のために勅任《ちょくにん》された優れた法学者や政治学者たちがあつて、変革の実体をたじろぐことなく解剖し、憲法改正案が国民主権主義を正面から採用したのは、正《まさ》に「国体の変革」を意味するものであることを、学理的に明らかにしようとしたのである。これに対して、政府は、天皇は国民の中にあり、したがつて、主権の存する国民は、天皇をその「憧れの中心」として含むという解釈によつて、なおも国体変革の結論を回避しようと力《つと》めた。(5)しかし、次第にその論拠に自信を失つて行つたように見受けられることは、前にも一言した通りである。

ここまで来ると、新憲法の成立が国体の変革を意味するということは、もはや一般に認められるにいたつたものといわなければならない。そうなると、この変革を表明する形式としての「憲法の改正」が、はたして「憲法の改正」といい得るか否かが、そもそもの問題となつて来る。なぜならば、明治憲法は、いうまでもなく「欽定憲法《きんていけんぽう》」である。したがつて、明治憲法第七三条に定める改正手つづきは、あくまでも勅命《ちょくめい》によつて開始されなければならない。しかるに、今度は、主権の存する日本国民の総意によつて、国家の基本構造が確定されるということになつたのである。しかりとすれば、そこに成立する憲法は、もはや欽定憲法ではなくて、明らかに「民定憲法《みんていけんぽう》」である。明治憲法第七三条がそこまでの変革を、なおかつ憲法改正の枠の中で起り得る現象と認めていたものでないことは、あまりにも明瞭である。さらにさかのぼつていえば、終戦の際、政府が天皇の統治権に変更を加えるものではないという了解を求めようとしたのに対して、連合国は、日本の最終的な政治形態は「日本国民の自由に表明する意志」によつて決定せらるべきであると答えた。それに満足してポツダム宣言を受諾したとき、すでに、いわゆる「憲法制定権力」は天皇から国民に移つたものと見なければならない。この転換の形式を整えるためになされた「憲法の改正」は、実質から見れば正《まさ》しく「新憲法の成立」である。

かようにして、新憲法たる「日本国憲法」は、——形の上では依然として憲法の改正という名目を保ちつつ——昭和二一年一〇月七日を以て成立、一一月三日に公布、昭和二二年五月三日から施行されるにいたつた。敗戦日本の受難と、再建日本への希望とを、全篇一一章、一〇三ヵ条の双肩に担いつつ。

(1) 天皇制を廃止し、共和制を採用すべし、という意見を最初に明確に示したのは、高野岩三郎博士である。すなわち、同博士の「改正憲法私案要綱」は、根本原則として、「天皇制ニ代エテ大統領ヲ元首トスル共和制ノ採用」ということをかかげている。また、日本共産党は、その「新憲法の骨子」の中で、「主権は人民に在り」といい、更に、新憲法の草案を作つて、第一条に「日本国は人民共和国家である」と規定し、天皇制廃止の態度を明らかにした。法制局編・新聞等に表はれた各政党その他の憲法改正案、三六頁、四〇頁。佐藤功氏・憲法改正の経過、昭和二二年、二九七頁以下。

(2) 南原繁議員は、のちに詳述する貴族院での質問演説の中で、この政府の態度のはなはだしい豹変ぶりを指摘して、「殆ド二ツノ極ノ間ノ懸隔ガ其処ニ認メラレル」といつている。官報号外、昭和二一年八月

二八日、貴族院議事速記録、第二四号、二四五頁。

（3）吉田内閣総理大臣は、六月二五日の衆議院帝国憲法改正案第一読会で北昤吉《きたれいきち》議員の質問に答え、松本試案から改正案への転換を行わざるを得なかった事情を説明して、「急激ナル国際情勢ノ変化ニ応ジマシテ、新タニ草案ヲ作ルコトニナッタノデアリマス」といっている。更にその理由を詳述して、「連合国カラ致シマスト、上ニ皇室ヲ戴イテ、此ノ忠勇ナル日本国民ガ皇室ヲ中心トシテ一致団結スル、ソウシテソコニ平和ニ対スル危険ガアリ、世界ノ平和ヲ紊ス原因ガソコニアルト考エラレタノデアリマス、斯クノ如キ疑惑ノ下ニアッテ、又斯クノ如キ危険ナル疑惑ノ下ニアッテ、日本ガ如何ニシテ国体ヲ維持シ、国家ヲ維持スルカト云ウ事態ニ際会シテ考エテ見マスルト、日本ノ国体、日本ノ国家ノ基本法タル憲法ヲ、先ズ平和主義、民主主義ニ徹底セシメテ、日本憲法ガ毫モ世界ノ平和ヲ脅カスガ如キ危険ノアル国柄デハナイト云ウコトヲ表明スル必要ヲ、政府ト致シマシテハ深ク感得シタノデアリマス、〔中略〕松本案ヲ見ラレテ、ソウシテ新憲法ヲ御覧ニナルト、如何ニモ其ノ懸隔ノ甚ダシイコトヲ御感ジニナリマショウガ、其ノ茲ニ至ッタ所以ハ、ソウ云ウ国際事情ヲ考慮ニ入レテノコトデアリマス」といっている。官報号外、昭和二一年六月二六日、衆議院議事速記録、第五号、七四頁以下。

（4）官報号外、昭和二一年六月二七日、衆議院議事速記録、第六号、九三頁。

（5）「憧れの中心」という独特の表現を用いた金森国務大臣の不変革論の一節を、ここに引用して置こう。「国民全体ノ心ノ中ニ活々トシテ、拭ウベクモ拭ウベキニアラズ、変化シ能ワムモ変化シ能ワナイモノハ、度々申シテ居リマスヨウニ、天皇ヲ憧レノ中心トスル国民ノ心ノ繋リト云ウコトデゴザイマス、ソレヲ本トシテ国家ガ存在シテ居ルコトヲ、国体ト云ウ言葉デ言ッテ居ルモノト思ウノデアリマス、此ノ点ニ付キマシテハ絶対ニ我々ハ変ツタコトハナイ、又将来変ルベキモノデナイト信ジテ居リマシテ、国体不変ノ原則ヲハッキリ言ワザルヲ得ナイト思ウノデアリマス。」官報号外、昭和二一年八月二七日、貴族院議事速記録、第二三号、二四一頁。

三　国体に関する論議

新憲法をめぐる国体の論議は、衆議院および貴族院の審議を通じて活溌に行われた。しかし、それが特に理論的な展開を見せたのは、貴族院においてである。ここには、その中の代表的なものとして、東京大学教授宮沢俊義議員および東京大学総長南原繁議員の質問演説を取り上げ、その国体変革の理論を跡づけて見ることにしよう。

宮沢議員の論旨は、きわめて明快であり、かつ最も学理的である。もつとも、議会での質問演説であるから、断定的な立論としてではなく、政府にむけられた質疑の形で述べられている。それを理論的な主張の形になおして要約して見ると、大よそ次のようになる。(1)

まず、宮沢議員は、日本における国民主権主義の政治形態の採用は、憲法改正案が提出されてはじめて問題になつたのではなく、すでにポツダム宣言受諾のときにさかのぼつて決定されていた事柄であるということを指摘する。ポツダム宣言は、降伏後の日本には、日本国民の自由に表明せられた意志にしたがつて、平和的傾向を有する政府が樹立さるべきことを要求した。そうして、日本の降伏申し入れに対する連合国の回答も、日本の最後的な統治形態は、日本国民の自由に表明された意志によつて決定さるべきであることを示した。日本はこれにしたがつて降伏し、この宣言の忠実な履行を約したのである。一国の統治形態が、その国民の自由に表明された意志によつて決定さるべきであるというのは、国民主権主義の原理である。故に、わが国は、ポツダム宣言を受諾したとき、それと同時に国民主権主義の採用という根本方針を決定していたのであるといわなければならぬ。

これに対して、終戦前の日本の国家形態はどうであるかといえば、それは、国民主権主義とは全く趣《おもむき》を異にするところの、神権主義に立脚する君主制であつた。すなわち、日本には「万世一系の天皇」が君臨するが、この天皇統治の形態は「天壌無窮《てんじょうむきゅう》の神勅《しんちょく》」にその根拠を有すると信ぜられていた。したがつて、この天皇統治制が国民の意志にもとづいて存立するという考え方は、在来の日本には全く介入の余地はなかつたのである。勿論、日本の天皇統治制は、古来多くの日本国民の支持もしくは讃仰《さんぎょう》して来たところであるに相違ない。しかし、それにもかかわらず、日本における統治形態は「神意」にもとづく天皇の統治であつて、決して「民意」を根拠とする天皇制ではなかつた。明治憲法の告文を見ても、この憲章の制定は、「皇祖皇宗ノ遺訓」を明徴《めいちょう》ならしめるために行われたのであり、「皇祖皇宗ノ後裔ニ貽《のこ》シタマヘル統治ノ洪範ヲ紹述スル」所以であることが明示されている。そのいずこに国民主権主義の片鱗でさえもが現れているであろうか。それにもかかわらず、政府は、わが国が終戦以前から国民主権主義を建前としていたという風に説明しようとするのであるが、それは何としても無理である。いかなる君主制も国民の支持なしには存立し得ないということを、国民主権主義が行われていた証拠だとして説明しようとするならば、君主主権と国民主権とを区別することそれ自体が、全く無意味なこととなつてしまうであろう。そればかりか、そういう考え方は、今日の日本に行われつつある未曾有の政治変革の意味を曖昧ならしめ、今後の民主政治の運用を不徹底なものたらしめるであろう。

かように、わが国がポツダム宣言受諾のときに、すでに全く新たに国民主権主義を採用したと認めらるべきであるとすれば、現に審議されつつある憲法改正案が、その同じ原理に立脚するものであることは、いわずして明らかである。殊に、衆議院で前文および第一条の辞句が修正されたために、この点については何らの疑義をもさしはさむ余地がなくなつた。この修正がなくても、新たな国家体制が国民主権の原理によるものであることに疑いはない筈《はず》であるが、「国民至高の総意」という政府原案の言葉づかいのままでは、改正憲法は天皇主権と根本から違うものではないとか、君民共治主義によるものであるとかいうような、誤解を生ぜしめるおそれがある。さような誤解を封ずるという意味で、衆議院の修正は妥当である。

これに対して、政府は、憲法改正案が国民主権主義に立脚していることはもとよりであるが、その場合、主権者たる国民の中には天皇が含まれているのである、と説明する。主権は国民にある。そうして、その国民とは天皇を含んだ意味での国民であるというのが、金森国務大臣によつてくりかえし述べられているところの政府側の解釈である。

しかしながら、改正案によれば、天皇の地位は主権の存する国民の総意にもとづくのである。かような規定の仕方は、明らかに「天皇」を「主権の存する国民」から区別した考え方に立脚しているといわなければならない。それにもかかわらず、その「国民」の中には「天皇」が含まれていると説くのは、全く意味をなさない。勿論、天皇たる地位にあられる個人が、個人として日本民族の一人であり、日本国民の中に含まれているというのは、あまりにも当然である。しかし、ここで問題となつているのは、さような個人としての天皇ではなくて、憲法上の制度としての天皇である。制度としての天皇が主権者たる国民の総意によつて認められているというのに、その天皇が更にその国民の中に含まれていると説くのは、理論的に見て筋が通らない。主権が「国民」に存するというのは、「国家」が主権をもつというのとは違う。国家の中で、君主や貴族から区別された国民が主権をもつということであり、君主や貴族が主権を有するのではないということを意味する。それが国民主権主義の狙いである。政府が国民主権主義を認めながらも、単純に国民主権といい切るに忍びないと考える気持は、十分に理解できる。しかし、それは理論的に見て成り立たない議論であるばかりでなく、実際的にも不適当である。なぜならば、かくするときは、表面では国民主権を唱えながら、裏口から天皇主権主義を忍び込ませるものではないかといつて、痛くない肚《はら》を探られるおそれがあるから。

これらの諸点を綜合して見るならば、国民主権主義によつて立つ新憲法の成立が国体の変革を意味することは、もはや明瞭であるといわなければならない。

もつとも、「国体」という言葉は色々な意味に用いられる。金森国務大臣は、日本の国は「天皇を憧れの中心とする国民の心のつながり」を基礎として存在すると説く。それを本として国家が成り立つているという意味で、これを「国体」と名づけるならば、その国体は絶対に変らず、将来も決して変るべきものではないと論ずる。しかし、いまここで問題となるのは、さような意味での国体ではなくて、治安維持法に示されているごとき国体である。大審院はこれを解釈して、「我ガ帝国ハ万世一系ノ天皇君臨シ統治権ヲ総攬《そうらん》シ給フコトヲ以テ其ノ国体トナシ、治安維持法ノ所謂《いわゆる》国体ノ意味モ亦斯《またか》クノ如《ごと》ク解スベキモノトス」という説明を下した。そうして、この意味での国体は、ポツダム宣言の受諾によつて正《まさ》に重大な変革を遂げた。国民主権主義を採用する憲法改正案においては、天皇はもはや統治権の総攬者ではあり得ない。勿論、国体は変つても、日本民族は日本民族であり、日本国家は日本国家であつて、民族や国家の同一性がそれによつて中断された訳では毛頭ない。しかし、日本という単一国家の中での主権の所在を規定する国体は、明らかに変つた。政府がこの事態を正面から承認することを避けようとする真意は、深く理解せられるけれども、日本の政治の民主化という大変革を徹底させるためには、一切のセンティメンタリズムを去つて、客観的な事態そのものを直視することこそ必要であろう。

すでに国体が変革され、過去の天皇統治の体制が否定されて、新たに国民主権主義の政治原理が採用されたということになれば、それは、法形式の上でももはや「憲法の改正」ではあり得ない。明治憲法の第七三条を以て国体の変革を規定するというようなことは、到底許されないと考えられていたのである。もしも、何人《なんぴと》かが終戦以前にいま政府の提出したような憲法改正案を提議したとするならば、その人が治安維持法によつて処罰されたかどうかは別として、さようなことが憲法の改正として許され得るものでないことは、誰しものひとしく信じて疑わないところであつたに相違ない。故に、今回の国家の根本機構の変革は、明治憲法第七三条による憲法の改正ではなく、超憲法的な変革であり、学問的な意味では一種の「革命」であるということができるであろう。したがつて、それは「改正憲法」ではなくて、「新憲法」である。しかるに、政府が、これを明治憲法第七三条による憲法改正の形式にあてはめて取りあつかおうとしているのは、新憲法の成立という実体と矛盾する考え方であるといわなければならない。

以上が、貴族院でなされた宮沢議員の国体変革論の概要である。理路整然、客観的な法理を以て事態を分析し、新憲法成立のもつ意味をば解明したものとして、永く記憶せらるべきであろう。特に、国体という言葉の多義性を指摘し、治安維持法に示されているような法的な意味での国体は、すでに明らかに変革されているではないか、と問いただした論理は、政府をしてこれを承認するの余儀なきにいたらしめた。すなわち、金森国務大臣は宮沢議員の質問に答えて、「其ノ意味ニ於キマシテハ国体ハ変ツタト御返事シテ宜イト思ウノデアリマス」といつている(2)。

宮沢議員は、新憲法の成立が国体の変革を意味するという法理を、冷静に客観的に展開したのであつて、しからば、それに対していかなる価値判断を下すべきかという問題には、直接には触れていない。しかし、その質問演説の最初にあたつて、新憲法が日本の政治の民主化における重要な前進であることを認め、その成立を衷心から祈つているといい、国体の問題にしても、それが変革されたという事実を正面から凝視することが民主主義を徹底させるために必要であると論じているところから見て、国体の変革を「認識」するにとどまらず、これを「是認」していることは、推察するに難くない。

　これに対して、同じく、新憲法による国民主権主義の採用が国体の変革を意味することを認めつつ、国民の真の自主的な意志によらないでかかる重大な変革が行われようとしていることに対して深甚の遺憾の意を表明し、さような不自然な状態の下に日本の伝統的な思想が断絶せしめられようとしていることを痛烈に批判し、惻々《そくそく》たる憂国の至情を吐露したのは、南原議員の質問演説であつた[3]。

　南原議員は、まず、ここに提出されたような重大な変革を意味するところの憲法改正案が、国民の何ら関知しない政治の舞台裏でひそかに用意せられ、あたかも「上から与えられた憲法」というがごとき形で提示されたことに対して、政府の責任を追及する。

　なるほど、新憲法は、その内容から見てきわめて民主的であるといい得るであろう。しかし、憲法は、その内容が民主的であることによつて、すでに真に民主的であるという訳には行かない。民主的な憲法は、同時にその内容にふさわしく民意にもとづいて構想され、公明・自由な討議の下に立案せられなければならない。いかなる方法で立案せられたにせよ、一《ひと》たび改正案が議会に提出されれば、そこでその内容についての自由な討議ができるのであるから、それだけでその審議の方法は十分に民主的であると考えるのは、日本の国情を無視した抽象論である。民主主義の発達していない日本では、議会人といえども、かように「上から与えられた憲法」を容易に鵜呑みにしてはばからない。このことは、憲法改正案要綱の発表された翌日から、それまで発表されていた各政党の草案が影をひそめて、諸政党こぞつてこの原案に賛成するにいたつたという一事を以ても、明らかに知ることができる。それだけに、政府としては、まず特別の憲法審議会を設けて、そこで改正案を自由・公明に作製するように取りはからうべきであつた。しからずして、他律的とも見える仕方で改正案が秘密裡に作製されたことは、きわめて遺憾であるといわなければならぬ。それも、占領治下の暫定憲法というのならばいざ知らず、これをそのまま独立国家たる日本の憲法として、子孫後代にまで伝えるというのであるだけに、一層その感が深いといわざるを得ない。

南原議員は、かように改正案作成の手つづきを批判した上で、つづいて改正案の内容の検討に移る。その場合に、南原議員が、いま述べた手つづき上の欠陥と結びつけて、最も重大な問題として取り上げているのは、天皇制をめぐる国体の問題である。

南原議員は、宮沢議員とはいささか見解をことにして、ポツダム宣言の受諾そのものは、いまだ日本における国民主権主義の確立を意味するものではない、と見る。したがつて、天皇制をいかに規定するか、国民主権主義を改めて採用するかどうかは、現に審議されつつあるところの憲法改正案そのものの内容として決定さるべき問題なのである。しかるに、政府の改正案は、明らかに、いわゆる君主主権に対立する意味での人民主権を採用している。すでに、主権が国民に存するということになれば、天皇が日本国家の基本的政治秩序の中から除外された立場に立たれることとなるのは、きわめて当然であるといわなければならない。政府案は、天皇をば日本国および日本国民統合の「象徴」として位置づけた。しかし、象徴というのは一つの詩的・芸術的な表現であつて、法律上何らの実体性をも機能をももたない概念である。政府はかような言葉によつて天皇制を潤色してはいるが、実際には、天皇は国家の政治意志構成に何らの関係をもち得ない単なる儀礼的な存在にすぎない。いまや、国会が国の最高機関であつて、天皇はもはや政治上一つの機関でもないことになるのである。これは、日本国家の政治的基本性格の変革であり、正に国体の変革であるといわなければならぬ。

それにもかかわらず、政府は、これをしも国体の変革ではないといおうとするのである。天皇と国民との心のつながりとしての国体は、決して変化することはない、と主張するのである。けれども、かような法的以外の意味での国体といえども、日本国家の政治上の基本性格と無関係なものではあり得ない。教育勅語に「我カ国体ノ精華」と述べられているものも、日本の根本的政治性格から離れて考えられ得るものではない。したがつて、日本国家の政治意志決定の根本組織が変革されれば、教育勅語の意味での国体も、変革されたこととならざるを得ないのである。しかるに、政府は、国民の中には天皇も含まれるという奇怪な論理によつて、この明らかなる変革を変革ではないものとして粉飾しようとする。しかし、人民主権が君主主権と明らかに対立する概念である以上、主権の存する国民の中に天皇が含まれているというのは、詭弁以外の何ものでもあり得ない。かかる詭弁を以て国体不変革の論拠たらしめようとするのは、いわゆる耳を蔽《おお》うて鈴を盗むの類であるといわなければならぬ。現実には、政府の否定的答弁にかかわらず、肇国《ちょうこく》以来の大革命が進行しつつあることは、論理的に見て疑いをさしはさむ余地はないのである。

われわれは、かような革命をあえて避けようとするものではない。ただ、問題は、国民がこれを意識し、これを自覚し、これを要望しているかどうかという点に存する。上から与えられた憲法改正案を以てこれだけの大変革を遂行することが、はたして妥当か否かという点にある。下から盛り上る公明・自由な国民の世論的支持なくして、卒然としてかかる政治上の根本原理を変革することが、他日、十年二十年ののちに、国民の間に大きな反動を起す口実、あるいは名分を与えることとならないと、誰が保障し得るであろうか。われわれは深くそれを憂えなければならない。

そこで、南原議員は、外国の政治哲学からのあまりにも露骨な借りものであつて、日本の伝統的思想からはるかに断絶している政府の改革案のような行き方によらず、国民の歴史的本質の中に育成して来た考え方に立脚して、この改革を実行すべきであつたと論ずる。

日本の政治組織が大きな改革を必要とすることは、いうまでもない。しかし、憲法は、その反面また歴史的継続性によつて裏づけられていることが、是非とも必要である。それなくしては、新憲法は日本国民の血となり肉となることはできないからである。したがつて、今度の国政機構の革新にあたつても、いたずらに現状維持的な保守主義でもなく、さりとてまた、政府案に現れているような歴史の断絶を意味するがごとき革命主義でもなく、第三の道を選ぶべきであつた。しからば、そのいわゆる第三の道とはいかなるものであるか。

南原議員によれば、この第三の道の中心をなすものは、「民族共同体」または「国民共同体」の思想である。国民共同体とは、単なる多数の国民の集合概念ではない。したがってまた、君主と対立するものとしての国民の総計でもない。現代の政治思潮は、第一八・九世紀の自由主義的な民主主義から、かくのごとき共同体的民主主義へと発展しつつある。特に、日本には、固有の国民共同体の意識が存在する。それは、神秘の衣につつまれた天皇ではなくて、人間としての天皇を中核とし、人と人との信頼と尊敬とを基礎として存立するところの倫理的・文化的な共同体でなければならぬ。わが国の政治的権威は、正にかような国民共同体にその淵源を有するものと考えらるべきである。それならば、君主主権と対立するような意味での国民主権ではないのであるから、国民共同体の統一の中心たる天皇にも、それにふさわしい政治上の機能が帰属し得ることになるであろう。いやしくも天皇制を存置する以上、天皇の地位はそれ以下であってはならないのである。しかし、また、それはそれ以上であるべきでもない。故に、明治憲法の大権事項のごときは、できるだけ限定して、天皇の名の下にふたたび人間の自由を蹂躙《じゅうりん》する危険の生ずることがないようにしなければならぬ。かくて、人類普遍の民主主義の下に、わが国固有の天皇制を正しく位置づけた新国家体制を基礎づけることこそ、平和民主日本の実現にふさわしい出発点ではなかったか。政府は、かくのごとき第三の道にむかって、国民の生命を賭けても努力すべきであったのではなかろうか。

南原議員は、かく説いて、政府案が歴史を中断せしめるような国体変革の道を取ったことを遺憾とし、革新の要求と伝統の尊重とを兼ね備えた、日本的民主主義建設の方途を講ずべかりしものをと、切々の至情を議政《ぎせい》壇上に傾けたのである。

が、しかし、これらの論議も、論議として国民の心に深く訴えるものがあつただけであつて、政治上の実際の効果を生み出す力はもち得なかつた。また、それは、そういう実際の効果を生み出そうとしてなされた論議でもなかつた。かくて、南原議員によつて国民の歴史と伝統とを中断せしめるものであると痛烈に批判された政府の改正案は、僅少の修正を加えられただけで、貴族院をも通過したのである。しからば、ここに成立した新憲法は、古来の日本の伝統を弊履《へいり》のごとくに棄て去つて、木に竹を継いだように国民主権主義を鵜のみにしているのであろうか(4)。名のみの天皇制を「象徴」という言葉で粉飾しつつ存続せしめたにすぎないところの新憲法は、事実上は「天皇制の廃止を意図するもの」と考えられなければならないのであろうか(5)。それとも、それにもかかわらず、革新の契機たる国民主権主義と伝統の要素たる天皇制とを新憲法の上に調和せしめ、明治憲法から新憲法へと巨大なる飛躍が行われた間にも、なおかつ、旧日本と新日本との間に一貫した「歴史の継続性」を認める余地が残されているであろうか。この重大な問題の分岐点にあたつて、これに原理的な検討を加え、でき得べくんば第二の結論を目ざしてすすんで行こうというのが、これからの論述の目的に外《ほか》ならない。

(1)　官報号外、昭和二一年八月二七日、貴族院議事速記録、第二三号、二四一頁以下。
(2)　同右、二四四頁。
(3)　官報号外、昭和二一年八月二八日、貴族院議事速記録、第二四号、二四五頁以下。

（4） 新憲法が日本の伝統を弊履のごとくに棄て去つているかどうか、ということと、弊履のごとくに棄て去つたことを遺憾とすべきかどうか、ということとは、全く別個の問題である。

政府は、伝統の国体を弊履のように履きかえるに忍びない気持があるから、天皇は国民の中に含まれるという論理によつて国体不変革論を唱えた。しかし、実際には、政府の憲法改正案は国体を弊履のように履きかえてしまつている。それは誠に遺憾であるというのが、南原議員の論調である。

これに対して、口に国体不変革を唱える政府の改正案は、実は国体を仮藉なく変革せしめていると認める点では、これと同じ見解をとりつつ、その結果そのものについては何ら遺憾とすべきではないという考え方もある。例えば、横田喜三郎《きさぶろう》教授によれば「新憲法で、主権が人民にあるといつているのは、君主に対するものとしての人民に、つまり天皇を除き、これに対するものとしての国民を意味する。」故に、天皇を国民の中に含ましめて考えようとする政府の議論は、全く根拠のないものである。新憲法によつて、国体は疑いもなく変革されているのである。そうして、それは、正にそうあつてしかるべき変革である。一体、日本の国体といわれるものの実体は、いかなるものであつたか。人は、日本には古来天皇と人民との間に対立がなかつたようにいう。そうして、それを独自の国体として誇る。しかし、もしも日本に天皇と人民との対立がなかつたとすれば、「それは日本人の無知とそれにもとづく奴隷的服従の習慣とによるものである。それ以外のなにものでもない」のである。横田教授・新憲法に於ける主権の概念、憲法研究会編・新憲法と主権、昭和二二年、一三頁以下、一八頁。

（5） 恒藤恭《つねとうきょう》教授・天皇の象徴的地位について、世界、第一〇号、昭和二一年、二頁。

第二章　主権概念の批判

一　実力としての主権

新憲法は、主権が国民に存するということを宣言した。学者は、これを以て、疑う余地のない国体の変革であるという。なぜならば、主権が国民にあるというのは、主権が君主にはないということである。しかるに、日本では、主権は天皇にあるということになつていた。それが、国民主権主義になつたのであるから、天皇主権は否定されたことになる。いいかえれば、天皇主権を中心とする国家の根本政治機構としての国体は、変革されたのである。日本では、国体という言葉は、法および政治上の国家の基本組織を意味すると同時に、君民の間の国民道徳的な情誼《じょうぎ》とか、君民をつなぐ国民精神的な一体感とかいうような意味にも用いられて来た。しかし、道徳的・精神的な意味での国体といえども、法的・政治的な意味での国体を予想しているのである。君は上に位して民を治め、民は下に在つて君を敬うのでなければ、道徳上・精神上の国体というものも成り立たない。しかるに、国民が主権者となり、天皇の地位も国民の意志によつて定まるということになれば、民と君との関係は逆転した形になる。だから、どう見ても、国体は変革されたといわざるを得ない。それが、新憲法の成立から導き出される一般的な結論である。

そうなると、日本が君主国であるかどうかも怪しくなつて来る。なぜならば、君主制か共和制かという区別は、国家における主権の所在によつて決定されるというのが、普通の考え方である。世襲によつて――きわめて稀には世襲以外の方法によつて――地位につくところの単一人が主権者であるのが君主制であり、国民が主権者であるのが共和制である。(1) のちに述べるように、西洋では、君主国といえども国民主権主義を採用しているのが普通であるが、主権の所在によつて君主制と共和制とを区分する考え方からいえば、さような国家は見かけ上の君主国であつて、真正の君主国ではない。しかるに、日本は、天皇が主権者として君臨する国家であつた。だから、日本は、真正の君主国であつた。君主国と名のつく国々は、今日の世界にも決してすくなくないが、それらは――日本を除いては――、いずれも真の君主主権の国ではない。純粋の統治形態として見た日本の国体の「万邦無比《ばんぽうむひ》性」は、正《まさ》しくそこに存した。それが、今度の新憲法によつて、日本もまた軒《のき》なみの非真正君主国にすぎないものとなつた。天皇制は存置されているというが、それは、天皇の皇統が存続し、それが一般の国民とは違つた取りあつかいを受け、儀礼的・形式的に憲法上の或る種の機能を分《ぶん》掌《しょう》するということを意味するにすぎない。それをしも、なおかつ君主制といい得るか。論理の必然性は、これを否定するであろう。それは、統治形態としての天皇制の否定であり、実質の上での君主制から共和制への転換を意味するのではないか。論理の必然性は、これを肯定せざるを得ないであろう。新憲法をめぐる国体の論議が必死の形相を呈したのは、この避けがたい論理の帰結に対する価値観の闘争のしからしめたところであるといわなければならない。

しかしながら、この結論はいかにも論理的ではあるが、二つの前提の下に立てられている。その一つは、国家には主権と呼ばれる最高の政治的権力があつて、その権力は君主に帰属するか、国民に淵源するかのいずれかである、という前提である。他の一つは、日本では、最高の政治的権力としての主権は古来天皇に帰属して変ることがなかつた、という前提である。これら二つの前提を新憲法による国民主権の宣言と結びつければ、いまいうような結論が必然的に導き出されざるを得ない。しかし、それらの前提は、はたして正しいであろうか。それが、そもそもの問題である。第一に、主権という言葉を、さような最高の政治的権力と解してよいかどうかが問題である。第二に、国民主権とは、さような最高の政治的権力が現実に国民に帰属していることを意味するかどうかが問題である。第三に、日本では、はたしてさような最高の政治的権力が天皇に存して変ることがなかつたかどうかが問題である。本章では、まず第一の問題を考察することとしよう。そうして、第二・第三の問題は、順次に章を改めて論述して行くこととしよう。

普通の用語法によれば、「主権」とは国家における最高の政治的権力のことである。国家における最高の政治意志決定の力であるといってもよい。あるいは、これを「統治権」ともいう。統治権という場合には、この権力の作用そのものの内容が表示される。なぜならば、この権力は、色々な方面にわたつての「統治」の働きを営むものだからである。これに対して、統治権が国家における最高の権力であつて、それより更に上級の権力からの委任を受け、そこから派生したものではないということ、すなわち、統治権の「最高性」を主として表現しようとする場合には、その同じ権力が主権と呼ばれる。だから、主権といつても、統治権といつても、そこに意味されている実体は同じものであると見てよい[2]。

国家には、かならずかような主権的な権力意志の淵源がある。逆にいえば、一定の政治社会の中に主権的な権力意志の主体があつて、すべての政治上の決定はそこにさかのぼるということが、国家をして正《まさ》に国家たらしめる所以である。国家における主権者は、その上に位するいかなる力をももたない。国家の基本体制を決定する力を有するものも、主権者である。その基本体制の下でどういう政治を行うかを決定する者も、主権者である。それが「対内主権」である。しかも、この主権は、外国との関係においても国家的な意志決定の最後の根拠となる。一国の主権者は、いかなる他国の権力にも、その意に反して服従するということはない。外国と条約を結ぶのも、戦争に訴えることを決意するのも、戦いに破れて和を乞うのも、すべて主権の作用である。それが「対外主権」である。故に、主権は、国家に内在するところの、万能の力である。万能の力は、絶対に自由である。絶対に自由な力にとつては、なそうとしてなし得ないことは一つもない。なし得ないと見えることも、実はその力の主体が、なさない方が利益だと判断しているためになさないでいるにすぎない。主権をば最高の政治的な権力と見るならば、その結果はこういうことになる。しかし、一体、それで差しつかえないであろうか。国家には、さような最高絶対の力をもつた主権者があり、その主権者の意志は、自分の意志による拘束以外の何らの拘束をも知らないものであつてよいであろうか。

主権が万能の力であるとすれば、それは根本において法の拘束をも受けないということになるであろう。主権は、法に拘束される力ではなくして、むしろ「法を作る力」なのである。勿論、主権者が法を作つた場合、かれは原則としてその法を尊重し、これにしたがつてその権力を行使して行くであろう。その意味では、主権は、自己の作つた法によつて自己自身を拘束する。それを、主権の「自己拘束」というのである。(3) しかし、主権が法によつて拘束されるのは、主権者がそれを法と認めるかぎりにおいてである。これに反して、主権者が既存の法をもはや法とは認めないということになれば、かれはその拘束を無視して、新らしい法を作り出すであろう。その意味で、主権は法を超越する力である。法の下にしたがう力ではなくして、「法の上にある力」である。主権をば最高の政治上の権力と見るかぎり、そういう結論が必然的に出て来る。それにもかかわらず、人々は、主権をば最高の政治上の権力と解して怪しまなかつた。それが、在来の国家理論にいう主権である。しかし、それで差しつかえないのであろうか。そういう主権概念が今日でも維持されていて構わないのであろうか。

勿論、今日では法治主義が発達して来て、いかなる権力といえども法にはしたがわなければならないという原則が確立されている。政府は権力を行使するが、その政府の権力行使のである。議会は立法権を行使するのであるが、議会での立法は憲法の精神にもとづいて行われなければならない。かように、一切の権力をば法によつて規律し、いやしくも法を無視する権力の濫用は許さないというのが、現代の法治国家の建前である。

しかしながら、権力を規律するところの法は、結局は何らかの政治上の権力によつて作り出される。下級の官庁の権力は、種々の行政命令によつて規律される。しかし、その行政命令は上級官庁の意志によつて作られるのである。上級官庁の権力行動は、法律によつて規律される、しかし、その法律は議会の意志によつて作られるのである。法律を作る議会の意志は、憲法によつて規律される。しかし、その憲法は、――その憲法は誰によつて作られるか。憲法は、主権者の意志によつて作られるのである。真正の君主国では、憲法は君主の意志によつて作られる。それが、「欽定憲法《きんてい》」と呼ばれるのである。これに対して、国民が主権者であるならば、憲法は国民の意志によつて作られる。それがいわゆる「民定憲法《みんてい》」である。故に、主権とは「憲法の上にある力」であり、「憲法を作る力」である。しからば、主権者が憲法を制定するには、いかなる法に準拠すべきであるか。――すくなくとも、法を実定法と見るとき、主権者の主権行動を規律すべき法はない。憲法の上には、主権者の意志決定がある。しかし、主権者の意志決定の上には、もはや法はない。それが、主権を以て国家における最高の意志決定の力と解することの、当然の帰結である。法治主義といえども、主権者の権力の上にはもはや手が届かない。したがつて、主権者はその意志のままにいかなる憲法をも作ることができる。それは、最後の段階においての法に対する力の優越である。が、はたしてそれで差しつかえないのであろうか。主権とは、いかなる憲法をもその意のままに作り得る万能の意志力であつてよいのであろうか。

主権をば特に「憲法を作る力」としてとらえた点で、憲法学説史上、特に重要視せらるべき学者は、フランス革命の指導的理論家たるシエイエスである。

シエイエスは、まず、国家の中で作用する権力を、二つの段階に区別して考えた。その一つは、「憲法によつて組織された権力」(pouvoir constitué) である。憲法によつて組織された権力は、政府によつて掌握され、政府によつて行使される。政府のもつ権力は、憲法によつて組織され、憲法にもとづいて政府の手に委ねられたのである。だから、それは、あくまでも憲法にしたがつて行使されなければならない。いかに強大な権力をもつ政府といえども、その権力を以て憲法を破ることは許されないのである。それでは、政府の権力を規律するところの憲法そのものは、一体いかなる権力によつて作られるか。シエイエスによれば、それが「憲法制定権力」(pouvoir constituant) である。憲法によつて組織された権力は、憲法の下にあるが、憲法制定権力は、憲法の上にある。そして、憲法制定権力をもつものは、国民である。なぜならば、国民は、自分たちの意志によつて国家を作り、国家の組織を定め、政府を設けてこれに一定の権力を授けたのだからである。だから、政府がその権力を濫用するようなことがあるならば、あるいは、憲法が一般に権力の濫用を許すようなものであるならば、国民はさような憲法を廃止して、新たにその意にかなつた憲法を作り出すことができる。国民の意志は、すべてのものに先立つて存し、したがつて、すべてのものの上にある。それ故に、また、それは憲法の上にある。憲法の下にある政府の権力は、憲法に違反することはできない。政府の権力が憲法を破るならば、それは不法である。けれども、憲法の上にある国民の意志が憲法を破つても、それは不法にはならない。憲法制定権力を有する国民は、何ごとをもなすことができる。国民の意志を以てなにごとをなしても、それは、それ自身として常に合法的なのである。(4)

シエイエスがここに憲法制定権力として説いたものは、正に万能の力としての主権である。いいかえると、国家における最高の政治的権力としての主権は、シエイエスのいわゆる憲法制定権力に帰着するのである。シエイエスは、さような万能の権力は国民にのみ帰属すると見た。故に、かれの立場は徹底した国民主権主義である。かれは、君主主権というものを、最初から否定しているのである。そうして、国民が憲法制定権力をもつて行動するのは、何らの実定法上の根拠をも必要としない、自然の掟《おきて》であるという。それは自然法であり、自然法にもとづくが故に、国民の意志ならば、いかなることを行つても合法的だというのである。

シエイエスがかような理論を説いたのは、フランス革命以前の専制国家の制度を打倒するためであつた。だから、その説は、最初から革命の合法性を認めることができるように仕組まれていたのである。しかしながら、フランス革命は、大きな歴史の必然性をもつものとして、自然法に適《かな》つていたといわれ得るにしても、一般論としてこれを見た場合、国民の意志をかかる万能な力と考えて差しつかえないであろうか。専制君主の「朝令暮改《ちようれいぼかい》」は厳しく非難されるのに、国民の意志ならば、今日「主権の存する国民の総意」によつて作つた憲法を、明日はもう気に入らないからといつて、わがままな子供のようにこれを実力で破り棄ててよいものであろうか。それでもそれは自然法であり、自然法であるが故に、非難の余地も、責任を負う必要もないといい得るであろうか。

君主主権であつてはならず、国民主権でなければならないということを、あたかも公理のように認める人々は、ここのところを胸に手をあてて深く考えて見る必要があるであろう。

西洋近世の国家理論の中心をなす主権の概念は、変遷する歴史的事情の下にあつて、二つの重要な政治上の役割を演じて来た。その一つは、主権が「君主主権」として説かれた場合であつて、この主権概念は近世の国民国家の中央集権を確立するのに大いに役立つた。他の一つは、主権が「国民主権」として概念された場合であつて、この主権概念は近代国家の内部組織を民主主義化する理念的な根拠となつたのである。

すなわち、中世の封建制の下にあつた地方分権的な政治社会が、近世に入つて近代的な国民国家に統合されて行つた頃には、何よりもまず、国家の中央集権を確立することが必要であつた。なぜならば、当時の国家は、これと対立する三つの競争者をもつていたからである。第一は、中世以来地方に蟠踞《ばんきよ》していた封建諸侯の力である。第二は、これまた中世以来のカトリック教会の権威である。第三は、近世になつてから互にその縄張りを拡げようとして競い立つたところの他の諸国家である。一つの国家が近代国家として発展して行くためには、これらの三つの競争者と闘つて、自己の立場を有利に築き上げて行かなければならなかつた。そのためには、国家の経済上・軍事上の実力を拡大・強化して行くことが、まず以て必要であつた。が、しかし、それと同時に、国家には絶対に他の力に依存することのない最高の実力の中心があるということの、イデオロギイ的な根拠を確立する必要があつた。国家の力は、封建諸侯の力に優越し、カトリック教会の下風にも立たず、他の国家の意志にも服することがないという理論を構成しなければならなかつた。それが「主権」の概念であり、主権の「最高性」の理論である。かようにして国家の中に確立された主権は、何人《なんぴと》かに帰属しなければならない。しかも、中央集権を強化する必要からいつて、主権の帰属者はただ一人の権威者でなければならない。それが専制君主であり、専制君主の権力の絶対性を主張する君権至上主義の理論である。ボダンの主権論やホッブスの国権絶対主義は、正にかくのごとき時代の要求にこたえて発達した理論の代表的なものであつた[5]。

　しかしながら、西洋近世の歴史は、主権的国民国家発達の過程であつたと同時に、また、国民の個人としての政治的自覚の歴史でもある。そうして、国民の政治的自覚は、人間自由の理念を出発点として力強く展開されて行つた。もしも人間が本来自由であるべきならば、その自由な人間が君主の絶対権力の下に盲目的に服従せしめられているという状態は、不合理きわまるものといわなければならない。さればといつて、各個人に絶対の自由を許したのでは、人間生活の秩序は保たれ得ない。だから、国家は必要であり、権力は不可欠である。それでは、人間の自由と国家の権力との関係は、どうすれば合理的に説明することができるか。その方法は、ただ一つある。すなわち、国家における権力の淵源を国民に帰属せしめることである。そもそも国家は、国民の合意によつて成立した。国民が国家の必要を認めて、これを組織立て、政府を設けて、これに権力の行使を委ねたのである。故に、政府のもつ権力は、——したがつて、政府の首長たる君主の権力といえども、——決して最高のものではない。最高の権力、すなわち主権は、国民の手にある。国民は、自らの権力を自らの意志にもとづいて政府に授け、しかるのちに、政府の行使する権力に自ら服従しているのである。そういう権力の関係ならば、人間自由の理念と矛盾することはない。これに反して、もしも政府が国民の授権を無視し、国民の意志に反して権力を濫用するならば、国民はもはやさような権力に服従する義務はない。そこから出て来るものは、革命権の主張である。国民は、その革命権を行使して、専制主義を打倒した。しかし、主権は否定されたのではない。万能の権力としての主権は、国民の側に取りもどされた。それが、シエイエスによつて代表されているような憲法制定権力の思想であり、国民主権の原理である。

故に、近代の主権の概念は、互に対立する二つの政治イデオロギイと結びついて構想されたのである。すなわち、第一の政治イデオロギイたる君主主権主義は、近代国民国家確立の理論的根拠となつた。これに対して、第二の政治イデオロギイたる国民主権主義は、確立された近代国民国家の権力組織を変革して、これを人間の政治的自覚と合致するような形態に改めることに成功した。主権概念のこれらの二つの形態が演じた歴史上の役割が、きわめて大きなものであつたことは、十分に認められなければならない。

しかしながら、主権の概念、特に主権を最高絶対の力と見る概念が歴史上大きな役割を演じたことを認めるのは、正にそれが「歴史的」な役割であつたことを認めることでなければならない。専制君主の主権を最高絶対のものと見る考え方は、近世初頭以来の国民国家の発達上大きな役割をはたした。しかし、この君権絶対主義の主権概念は、その強調を必要とした歴史上の事情が変化するとともに、次第に過去に取り残され、アメリカ合衆国の独立やフランス革命を大きな転機として、国民主権主義に置きかえられるにいたつたのである。ところで、この国民主権の概念も、それがすべての法の上にある絶対の力としてとらえられているかぎり、やはり歴史の産物であり、専制主義の打倒という役割をはたしてしまえば、歴史とともにすぎ去り行くべき運命に置かれているのである。したがつて、もしも今日、主権が国民にあるからといつて、国民の意志ならば何ごとをもなすことができると考えるならば、それは一つの時代錯誤以外の何ものでもないであろう。

例えば、ドイツのワイマアル憲法は国民主権主義を採用し、その第一条を以て「国権は国民に由来す」と規定した。しかるに、そのドイツは、一九三三年一月三〇日、「主権の存する国民の総意」によつてドイツ民族社会党を国会の第一党たらしめ、ナチス独裁政権の確立を支持して、ドイツ国民の運命を奈落の底に陥れるような結果を招いた。国民は真剣ではあるが近視眼的であり、しばしば気まぐれでもある。故に、主権は国民に存するといつても、その主権をば、国民の意志ならば何ごとをもなし得るという絶対自由の絶対権と解する見解を、今日いまだに公理として認めるということは、決して歴史の手痛い体験を活かす所以ではない。

のみならず、もしも主権をば、すべての法の上にある最高絶対の力と認めるならば、主権者は、国内法を破るのと同じ気易さを以て国際法をも破ってはばからないであろう。ワイマアル憲法を紙屑籠に投げ込むことに何らの後めたさをも感じなかったナチス・ドイツは、それと同じ大胆不敵さを以てヴェルサイユ条約をも破棄し去った。東洋でこれと同じような横紙破りの行動をあえてしたのは、不幸にして日本であった。かくて、国際法の規律を無視する主権国家の主権行動は、遂に第二次世界大戦にまで発展して行ったのである。これに対して、今日では、主権とは決して国際法を自由に破り得るような絶対権ではないということこそ、公理として通用しなければならない。そうであるとすれば、国内法についてもまた、主権は決して法の上に位する最高絶対の力ではないということが、根本原則として確認されなければならないのである。主権は君主にあるか、国民にあるかということは、もとより大問題である。しかし、緊急切実な今日の根本問題は、これまで政治上の絶対権のように解されていた主権の概念をば、法の理念の下に正しく改鋳《かいちゅう》することにこそ求められなければならない。

（1）　国家の基本形態の分類に関しては、アリストテレス以来、君主制・貴族制・共和制の三分説が行われて来た。しかし、この説は、今日ではもはや原理的な意味を失っているといってよい。なぜならば、貴族制というものは、君主制および共和制と併存する第三の国家形態とは認め難いからである。もしも、貴族制において権力を有する貴族が、君主を取りまく少数の特権階級ならば、その貴族制は君主制に帰着する。また、もしも国民の中の一部の者が政治の実権を掌握しているという形ならば、それは共和制の一変態であるにすぎない。故に、国家の基本形態は、君主制か共和制かである。国家の根本の種別は、君主国か共和国かである。そうして、この二種別の区分の標準は、主権の帰属者の如何によるというのが、普通の考え方であるといってよいであろう。

(2) 主権および統治権という言葉づかいの外に、「国権」という言葉を用いることもある。新憲法も、第四一条に、「国会は、国権の最高機関であって」といって、この語を用いている。しかし、国権というと、主権または統治権が国家に帰属する権力であるという考え方、すなわち国家法人説が背後に予想されているような感じをともなう。更にまた、明治憲法は、統治権という言葉の外に「大権」という語を用いているが、これは統治権が天皇専属の権力であるという意味合いを含んでいて、一般に用いるには一層不適当である。故に、ここでは、主権という言葉を主として常用することにした。けだし、統治権の「最高性」が、すべてを通じて最も問題となる点だからである。

(3) 法は権力によって作り出される。しかし、法を作った権力は、自己の作った法を濫りに破るべきではない。もしも、権力者が勝手に法を破るようであっては、国民の政治に対する信頼は失われ、国民も国法を尊重しないようになる。そこで、権力は、自己の作った法によって自己自身を拘束する。——そういって、法による権力の自己拘束ということを説いたのは、イエリングである。Rudolf Jhering: Der Zweck im Recht, 1. Bd., 1877, 5. Aufl., 1916, S. 186 ff.
のちになって、ドイツの国家理論を集大成したイェリネックが、同じような考え方を国家法人説と結びつけ、法は国家によって作られるが、国家によって作られた法は、ひるがえって国家の行動を義務づけると主張した。それが、有名なイェリネックの「国家の自己義務づけ」(Selbstverpflichtung des Staates)の理論である。Georg Jellinek: Allgemeine Staatslehre, 1900, 3. Aufl., 1914, S. 367 ff.

（4）　シエイエスの憲法制定権力の理論は、フランス革命の勃発する直前、同じ年の一七八九年に刊行された「第三階級とは何か」という著書の中に述べられている。Emmanuel Sieyès: Qu'est-ce que le tiers état?, 1789.

（5）　ジャン・ボダンは、第一六世紀のフランスの政治学者で、その画期的な主権論は、かれの主著「国家論六書」（Les six livres de la république, 1576）の中に展開された。また、トオマス・ホッブスは、第一七世紀のイギリスの哲学者で、人間は自然のままの状態においては互に他人の利益を侵害しようとしてやまないものであるという独特の人生観から出発して、国家契約説と国権絶対主義とを説いた。その国家論上の主著には、「レヴァイアサン」（Leviathan, 1651）等がある。なお、これらの学説の大要を、その社会史的な背景と結びつけて解説したものとしては、鵜飼信成《のぶしげ》教授・主権概念の歴史的考察と我が国最近の主権論、憲法研究会編・新憲法と主権、昭和二二年、を参照せられよ。

二　法の理念としての主権

国家における主権をどういうものとして概念するかは、結局において、法と力との関係をどう見るかという問題に帰着する。ところで、法と力との関係については、昔から二つの違つた考え方が対立している。その一つは、力は法の上にあるという考え方であり、法をば「強者の権利」であるとする思想である。それは、ギリシャのソフィスト以来主張者の絶えたことのないマイト・イズ・ライト〔Might is right（力は正義なり）〕の思想に外《ほか》ならない。これに対して、他の一つは、法は正義の理念に立脚するものであり、いかなる実力といえどもこの理念にはしたがわなければならないという信念である。この信念は、プラトンがその不朽の名作たる対話篇「ポリテイア」の中で、ソクラテスの正義論をしてトラジマコス〔トラシュマコス〕の実力主義を克服せしめて以来、高貴なものを求める人間精神の中に、脈々たる生命を波打たせて今日にいたつている。力は法の支配者であるのか、法が力を規律するのか。そのいずれが真理であるかによつて、主権の概念についても、全く違つた二つの結論が導き出されて来るであろう。

しかるに、主権をば国家に内在する最高の政治的権力であると見る見方は、結局、力が法の支配者であることを認めているのである。なぜならば、この主権概念によれば、主権者の意志は、いかなる法をいかようにも作り得る万能の力を意味するからである。しかし、主権を最高の政治的権力と概念して怪しまない人々は、はたしてこれだけの結論をそのままに認めてはばからないのであろうか。

なるほど、人間社会の現実は、マイト・イズ・ライトということがしばしば否定しがたい事実であることを物語つている。しかし、それにもかかわらず、人が正しいということを単に強いということとは違うと考えざるを得ないとするならば、その人は、すでにそのかぎりにおいて理想主義の使徒なのである。今日、正しさが単なる実力の蹂躙《じゅうりん》するところとなつて差しつかえないと心から考えている人が、はたしてどれだけあるであろうか。それなのに、国家理論についてだけは、「法の上にある力」としての主権概念が、依然として疑うべからざる公理のように通用しているとは、一体何ごとであろうか。もしもさような主権概念を依然として金科玉条とすることが時代錯誤であるならば、それは、主権の主体を君主と見るか国民とするかによつて変りのあるべきことではないといわなければならない。いかなる憲法をもその意のままに作り、その意のままに破り得るオオル・マイティイ〔almighty〕としての主権の概念は、よしんばそれが国民主権として説かれている場合にも、もはや決して「人類普遍の原理」ではあり得ない筈《はず》なのである。

むかし、ギリシャの詩人ピンダロスは、「ノモスはすべての人間および神々の王である」といつた(1)。この場合に、ノモス（nomos）というギリシャ語がいかなるニュアンスをもつものであるかは、いまは問わない。ここでは、ノモスとは法であり、法の根本原理を意味するものと解する。そう解するならば、この言葉は、いままでに批判して来たところの実力としての主権の概念と対立するもう一つの立場、すなわち、いかなる権力も法の理念にはしたがわなければならないという立場を、最も印象的に表現しているということができるであろう。王は、地上の世界での最高の権力者である。もしも主権が国民に存するならば、その場合の国民もまた一つの王である。王はすべてのものの上にある。しかし、その王といえども、法の権威を犯すことはできない。否、天上の神々でさえもが、法の理念の前には恭順《きようじゆん》でなければならない。その意味で、ノモスこそ王の上にある王であり、神々に対してすら王として君臨する。法は、地上の権力者によつて勝手気ままに作られるものであつてはならない。王が法を意のままに作るのではなく、王といえども法の理念にしたがつてその権力を行使すべきである。故に、国家において最高の権威をもつものを「主権」と名づけるならば、王が主権者であるのではなくて、主権はノモスにこそあるといわなければならぬ。実力としての主権概念が時代錯誤であるならば、新たに確立せらるべきものは、「ノモスの主権」の概念でなければならぬ。

いかに強大な実力をもつ者といえども、法の権威にはしたがわなければならない、という考え方は、マイト・イズ・ライトの思想と同じように古い由来を有する。単に古い由来を有するばかりではない。近頃でも、同様の見解は色々な形で説かれている。中でも、法治主義の理論の尖端を行く「法主権」の思想は、そういう考え方を最もはつきりと代表している。しかし、法治主義的な法主権理論には色々な欠陥があつて、それをそのままにここで採用する訳には行かない。したがつて、「ノモスの主権」という立場から実力主義の主権概念の改《かい》鋳《ちゅう》を企てるためには、それが単なる法主権論への復帰を意味するものではないことを明らかにして置く必要がある。

いまいう通り、法主権の理論は、近代法治主義の尖端を行く思想である。法治主義は、法によつて権力を規律し、権力濫用の危険を防止しようとする立場である。しかし、法となんで権力というものの支配が認められている以上、その権力が法を破るという危険は、どこまでもつきまとうことを免れない。昔は、権力者として人民の上に君臨する者は、君主であつた。これに対して、国家法人説が発達し、人民を統治する権力は君主に帰属するのではなくて、法人たる国家を主体とするという風に説明した。それは、君主の権力を制限して、人民の自由を擁護するという点では、たしかに一歩の前進を意味したということができる。けれども、統治の権力は国家に帰属するといつても、現実に国家の統治意志を構成する者は、現実の人である。立憲主義の国家では、議会の多数意志が国家の統治意志として行われることになるのである。それでは、やはり、議会の多数党の横暴による権力濫用の危険を取り除く訳には行かない。そこで、法主権論は、あらゆる意味で人が人を支配するという関係を否定してしまおうとする。君主のような現実人はもとよりのこと、法人として構成された人であつても、いやしくも「人」が主権をもつて人民を支配する、というような観念は、すべて駆逐してしまわなければならないと主張する。これに対して、もしも人を支配する「主権」というものが、なおかつ認められるとするならば、その主権は客観的な法規範そのものに帰属すると考えられなければならない。人は、法規範には服従する。しかし、人が人の権力に服従するという関係は、現代国家の理念に反する。そこで、法主権の理論を代表するオランダの国家学者クラッべは、次のように説いた。すなわち、「われわれは、今日もはや、自然の人であれ、構成された――法的の――人であれ、人の支配の下に生活するのではなく、規範の支配、精神力の支配の下に生活している。ここに、現代の国家理念が示されているのである」と。(2)

この種の法主権論は、確かに、ノモスをばすべての王の上にある王と認めようとする思想の現れである。そのかぎりにおいては、それは、実力としての主権概念を正しい方向にむかつて改鋳しようとする試みであるといつてよい。しかしながら、法主権論は、二つの点で重要な問題を見あやまつている。それは、法主権論にとつて、正《まさ》しく致命的な欠陥である。したがつて、法の理念によつて新たな主権概念を確立して行くためには、同じ陣営に属する法主権論に対しても、忌憚《きたん》のない批判を下すことを怠つてはならない。

まず、第一に、クラッベによつて説かれたような法主権論は、抽象的な法規範に主権を帰属させることによつて、主権という概念のもつ「主体性」を無視する結果に陥つている。しかも、いかに「規範の支配」ということを力説しても、規範の背後に隠れた人間の現実意志の作用は、決して否定することはできないのである。クラッベは、現代の国家では、人はすべて規範の支配にのみ服するという。しかしながら、規範の支配といつても、その規範は、天から降つたものでも、地から湧いたものでもなくて、現実の人間が作つたものである。だから、人間が規範の支配に服するということは、結局、やはり、その規範を作つた人間の意志の支配に服従することに外ならない。それでは、「人の支配」としての主権概念を排斥して、「規範の支配」を以てこれに代えようとする努力は、元の木阿弥になつてしまうであろう。昔は、専制君主の意志が法を作つた。今日の立憲国家では、議会の多数意志によつて法が作られる。独裁主義の時代には、独裁者の意志が法として通用する。かように法を作る現実人の現実意志を舞台裏に隠して、表に現れた法規範に主権の王冠をかぶせて見たところで、主権概念の正しい改鋳が行われたことにはならない。主権とは、そもそも「主体的」な概念である。ノモスの主権といつても、誰がノモスを現実に把握するか、という主体性の問題から離れて主張されただけでは、意味をなさない。ノモスの主権とは、むしろ、何が法であるかを決定する力をもつた人々の心構えの問題でなければならない。権力を有する者が、その思うがままに法を作るのが主権なのではなく、いかに権力を有する者といえども、法の根本原理にしたがつて不断に正しい法を作るための努力をつづける義務があるという意味で、ノモスが権力の上に位するのでなければならないのである。かように、法の理念と現実の権力意志との関係を正面から考察するということを忘れている点で、クラッベのごとき法主権論には重大な欠陥があるといわなければならぬ。

次に、第二に、クラッベが「規範の支配」ということを力説する場合、その規範の中には、時代とともに変化して行くべき具体的な実定法規が含まれている。故に、もしも、そういう意味での法規範の規律をば絶対の権威にまで高めるということになると、生きた社会生活そのものが融通の利かない法規によつて金縛りにされてしまうおそれがある。それは、かつての成文法万能の思想と同じような考え方であつて、決して真に法の権威を高める所以とはならない。成文法が、時代の要求にぴつたりと適《かな》つていた頃には、いかなる権力によつても成文法規を動かしてはならないということを主張するのは、十分に意味があつたであろう。しかし、歴史は動く。時代は変る。昔日《せきじつ》の正しい法は、もはや今日の社会生活を正しく規律する訳には行かない。それにもかかわらず、法の杓子定規の適用をこれこととしているような意味での法治主義は、かえつて転換する時代の新興政治勢力の総攻撃を受けて、根本から破壊されてしまうことを免れない。ノモスの主権を認めることは、さような融通の利かない考え方に堕することであつてはならないのである。だから、いかなる権力といえどもしたがわなければならないノモスとは、かくのごとき固定した法規範を意味するものではなくて、時代によつて形を変えながらも、しかも、あらゆる時代の変革を通じて確認せられ得るような、人間共同生活の根本の正しいあり方でなければならない。かくのごとき法の根本理念にまでさかのぼる努力を欠いて、ただ既存の法規範の尊重ということだけを説く法治主義は、歴史の動向に対して無理解な、頑迷固陋《がんめいころう》の保守主義と何ら選ぶところのないものとなつてしまうであろう。

これらの二点は、ここにかかげるノモスの主権がクラッベ流の法主権論と同日に談ずべきでないことをはつきりさせるために、大いに強調して置かなければならない点である。その中で、第一の点、すなわち、法の理念と現実の権力意志との主体的な結びつきについては、次の節で改めて考察することとして、ここでは、第二の点、すなわち、人間共同生活の根本の正しいあり方としてのノモスとはいかなるものであるかを、更に立ち入つて検討して見ることとしよう。

元来、法は正しいもの、正しかるべきものである。自ら認めて正しくないとする「露悪」の態度は、決して法の態度ではあり得ないのである。しかしながら、実際には、法は決して常に正しいとはかぎらない。世の中には、正しくない法がある。悪法も法として行われる。なぜであろうか。なぜならば、法は人間が作るものだからである。人間の判断には、あやまりがある。将来の社会事情の変化への見透しが利かない。だから、正しかれと思つて作つた法も、正しくないことがある。作られた当座は良い法であつても、やがて悪法と化することがある。まして、権力者が一方的な利益のために法を作つた場合には、最初から不合理・不公正の法が権力を背景として社会の弱者を圧迫することにもなる。しかし、さればといって、法は正しいものでなければならないことには、変りはない。否、世に不正の法、邪悪の法があればあるほど、それだけますます、法は正しいものでなければならないということが、強く要望されるのである。ここに、「法の理念」の不滅の意義が認められなければならない。

法の正しさは、同時に政治の正しさである。なぜならば、政治は原則として法にしたがつて行われるから、正しい法によつて行われる政治のみが、正しい政治たり得るのである。かような法の正しさは、法が「誰」によつて作られるかということとは、必然の関係をもたない。法は、君主が定めたから正しいといい得るものでないことは勿論、神の意志だから正しいともいい得ない。何となれば、神の意志と称せられるものを、人間に語り伝える者は、結局は人間以外にないからである。それと同様に、主権の存する国民の意志だからといつて、正しくない法はあくまでも正しくないのである。主権をば「法の上にある力」と見、その主権を「国民」に帰属せしめれば事足りる、と考えている在来の主権概念は、この見易い道理を無視しているが故に、排斥されなければならないのである。法の正しさを決定するものは、ひとりただ、法の客観的な理念でのみあり得る。その意味で、法の理念はすべてのものの上にある。すべてのものの上にあるという最高性が主権の本質であるならば、主権の最後の規準は法の理念にこそ求められなければならない。

それでは、法の正しさを決定する法の理念とは、そもそも何であろうか。世にこれほどむずかしい問題はない。しかしまた、世の中に、これほど昔から一つのはつきりした答えの与えられている問題もない。その答えとは何か。それは、人間の「平等」である。すべての人間の「平等の福祉」である。

勿論、何が人間の平等の福祉であるかということは、深く考えれば考えるほど、大きな問題である。したがつて、それについては、さまざまな世界観的立場の相違がある。更にまた、どうすれば人間平等の福祉を最もよく実現して行くことができるか、という方法の問題になると、無限といつてもよいほどの意見の対立が起り得る。その点では、これほどむずかしい問題はない。けれども、すべての人間がひとしく人間らしい生活を営み得るような社会状態が正しいのであり、法は、与えられた歴史上の諸条件の下で、できるだけこの規準に近い人間関係を規律することによつて、はじめて正しい法であり得るということについては、古今東西ほとんど異論がないといつて差しつかえないであろう。

人間平等の正義について論じた学者や思想家は、もとより数かぎりない。しかし、その中で、正義の理念を最も明確に、最も周到に論述して、人類の正義思想に確乎《かっこ》不動の根拠を与えたものは、ギリシャの大哲学者アリストテレスである。

アリストテレスは、人間の最高至上の目的はエウダイモニア (eudaimonia) の実現にあると説いた。エウダイモニアは、人間性の充実であり、完成である。人間は理性を有し、理性によつて判断し、理性に導かれて行動するものである。したがつて、エウダイモニアは、理性にかなつた生活であり、叡智の徳の高度の発揮を意味しなければならない。そういう点からいえば、エウダイモニアは「善」の理念に合致する。しかし、アリストテレスによれば、理念は現実を離れた彼岸にあるのではなく、現実そのものの中に内在する。故に、道徳上の善は、徒《いたず》らに現実を虐《しいた》げ、現世の幸福を否定するような禁慾生活を要求するものではない。むしろ、理性にかなつた生活には、自らにして幸福がともなうのである。したがつて、アリストテレスの説くエウダイモニアは、善であると同時に「福」でなければならぬ。そこで、学者はこれを訳して、「善福」という。あるいは、これを「福祉」といつてもよい。福祉とは、決して単なる快楽主義の目標ではない。それは、経済に事欠かぬ生活であると同時に、精神の幸福であり、文化意欲の充足でもある。エウダイモニアは、正《まさ》にかような物心両様の面における人間性の充足・完成に外ならぬのである。

ところで、アリストテレスにしたがえば、人間は「国家的の生物」(zoon politikon) である。したがつて、人間のエウダイモニアは、国家を離れた個人生活の目標ではなくて、国家において実現されるものでなければならぬ。いいかえれば、国家はすべての人間のエウダイモニアをひとしく実現することを、その本来・固有の任務としなければならぬ。そこで、国家生活の最高の原理として人間平等の理念が高くかかげられることになるのである。国家に生活するすべての人間の関係は、正しく規律されなければならない。それが「正義」であり、正義はつまり「平等」である。政治の正しい運用によつて、すべての人々のエウダイモニアがひとしく実現されるのは、すなわち「公共の福祉」である。アリストテレスによれば、政治の形態には、君主制があり、貴族制があり、共和制があるが、それらはいずれも国民公共の福祉を目的とするものでなければならない。もしも政治がこの目的から逸脱し、権力を掌握する人々の私利私慾のために濫用されるようになれば、君主制は変質して暴君制となり、貴族制は堕落して寡頭制となり、共和制は顚落《てんらく》して愚民制と化する。かように、アリストテレスは、政治の正しさの規準は政治の形態そのものにあるのではなく、人間平等の福祉という目的内容に求めらるべきであるとなした。これは、今日、国民主権の問題を考察するにあたつて、深く反省されてしかるべき論点であるといわなければならない。

正義は平等であり、人間の共同生活において各人の利害を均等ならしめることである。しかしながら、一口に平等といつても、その言葉の意味は決して単純に一様に理解されてはならない。そこで、アリストテレスは、正義の類別に関するその有名な理論を展開する。

その最も重要な点だけを抽《ひ》き出していうならば、正義には二つの種類がある。なぜ、正義に二つの種類があるかといえば、それは、人間の存在の仕方に二つの立場があるからである。すなわち、人間は、一方では一人一人独立の個体として生活し、それぞれ等価の立場において他人と関係づけられている。その関係から見れば、正義とは各人を頭割りに平等に取りあつかうことでなければならない。それが「平均的正義」である。平均的正義は、給付と反対給付、損害とその賠償、犯罪とこれに対する刑罰、等が、数量的に釣り合うことを意味するのである。しかし、人間は、他方では国家の一員として、公共のために奉仕すべき立場に置かれている。この立場から見るならば、人間の価値は、決して数量的にひとしいものではない。人間には、能力・経験・手腕・勤惰《きんだ》、等によつて、その価値に大きな相違がある。

それを押しなべて、ただ一様に取りあつかうのは、決して正しいとはいい得ない。むしろ、人間をばその値するところに応ずるように差別して取りあつかうところにこそ、真の生きた平等があり、正義がある。アリストテレスは、これを「配分的正義」と名づけた。これら二つの意味ですべての人間を平等に取りあつかうことが、正しい社会生活のあり方なのである。[3]

この、アリストテレスの正義論は、西洋の正義思想の上に決定的な方向を与えた。ロオマの法学者、例えばキケロが、正義を定義して「各人にかれのものを」(suum cuique) 与えることであるとなしたのも、それである。中世スコラ学派の哲学者トマス・アクィナスが、法の理念をば「共同の福祉」(bonum commune) という言葉で示したのも、それである。ドイツ理想主義哲学の巨星フィヒテが、国家の任務は各人に人間としての人間らしい生活を保障するにあるとなし、イギリスの実利主義者ベンタムが、「最大多数の最大幸福」(the greatest happiness of the greatest number) という標語によって道徳や政治の目的を明らかにしたのも、根本において同じ思想の表現に外ならない。[4] 一七七六年のアメリカ合衆国の独立宣言書が、「すべての人間は平等に創造された」ということを、自明の真理としてかかげ、一七八九年のフランス革命の原理が、自由および友愛とならんで「平等」の理念を三位一体の関係に結びつけたのも、同じ正義観念の偉大な政治的結晶というべきである。転じて、東洋には「国を有《も》ち、家を有つ者は、寡《すくな》きを患《うれ》えずして、均《ひと》しからざるを患う」という孔子の至言があり、唐代の女論語には、「同甘同苦《どうかんどうく》」という簡明直截な言葉がある。正義は、万人喜びを同じうし、苦しみを共にするところの社会状態である。法はこれを理念としなければならぬ。政治上の権力は、この法の理念にかなうように行使されなければならない。「天地崩るとも、正義をして成らしめよ」(Fiat justitia, ruat caelum)。この正義を蹂躙《じゅうりん》する暴逆は、天人ともにこれを許さない。正しく、そこにノモスの主権があるといわなければならぬ。

勿論、前にも一言したように、具体的な事情の下にこの平等の正義をいかに規定し、いかに実現して行くかは、誠に無限に困難な問題である。アリストテレスのいう平均的正義については、事は比較的に簡単であるが、そのいわゆる配分的正義となると、人間の価値をどういう尺度によつて測り、ことなる価値を有する人間をどの程度に差別して取りあつかうのが正しいかということが、非常にむずかしい問題となつて来る。

例えば、封建主義の価値観からいえば、神の栄光を担う尊厳な君主が宏壮《こうそう》・華麗な王宮に住み、匹夫《ひっぷ》・庶民が土下座してこれへの忠誠を示すのは、当然のこととされた。極端な国家主義の立場からいえば、国家の元勲《げんくん》が位人臣《くらいじんしん》をきわめ、反国家的な行動をあえてした政治犯人が獄屋に呻吟《しんぎん》するのは、各人に対してかれにふさわしい処遇を与える所以に外ならなかつた。かような不合理な「配分」は民主主義の発達とともに次第に是正され、合理化されて来たとしても、そのあとになお、最も困難な経済上の配分の問題が残る。第一九世紀初頭の民主主義は、すべての人間に「法の前の平等」を与えることを以て満足した。したがつて、平等な法的条件の下に行われる自由競争・実力競争により、人間の間に貧富のへだたりができても、それは能力と努力に応じて各人にかれのものを与える所以であり、その方が、全体として経済の発達を促進し、万人の福祉を向上させることになると考えられていたのである。これに対して、現代の社会化された民主主義は、単なる「法の前の平等」から生ずる富の不均衡を是正し、勤労階級にまず以て生活の安定を保障することによつて、各人の経済上の立場をできるだけ実質的に平等ならしめようとする方向にむかつて進みつつある。その間にあつて、能力や勤勉の度合によつて各人の間にどの程度の差別を認めるのが正しいのか。すべての国民に保障せられる「健康で文化的な最低限度の生活」とは、どの程度の生活であるべきなのか。一般に、国民生活の水準を高めるには、統制された資本主義がよいのか、どの程度の社会主義化が必要なのか。それらのきわめてデリケエトな問題をめぐつて、いかなる法制度が正しいかについての白熱の意見の対立が生じ、深刻な論争が展開されるのである。

しかし、対立する数多い意見の中のどれが正しいかを決定することが、現実にはいかに困難であろうとも、その中にはどれか一つ、与えられた条件の下での一番正しい道がある筈なのである。権力を有する者は、その正しい道によつて政治を方向づけるために、常住不断の努力を傾注すべき責任がある。民主主義が発達して、万事が議会の多数決によつて決定されることになれば、多数党は虚心坦懐、少数党の意見にも耳を傾け、国民全体の福祉のために最も適当と考えられる方向にむかつて、不断に正しく立法および政治を指導して行く義務がある。更にまた、議会の根柢にある国民は、常に議会政治の成り行きを見守り、事実の上に現れた多数党の政策を公正に批判し、少数党の意見の方が正しいことを知つた場合には、次の総選挙によつて少数党を多数党にまで高め、それに立法および政治の指導権を与えるように心がけて行く責務がある。それが、いわゆる国民の主権である。故に、主権は力であるよりも義務であり、主権概念は権力概念であるよりも責任概念でなければならない[5]。すくなくとも、主権は無条件の力ではなくて、法の理念によつて方向づけられた力でなければならない。それが、「実力としての主権」を批判することによつて見出されるところの、「法の理念としての主権」の意味に外ならない。

(1) ピンダロス (Pindaros) は、紀元前五二二年に生れ、四四八年に死んだギリシャの著名な抒情詩人である。

(2) Krabbe: Die moderne Staatsidee, deutsche zweite Ausgabe, 1919, S. 9.
なお、法主権論についても、鵜飼信成教授の前掲論文・主権概念の歴史的考察と我が国最近の主権論、の中に、簡明な要旨と適切な批判とが述べられている。

(3) アリストテレスの国家論はその著「政治学」の中に、またその正義論は、「ニコマコス倫理学」の中に説かれている。ここには、ロルフェスのドイツ訳について、その主要な個所を示して置くこととする。
Aristoteles: Politik, übersetzt von E. Rolfes, 3. Aufl., S. 3 ff., S. 87 ff.; Nikomachische Ethik, übersetzt von Rolfes, S. 91 ff.

(4) フィヒテのような理想主義者とベンタムのような実利主義者とを同列に置いて、その中に「同じ思想の表現」を見出そうとするのは、相容れざる二つの魂を同一の陣営に属せしめるようなものだと非難されるかも知れない。しかし、フィヒテも経済生活の充足ということを非常に重要視しているし、ベンタムといえども、決して「物質的」な幸福の最大量だけを社会生活の目標とした訳ではない。中でも、フィヒテのいわゆる「人間の人間らしい生活」は、エウダイモニアの思想の近代的表現の典型ともいうことができよう。それは、すべての人々が闊達として勤労に従事し、それによつて憂いのない経済生活を営むと同時に、仰いで文化の青空を眺め、精神的教養を高めるだけの余裕をもつことのできる生活なのである。ギリシャ語の eudaimonia を語源とする eudemonism とは、正しくかくのごとくに、精神的にも物質的にも充実した幸福を目標とするものと解せらるべきである。問題は、この目標そのものにあるのではなく、むしろ、いかにしてこの目標に到達することができるかという方法にある。すなわち、フィヒテは、すべての人間に人間らしい生活を保障するということは、国家の適正な統制の下においてのみ実現され得ると考え、その国家社会主義の理想をば「封鎖商業国家論」(Fichte: Der geschlossene Handelsstaat, 1800) の中に説いた。これに対して、ベンタムは、すべての人にその幸福を追求する自由を与えるのが、最大多数の最大幸福への一番の近道であるとなし、第一九世紀のイギリス資本主義の発達に有力な理論的根拠を与えたのである。Jeremy Bentham: Traités de législation civile et pénale, 1802, English Translation by Hildreth, new ed., 1911.

(5) 近頃の私法理論では、「権利は義務をともなう」ということが唱えられる。それと同様に、公法の領域でも、「権力は責任である」ということが力説せられなければならない。こういう考え方を徹底させて行けば、「権力」という概念の否定にも到達し得るであろう。政府は権力をもつて国民を統治するというが、むしろ、政府は国民の福祉のために不断に奉仕すべき義務があるのである。官吏は国民の「公僕」であるといわれる所以も、そこにある。フランスの著名な国法学者デュギイは、かような見方をおしすすめて、「主権」(souveraineté) の概念を否定し、「公共の奉仕」(le service public) という概念を以てこれに代えることを提唱した。Léon Duguit: Les transformations du droit public, 3. tirage, 1925, pp. 32-

三　法の理念と現実の権力意志

前に述べたように、主権の概念は主体概念である。したがつて、主権の問題は、決してただ、主権とはいかなるものであるかを問うだけにはとどまらない。それよりもむしろ、主権は「何人《なんぴと》」に帰属するかということが、根本の問題となるのである。しかるに、クラッベの法主権論は、ただ、簡単に「人の支配」としての主権概念を否定し、主体性のない「規範の支配」ということを提唱した。しかし、それでは主権の問題は解決され得ない。故に、ここに「ノモスの主権」ということを主張する意味は、クラッベによつて説かれたような主体性のない法主権説に帰依することであつてはならない。いかなる権力も法の理念によつて義務づけられているという主張は、何が正しいかを現実に決定するものが、現実の権力意志であることを、否定しようとするものではない。それはまた、否定しようとして否定し得ることでもないのである。

現実の政治社会では、現実の人間の現実の意志が法を決定し、政治をば方向づける。しかし、人は、昔からこの政治社会の現実を白日の前にさらけ出すことを、できるだけ避けようと力《つと》めた。そうして、何らかの超現実的な権威を借りて来ることによつて、かような現実の権力関係を背景に隠し、もしくは、現実の権力による支配を超現実的なヴェエルによつて粉飾しようと試みた。かかる超現実的な権威として最も多く利用されたものは、「神」である。この世のものには栄枯盛衰がある。君主の地位も、反抗する民衆の力によつて、いつくつがえされるかわからない。しかし、超現実的なものには永遠性がある。神の意志のみが永久不変の権威を保ち得る。そこで、古来の専制君主制は、ほとんど例外なく現実の権力関係の基礎を神の意志に仰いだ。西洋では、それが君権神授の思想となつて現れたのである。新約聖書のロマ書第一三章は告げる。「すべての人、上にある権威にしたがうべし。そは神によらぬ権威なく、あらゆる権威は神によりて立てらる」と。日本で、「皇祖の神勅《しんちょく》」が天皇統治の「天壌無窮《てんじょうむきゅう》性」の根拠とされたのも、一般現象として見れば、かような神権思想の例外ではあり得ない。

しかしながら、いかに神の意志を権威の根拠として借りて来ても、現実にあるものは、現実の人の現実の人に対する支配である。いかに神の意志が法であるといつても、これが神の意志であると告げる者が人間以外の何ものでもあり得ない以上、その法は結局は人の意志によつて作られているのである。しかるに、人間の判断にはあやまりがある。現実の意志は、個人の恣意によつて左右される。したがつて、その結果は、正しくない法、正しくない政治となつて現れる。しかも、神権主義は、正しくない法、正しくない政治をも、それが神意に出《い》ずるものであるという理由によつて、いささかの批判をも許さずに強行しようとする。したがつて、ますます民意を無視する圧政が行われ、遂には神意による統治という仮面すらはぎ取られて、現実の支配機構の崩壊とともに神権政治そのものも崩壊してしまうことを免れない。

或る意味ではそれと同じようなことが、法をば「国家」の意志であるとし、もしくは「民族共同体」の意志であるとする思想についてもいわれ得るであろう。

例えば、国家法人説によれば、主権もしくは統治権は法人たる国家に帰属する。したがつて、法は、国家の統治意志の現れであるということになる。しかし、国家という法人は、口も利かなければ、命令書を書くこともない。それ故に、「国家の意志」といわれるものは、実際には、何らかの現実人の現実意志によつて「構成」されなければならない。前にもいう通り、こういう仕組みは、君権主義的な国家組織の中に民主主義的な統治意志構成の方法を取り入れるために案出されたのである。だから、国家法人説は、本来の意味からいえば、君主主義と民主主義との妥協の理論なのである。けれども、もしも国家をば擬制された法人としてではなく、ヘエゲルのように実在する普遍我と見るならば、そうして、実在する普遍我としての国家を絶対の権威にまで高めるならば、そこからたちまちにして独裁・専制の政治原理を導き出すことができる。なぜならば、国家は実在する普遍我であるからといつて、何人も国家の叱咤《しつた》する声を聞き、国家の指さす姿を見ることはできない。さればといつて、単なる多数決によつては超個人的な国家の全体意志を的確に把握することはできない。そこで、国家の全体意志をばそのままに国民に告げ得ると称するところの単一人が現れて、それが国家の権威に名を藉《か》りて国民に絶対服従を強いることになる。それが独裁者である。イタリイのファッシズムは、正《まさ》しくさような構想によつてその独裁政治形態を築き上げたのである。これに対して、ドイツのナチズムは、国家の代りに「民族共同体」という全体者を絶対の権威にまで祀《まつ》り上げた。けれども、それが、現実には、民族の意志をその意志とすると称する「指導者」の独裁となつて現れた点では、ファッシズムと何らことなるところはない(1)。それらの国民の多くは、国破れた今日となつてはじめて、国家の名の下に、もしくは民族の権威に名を藉りて、実はムッソリイニやヒトラアという現実人の現実意志によつて踊らされていたのであることを、はつきりと自覚するにいたつたに相違ない。

かような観念の魔術は、専制主義や独裁主義にはつきものである。しかし、それは、専制政治や独裁政治にのみ特有の現象ではない。それとは正反対の立場にある民主主義の政治原理の中にも、或る意味では同じような政治上の権力の観念転化が行われていることを見出し得るであろう。

民主主義をつきつめれば、国民主権主義に帰着する。主権は国民に存するのであるから、法を定め、政治を行うのは、すべて国民の意志によらなければならないというのが、その原理である。しかしながら、「主権の存する国民」とは、一体何であろうか。それは、つまり個々の国民の「総計」であろうか。しかし、国民は、多くの場合何千万という多数にのぼるのである。さような何千万という多数の国民の意志が一つに合致するということは、現実にはほとんど絶対といつてもよいほどにあり得ない。むしろ、国民の間にはさまざまな意見が分岐・対立しているのが常である。したがつて、もしも現実の国民の意志の「総計」を以て主権意志であるとするならば、その主権意志はいくつにも分裂していて、帰一するところを知らないことになるであろう。そこで、実際の民主政治の運用にあたつては、国民の「多数」の意志が「国民の意志」として通用することになる。否、今日の民主国家の大部分は間接民主主義を採用しているから、そこでは、原則として議会の多数意志が「国民の意志」と見なされ、それが立法や政治の方針を決定して行くのである。しかるに、議会での多数は、国民の総計から見れば、わずかに何十万分の一の少数であるにすぎない。現に、日本の新憲法は、憲法を審議した第九〇議会の多数決によつて決定された。しかも、それにもかかわらず、新憲法の前文は、主権の存する日本国民の意志によつてこの憲法を確定したということを宣言しているのである。その場合、新憲法を確定したものは、イデオロギイ的には「国民の総意」である。しかし、それは、現実的には「議会の多数」である。将来、憲法を改正するにあたつて国民投票が行われても、結局は国民の「多数」の意志が「国民の総意」の名の下に憲法改正の決定をなすことになるのである。故に、民主主義の政治機構においても、イデオロギイ的な主権の主体と、現実的な権力意志の構成者とは、決して完全には一致せず、しかも、後者は前者の名によつてその権威を高めていることが知られるであろう。

かくのごとくに、現実の権力意志の構成者の外に、別にイデオロギイ的な主権の主体をかかげ、前者の意志を後者の名において行うという仕組みは、どんな政治の形態にもかならず存在する。それは、それ自身としては、決して無用なことでも、間違つたことでもない。政治は単なる現実の権力関係ではなく、かならず何らかの理念による裏づけを必要とする。その理念が政治の「主体」と結びついて、神の政治となり、民族協同体の政治となり、あるいは、国民の政治となる。それが、イデオロギイ的な主権の主体である。かようなイデオロギイ的な主権意志は、現実の権力関係の奥にある政治の「正しさ」を象徴するものとしては、いかなる政治形態にも欠くべからざる意味をもつているのである。

しかしながら、もしもイデオロギイ的な主権意志が、或る特定の主体の意志なるが故に無批判に正しいものとされ、その名を藉りて行われる現実の権力意志が、その内容の如何にかかわらず正しい意志として通用することになると、この仕組みから大きな弊害が生ずることを免れない。神意の政治をば神意なるが故に正しいとなし、君意の統治には君意なるが故にあやまりがないとする信念が、非科学的な独断にすぎないことは、今日何人もが認めるところである。それと同様に、「国民」の意志といえども、国民の意志なるが故に正しいとはいい得ないのである。そうではなくて、「正しい」国民の意志のみが正しいのである。しかるに、もしも民主主義の盲目的な讃美者があつて、国民の意志は、国民の意志そのものとしてすでに絶対に正しいと考えるならば、かれは、民主主義の名の下に実は一種の神権政治に帰依しているのであるといわなければならない。国民の名において議会の多数党が横暴を行つたり、議会の多数を占めた矯激《きょうげき》な政治勢力が突如として民主政治を独裁政治に切り替えたりするのは、この民主主義的な神権思想が悪用された場合なのである。古来、人が、神の意志から君主の意志へ、国家の意志から民族の意志へ、そうして最後には国民の意志へと、イデオロギイ的な主権の所在を求め求めて来たのは、結局は、政治の正しさの最後の根拠を追求しようとする人類共通の切実な要求の現れである。(2) しかし、政治の正しさをイデオロギイ的な方向に追求して行くならば、むしろ、直截にこれを法の理念そのものに求めるに如《し》くはない。なぜならば、政治の正しさの最後の根拠は、正しさそのものの中にこそ求めらるべきものだからである。

故に、政治を科学的に論究する立場からいうならば、イデオロギイ的な主権が君主にあるか国民に存するかは、かならずしも根本・窮極の問題ではない。なぜならば、正しい政治の理念の窮極点は、君主をも国民をも越えた、正しさそのものの中に存するのだからである。これに対して、真の根本・窮極の問題は、現実の政治意志の構成を法の理念に合致させるには、どうするのが一番よいかという点にある。そうして、この問題について人類の永年の政治生活の経験が教えるところは、イデオロギイ的な主権者と、現実の政治意志の構成に参与する人々の範囲とを、できるだけ拡大すると同時に、両者をできるだけ合致させるようにするのが、正しい政治を行うための最も着実な方法であるという命題に帰着する。国民の意志による政治が君主の意志や独裁者の意志による政治よりも優れている理由は、正《まさ》にここにあるといわなければならない。しかも、国民がいかに努力しても、決して常に正しい政治が行われ得るとはかぎらないのが現実であるとするならば、さような現実を超越する法の理念をば、国家機構の中に何らかの形で「象徴」させるということにも、深い理由があるといい得るであろう。

これで、主権概念を批判的に考察するという仕事は、一通り終つた。つづいて章を改めて、以上の論究の結果を道しるべとしつつ、更に国民主権の原理を検討して行くこととする。

（1）イタリイのファッシズムとドイツのナチズムとは、第一次世界大戦ののちに現れた独裁政治の形態として、多分に共通点をもつている。ただ、根本の原理として違うところは、ファッシズムが国家至上主義であるのに対して、ナチズムは民族至上主義を採つた点にある。ナチズムにとつては、国家は、絶対の存在者としての民族の単なる外形であり、民族の目的を実現するための手段であるにすぎない。その点では、イタリイのファッシズムの方がドイツのナチズムよりも、ドイツの哲学者ヘエゲルの国家絶対主義の哲学に近い。

（2）主権意志の所在を神から君主へ、君主から国民へと移し求めて行くことは、いいかえれば、法の根源を神意から君意へ、君意から民意へと追求して行くことである。故に、故穂《ほ》積《づみ》陳《のぶ》重《しげ》博士は、法の進化は「神より君へ、君より民へ」という道程を経て行われつつある、と説いた。穂積陳重博士・神権説と民約説、昭和三年、八頁以下。

第三章　国民主権の原理

一　国民主権主義と君主制

　もしも主権という言葉をば、国家の中で作用する最高・絶対の権力という意味に解するならば、主権は国民に存するか君主に属するかのいずれかであつて、それが同時に両者に属するということは、論理的に不可能である。なぜならば、一つの国家の中で最高なもの、絶対なものは、ただ一つしかない筈《はず》だからである。故に、主権は国民主権か君主主権のいずれかである。したがつて、主権の所在という点から見た国家の基本形態は、共和制か君主制のいずれかである。したがつて、君主国家が国民主権主義を採ることは、実質の上では共和制への転換を意味するであろう。こういう論理の筋道を念頭に置くために、新憲法による国体の変革が特に深刻な問題として論議せられざるを得なかつたことは、前に述べた通りである。

　しかしながら、実際には、国民主権主義と君主制とは決してさように論理的に考えられるほどに両立し得ないものではない。それどころか、今日の世界に現存する君主国家の多くは、国民主権主義に立脚している。それらの国々は、政治の原理としては国民主権主義を採用しながら、それにもかかわらず国王を廃止せず、君主制を維持している。単に現実の制度として、国民主権主義と君主制とが両立しているばかりではない。理論の上からいつても、国民主権主義と君主制とは、古くからかならずしも矛盾しないものとして取りあつかわれて来た。主権は国民にあるからといつて、当然に共和制にならなければならないという訳ではなく、その国家に君主があつても少しも差しつかえないと考えられて来た。

それでは、論理上矛盾している筈の国民主権主義と君主制とは、どうして現実の制度の上ばかりでなく、国家の政治理論の上でも両立することができるのであろうか。外《ほか》でもない。それは、「委任」という法理によるのである。すなわち、主権はもともと国民にあるのであるが、国民がその権力を君主に「委任」している場合には、国民主権の原理を動かすことなしに、君主が国民の上に君臨することになるというのである。

この考え方は、西洋ではきわめて古い歴史を有する。その中でも、最も古い、しかも最もはつきりした形態として、古代ロオマの王制を考察して見よう。

伝説によれば、紀元前七五三年頃ロムルスによつてロオマ国家の基礎が築かれて以来、タルクィニウスにいたるまで七代の王がつづいた。これらの王は、普通のように世襲によつて王位を継承するのではなく、国民の中から選ばれ、王となれば終身その位に在るが、王が死ねば、新王は、改めて国民の選挙によつて決定されたという。しかし、その後の学者の研究によると、王の就任が選挙によつたというのは事実ではなく、後任の王は前任者の指名によつて決められたというのが、通説となつている。(1) しかしながら、それが事実ではなかつたにしても、王が選挙によつて国民の中から選ばれた、という伝説は、国家の政治組織についての古代ロオマ人の根本観念を示すものとして、注目に値する。なぜならば、王の権力といえども王が最初から固有していたのではなく、国民の「委任」にもとづいて発生したという考え方が、この伝説の中に明らかに示されているからである。

　イエリングによると、この古代ロオマの王制は、もともと軍隊組織から発達したものであり、王は元来は軍司令官であつた[2]。軍隊は、戦争という目的にしたがうために、かならずピラミッド型の組織をもつ。そうして、ピラミッドの頂点に位する軍司令官には、その部下に対する絶対の命令権が与えられる。平時いかにデモクラティックに生活している国民といえども、軍隊に入れば鉄のような命令・服従の関係にしたがわなければならない。そうでなければ、戦争には勝てないのである。古代ロオマ人の軍隊もそのようにして組織され、軍司令官は生殺与奪の絶対権を掌握した。ところが、戦争につぐに戦争を以てした当時の事情のために、いつしかこの軍隊組織が平時における政治上の国民組織の上にもおしおよぼされ、軍司令官は、平戦両時にまたがる国民の最高命令権者となるにいたつた。それが王に外ならない。

　そうした起源をもつものであるから、古代ロオマの王権は、決して最初から王に固有の権力ではなく、民会の特別の議決によつて王に「委任」されたのである[3]。したがつてまた、それは、すくなくとも平時においては決して無制限の権力ではなく、一定の範囲内に限定された権限であり、これとならんで国民固有の権力の行使される余地が残されていた。すなわち、軍事上の制裁権から派生した王の刑罰権と平行して、これと管轄をことにする国民固有の刑罰権があり、国民は、その範囲内では犯罪者を自ら審理・処罰するという制度になっていた。故に、もしも王がその委任された権限をこえて国民の刑罰権を侵害した、と見られる場合には、王の判決を不当として、改めて国民の裁判を求めるための提訴権が認められていたのである。しかし、国民が事件を審理するための国民集会は、王の召集がなければ開かれ得なかった。そのために、これら二つの刑罰権の間の衝突は、事実上おおむね王にとって有利なように解決され、その結果、国民の自治的な刑罰権は次第に縮小され、王の権力を絶対化することとなった。(4) イエリングは、この過程をば、王による国民の権力の「簒奪《さんだつ》」(Usurpation) という言葉で説明している。(5)

王が国民固有の権力を侵した場合を、イエリングが王の国民に対する「簒奪」であるといっているのは、ロオマ王制の本質を理解するために、ひいては、一般に西洋の君主制の根本観念を理解する上からいって、きわめて深い示唆を含んでいる。(6) 東洋の言葉で簒奪といえば、もとより、臣下が君主の地位を犯して、その権力を奪うことである。ましてこれまでの多くの日本人にとっては、一国の君主が国民の権力を簒奪するというような言葉づかいがあり得るなどとは、容易に想像できないことであったに相違ない。しかるに、ロオマでは、王が本来の民権を簒奪したといわれるのである。この説明の仕方は、国民がもともと主権者であり、いかに強大な権力を有する王といえども、国民から授かった権力を、国民の「公僕」として行使しなければならないという根本観念に立って、はじめてこれを理解することができる。

こういう根本観念から見るならば、ロオマ国民が七代目の王タルクィニウスの時代になつて、ついに王制を廃止し、共和制を布《し》くにいたつたのも、もともと国民に淵源していた筈の権力をば、これを国民の意に反して専制的に行使した王の手から、ふたたび国民の手に取り戻したことを意味するにすぎないのである。国民の権力を終身の王に「委任」していた制度を改めて、国民主権の本来の面目に立ち戻つたまでのことなのである。しかし、共和制といい、国民主権といつても、国民のすべてが政治上の権力の行使にあたるということは、事実上不可能である。そこで、共和制の時代には、政府の最高の官職として執政官が置かれ、二人の執政官が一年の任期を以て国民に対する指揮・命令の任にあたつた。その執政官の行使した権力は、宗教上の祭祀をつかさどるということを除いては、ほぼ王の権力と同じ内容をもつたものであり、その名も「王の命令権」(imperium regium)と呼ばれた。そうして、王の絶対権の象徴として用いられたところの、笞《むち》と鉞《まさかり》とを束ねた儀仗《ぎじょう》――ファスケス(fasces)――は、そのまま、執政官の権力のシムボルとして使用された。最近のイタリイの独裁政党の名称たるファッショという言葉も、もとはこのファスケスから出ている。

これらの事実もまた、単に古代ロオマの政治形態の特色を示しているばかりでなく、一般に西洋の政治組織の根柢によこたわつている一連の根本思想を、代表的に物語つているということができよう。その思想から見れば、国王といえども「政府」の長官の一種であつて、国王の権力と執政官の権力との間に本質的な違いはないのである。いま見て来た通り、古代ロオマでは、共和制の最高政務官たる執政官は、実質上はほぼ王に近い権力を有していたのであり、したがつて、いわば一年の任期をかぎられた王だつたのである。逆にいえば、王は、終身その職にある執政官だつたのである。このことは、ある程度まで、今日の西洋の共和制における大統領にもあてはめて見ることができる。ブライスがフランスの民主主義制度を分析して、現代のフランスの大統領は七年の任期を以て選ばれる君主であるといつているのは、その興味ある例証であるということができよう(7)。

ところで、ロオマは、約五百年間の共和制時代を経たのち、ふたたび君主制に逆転した。すなわち、シイザアの近親であり、のちにその養子となつたオクタヴィウスが、シイザアの死後、ロオマの内乱を平定した功により、元老院からアウグスツスの尊称を与えられた紀元前二七年に、ロオマは共和制から帝制に転化したといわれるのである。

しかしながら、アウグスツスによつてロオマ帝国の基がひらかれ、アウグスツス自身はその初代の皇帝となつたというのは、政治組織の変化の実質をとらえての通念であるが、事はかならずしもさように単純ではない。ロオマ共和制の末期には、スルラとかポムペイウスとかいうような独裁者が現れて、共和政治の実は著しく歪められたものとなつていた。それらの独裁者の中の最も偉大な政治家であつたシイザアが、共和制を破壊しようとする野望を抱いているという疑いのために、ブルタス等のために刺殺されたことは、あまりにも有名な史実である。アウグスツスは、そうした政変のあとを受けた大ロオマ国の実権を一手に掌握するにいたつただけに、共和制の組織を変革するものではないという形式を整えるために細心の注意を払つた。したがつて、見方によつては、アウグスツスは帝制の確立者ではなく、むしろ全く反対に、その実を失いかけていたロオマ共和制の復活者であるといわれる。そういう見方からすれば、ロオマが帝制に変化したのは、ずつと後れて、紀元二八四年に帝位についたディオクレティアヌスの時からであるという説もある。だから、シイザアからアウグスツスを経てディオクレティアヌスにいたる間のロオマの政治組織は、実質の上ではすでに君主制に移つて行つたにもかかわらず、形式の上ではなお共和制の形態を維持していたものと見ることができる。[8] 故に、或るロオマ法史学者のごときは、このロオマ国家組織の過渡期をば、「共和制的帝制」(das republikanische Kaisertum) の時代と名づけた。[9]

共和制的帝制！　この言葉は、共和制から帝制への移り行きの時代のロオマの政治形態の特色を示すために用いられたのである。しかし、それは、或る意味では西洋の君主制の一般に通ずる特性をいい現しているとはいい得ないであろうか。すくなくとも、ロオマでは、共和制の前後に行われた君主制の場合にも、その根柢には明らかに共和制的な観念が存在していたといい得る。前に見たように、古代ロオマの王制は、国民からの権力の委任によつて成り立つていた君主制であつた。アウグスツスの政体も、実質の上ではすでに帝制であつたにもかかわらず、アウグスツス自身は、むしろ独裁制によつてゆがめられていた共和制をその本然の姿に戻すという建前を以て行動した。それは、いずれも、共和制を土台としてその上に築かれた、一種の「上層建築」としての君主制に外ならなかつたのである。こうした考え方は、ロオマ帝国が亡《ほろ》んでしまつたのちにも、西洋の政治組織および政治思想の中に大きな遺産となつて伝えられたものと見てよいであろう。ロオマの歴史が後世に残した影響は大きい。ロオマ民族の用いた国語、すなわちラテン語は、多くの西洋諸民族の現代語の母語となつた。ロオマ人の築いた偉大な文化財たるロオマ法は、今日なお世界各国の法秩序の中に脈々として生きている。それとともに、ロオマ人の政治組織と政治思想とが後代の西洋諸国家の組織と思想とに深い影響を与えたことは、察するに難くない。そうして、この遺産の中心をなす原理は、後世の政治学者が国民主権主義と呼んだものに外ならない。国民主権主義は、西洋の政治組織と政治思想とを貫流する、大きな伝統である。しかも、この伝統的な国民主権主義は、最初から決して君主制と矛盾するものではなかつた。むしろ、国民主権主義は、国民が必要と認めれば、いつでも君主制を採用することができるし、たといいかに強力な君主制が確立されても、これをその「上層建築」として位置づけ得るだけの幅をもつものであつた。これは、今日の西洋諸国民の君主制に対する観念を理解する上からいつて、きわめて重要なことであると思われる。

勿論、西洋の君主制といえども、決して常に国民主権主義の「上層建築」たることを以て甘んじていた訳ではない。前にも述べたように、近代の国民国家が競つて中央集権を確立しようとしていた頃には、むしろ君権絶対主義がさかんに唱えられた。しかるに、君権を絶対の権威にまで高めるためには、君権の根拠を国民からの権力の「委任」に求めるというような思想は、まず以て排斥さるべき邪魔物でなければならなかつた。そこで、当時の君権論者は、君主の権力の絶対性をば神の意志によつて基礎づけ、これを国民の手のとどかぬ高みにまで祀《まつ》り上げようとしたのである。

しかしながら、近世における人間の自覚は、やがてかような非合理的な君権至上主義に対するはげしい政治闘争を展開することとなつた。そうして、君権神授の思想に対抗するために、きわめて合理的に構想された国家契約の理論をかかげ、君主の権力といえども国民の意志から離れて存立し得るものではないことを、原理的に明らかならしめようと力《つと》めた。

国家契約の理論によれば、すべての国家は、政治上の権力の組織が社会秩序の維持のために必要であることを認めるところの、国民の合意の上に築かれている。この合意は、国家を構成しているすべての国民相互の間の合意であると同時に、権力を与えられた者と権力に服従する者との間に結ばれた契約でもある。つまり、国民は社会の秩序を維持し、国民の利益を保護するという約束の下に、権力者に権力を委ねたのである。いいかえると、権力者は、国民の利益のために奉仕するという条件の下に、権力行使の衝《しよう》にあたつているのである。故に、もしも君主が国民の委託にそむいてその権力を濫用するならば、さような君主は国家契約の違約者であるから、国民もまたその命令に服従する義務はない。服従の義務がないばかりでなく、国民は、暴君をばその地位から放逐しても差しつかえない。それが、「暴君放《ほう》伐《ばつ》」の理論である。それでは、国民は暴君を放伐した上でどうするか。国民が暴君の暴政に懲《こ》りて、ふたたびその弊害をくりかえすまいとするならば、君主制を廃止するのも意のままである。しかし、暴君を放伐することは、かならずしも君主制の廃止という結果に帰着するとはかぎらない。暴政や権力濫用の危険がないように政治組織を改めた上で、君主制を維持することもまた、国民の意志によるのである。君主制の伝統に未練をもたない国民は、前の方法によつた。これに対して、伝統を尊重しようとする民族は、後の道を選んだ。かくて、国民主権主義が「人類普遍の原理」となつた今日でも、君主国家はなお存在している。その数は次第に減少しつつあるが、それでもいくつかの君主国が、過去の王統の光栄を現代に伝えている。

それであるから、国民主権主義と君主制とは、決して最初に論理的に考えられたように、互に両立し得ない矛盾概念ではないのである。君主の権力は国民の委任によつて生じたのであるという理論、君主の地位は国民の承認によつて存置されているという観念を用いるならば、国民主権主義と君主制との両立は、むしろ、きわめて「論理的」に説明がつくのである。単に論理の上だけではない。現実の制度においても、君主制は国民主権主義の上になごやかに安住している。それが、現代の君主国家の常態なのである。

民主主義と君主制とがなごやかに両立している国家といえば、人はただちにイギリスを思い浮べるであろう。確かに、イギリスは最も古い民主主義の歴史を有する国であると同時に、王制の伝統をもなごやかに維持して変ることがない。しかし、イギリスの国家組織は、かならずしも、いままで考察して来たような国民主権主義の「上層建築」としての君主制の型にぴつたりあてはまるとはいい得ない。なぜならば、イギリスでは、今日でも法的な意味での主権は国王にあると考えられている。ただ、主権の代表的な発動たる立法権は、議会によつて行使されるのであつて、国王の主権は、もとより議会から離れてあるものではない。だから、主権は「議会の中にある国王」(King in Parliament) にあるといわれるのである。しかも、国王は議会の決定に対する拒否権を行使しないという原則が歴史的に確立されているから、事実上は、議会が立法の全権をもっているということになる。ところで、議会の立法権は法的に国民の世論によって制約されている訳ではないが、政治上は国民の世論が議会での立法を左右する力をもっている。そこで、イギリスの憲法学者ダイシイは、この関係を説明して、法的主権は「議会の中にある国王」に存するが、政治上の主権は国民にあるという。[10]すなわち、イギリスでは、国王が法的に国民主権主義の「上層建築」をなしているのではなくて、法的な君主主権と政治的な国民主権とが「平行」しているのであると見てよいであろう。

これに対して、君主制が法的に国民主権主義の「上層建築」をなしている君主国家を求めるならば、ベルギイがそのよい例であろう。一八三一年に制定されたベルギイ国憲法は、その第二五条を以て、「すべての権力は国民より出《い》ず」と規定している。いうまでもなく、最も明瞭な国民主権主義の宣言である。ところで、国民より出ずるところの権力は、立法・行政・司法の三つに岐《わか》れ、それぞれ特定の機関によって行使される、その中で、国王がつかさどるのは、立法権と行政権とである。すなわち、国王は、議会と共同して立法権を行う（第二六条）。また、行政権は国王に属する。ただし、国王による行政権の行使は、もとより、憲法の条規にしたがわなければならない（第二九条）。それが、ベルギイの立憲王制であり、国民主権主義の「上層建築」としての君主制の代表的な形態である。国民主権主義の「上層建築」ではあっても、ベルギイが君主国であることは、自他ともにこれを認めて怪しまない。なぜならば、国王の地位は、憲法第六〇条以下の王位継承の規定によつて世襲され、特定の身分を有する人が、特定の身分を有するが故に憲法上の国王の機能をつかさどり、君主として国民の尊崇を受けているからである。

もとより、国民主権主義の「上層建築」としての君主制が今日の君主制の通型であるからといつて、その制度の下で君主の行使する実際の権力がどの程度のものであるかは、国により、時代によつて、同一でない。いま例示した一八三一年のベルギイ国憲法によつて国王の行使することになつている権力の範囲は、日本国憲法において天皇のつかさどられる機能よりはるかに広い。しかし、それは、要するに程度の問題である。これまでの考察の結果として知り得る大切な事柄は、新憲法は、日本の天皇制をば、国民主権主義と両立する現代一般の君主制の型にあてはめて規定しているということである。これを以て「国体変革」の一大事と見るか見ないかは、日本人の事である。西洋の君主観を以てするならば、新憲法は立派に日本の天皇制を維持し、かつそれを尊重していると見られていることであろう。

(1) 船田享二博士・羅馬法、第一巻、昭和一八年、二九頁以下。
(2) Rudolf Jhering: Geist des römischen Rechts, Bd. 1, 7. u. 8. Aufl., 1924, S. 245 ff.
(3) A. a. O., S. 254.
(4) A. a. O., S. 257 f.
(5) A. a. O., S. 215.

(6) 国民から権力を授けられている政府が、国民の意に反して、権力を独占するようになることを、「簒奪」という言葉でいい現しているもう一つの例を挙げよう。それはルウソオである。のちに詳しく述べるように、ルウソオによれば、国家がどんな政治形態を採用するにせよ、主権は常に国民にある。どういう政府を組織するか、君主制によるか、貴族制によるか、共和制によるかは、すべて国民の意志によつて定められるのである。しかし、世襲の君主に政権を掌握せしめたり、特定の階級に身分上の特権を与えたりすると、これらの権力者は、やがて国民の意志を無視してその権力を独占し、公共の福祉に反するような権力の濫用を行うおそれがある。そこで、ルウソオは、政府によるさような権力の「簒奪」(usurpation) の危険を防ぐためには、定期的に国民集会を催して、従来の政治形態を存続せしめることの可否を議決するのがよい、と説いている。Jean Jacques Rousseau: Du contrat social, 1762, livre III, chapitre 18.

(7) James Bryce: Modern Democracies, vol. I, 1921, p. 227.

(8) ロオマがシイザアやアウグスツスを経て共和制から帝制に移つて行つた過程は、単に歴史上の見地からばかりでなく、理論的に見てもきわめて興味深い。その詳細については、船田享二博士・羅馬元首政の起源と本質、昭和一一年、を参照せられよ。

(9) C. G. Bruns: Geschichte und Quellen des römischen Rechts. Holtzendorff's Enzyklopädie der Rechtswissenschaft, 7. Aufl., 1915, 1. Bd., S. 347 f.

(10) A. V. Dicey: Introduction to the Study of the Law of the Constitution, eighth edition, 1926, pp. 413-434.

二　国民主権主義と国家契約説

いままでの論述は、国民主権主義と君主制とがかならずしも論理で考えられるように矛盾するものではなく、西洋では両者の両立が制度上も理論上も広く認められて来ていることを示すためになされた。しかし、それではまだ、国民主権の原理そのものの意味を正面から明らかにしたことにはならない。日本の新憲法における国民主権と天皇制との関係をどう解釈すべきかを見定めて行くためには、更にさかのぼつて国民主権それ自体の意味をもつとはつきりと摑まなければならない。しかるに、西洋近世の政治思想が国民主権主義を基礎づけるためにかかげた理論は、国家契約説である。国家契約説については、すでに簡単に触れて置いたけれども、ここで改めてそこから出発しつつ、国民主権の原理を考察して行くこととしよう。

国家契約説が解決しようとした当面の根本問題は、人間の「自由」と国家生活の「拘束」との間の矛盾である。西洋近世における人間の自覚は、とりもなおさず、人間の自由の自覚であつた。すべて、人間は自由に生れている筈《はず》なのである。ところが、現在、人間はすべて自由であるかというと、決してそうではない。人間は、すべて国家生活をいとなんでいる。国家には権力の組織があつて、国民の行動を拘束している。そこにはまた、法秩序が行われていて、国民の生活を規律している。専制主義の下では、その拘束は特に著しいが、専制政治が廃止されたとしても、すでに国家の一員として存在する以上、人間はもはやその思うがままに自由勝手な行動をする訳には行かない。これは、一見、人間の自由の理念と矛盾するように考えられる。なぜ、自由なるべき人間が、国家生活の拘束に甘んじなければならないのか。自由と拘束との間のこの矛盾は、一体どう解決さるべきであろうか。そこに、人間の政治的な自由の自覚にともなう原理的な問題があつた。

これに対して、国家契約説は次のように答える。

なるほど、国家の一員としての人間は、権力の統制に服従し、法の規律によつて拘束を受けている。しかし、生活に統制があり、行動に規律があるということは、それだけではかならずしも自由の理念と矛盾する訳ではない。それでは、統制や規律が自由の理念と矛盾するのは、どういう場合であるか。それは、その統制・規律が、統制され、規律されている人々の意志とは無関係に行われている場合である。さような統制・規律は、「他律」の拘束である。他律の拘束は、自由の否定である。しかしながら、さればといつて、人間は決してただ統制・規律のない自由の生活を楽しんでいればよいという訳には行かない。統制・規律を知らない自由は、放恣《ほうし》・放縦《ほうしょう》にすぎない。もしも人間にさような放恣・放縦を許すならば、人間相互の関係は無秩序となり、絶えず生命・財産の危険にさらされなければならないであろう。これを防ぐためには、多数の人々の間に国家を作り、権力による統制を行い、法を以て各人の行動を規律する外《ほか》はない。国家は、かような必要によつて生れた。しかも、国家の必要を認めるすべての人々の合意を基礎として生れた。だから、国家が存在し、国法の規律が行われても、それは国民の関知しない他律ではなくて、すべての国民がその必要を認め、それが行われることに同意しているところの、「自律」の拘束である。自律の拘束は、自由の理念とは矛盾しない。あたかも、人が自らの生活の掟《おきて》とするために座右の銘を選び、それを行動の規準とすることが、自由の理念と何ら矛盾するものではなく、むしろ、真の道徳的な自由への道であり得るのと同様に。

国家契約説はかように説く。かように説く国家契約説は、もとより国家肯定論である。国家の存在を必要とし、国法の規律が人間の共同生活にとつて不可欠であることを認める理論である。その点で、この説は、無政府主義とは反対の立場に立つ。しかしながら、同じ国家肯定論であつても、国家をどの程度まで積極的に肯定するかという点になると、議論の立て方によつて大きなへだたりが生じて来る。前にも述べたように、近世の国家理論の中には、二つの動向が互にからみ合い、対立し合つて現れて来た。一つは、近代主権国家の強化をうながすのに役立つための理論であり、他の一つは、権力の濫用を戒《いまし》めて、国民の人間としての権利を確保して行こうとする動向である。国家契約説は、これら二つの理論動向のどちらとも結びつき、どちらからも利用される立場に置かれた。その相違は、理論のいかなる立て方から生ずるか。それを知るには、更に国家契約の内容に分析を加えて行かなければならない。

近世の国家理論の発達に深い洞察の眼をむけたギエルケによると、国家契約と呼ばれるものの中には、二つの違つた意味が含まれている。その一つは、「社会契約」である。互に孤立して存在していた筈の人間の間に、どうして相互依存の社会生活が成立したか。国家契約説は、この問いに答えて、それは、すべての人々の間の合意によると説く。その場合にいう国家契約は、社会生活の必要を認め、自ら社会的共存の関係に置かれることを承認するところの合意、すなわち、社会契約である。ところで、社会生活には規律がなければならない。秩序が存在しなければならない。社会生活の規律と秩序とが保たれるためには、社会の中に権力・服従の支配関係が確立されなければならない。さように、権力・服従の支配関係によつて秩序づけられた社会が、国家なのである。それでは、本来互に平等であるべき筈の人間と人間との間に、どうして支配・服従の関係が成立したのであろうか。それは、国家契約の第二の要素たる「支配契約」によるのである。すなわち、この場合にも、人々は国家の中に政府という権力の中枢ができて、各人が政府の命令に服従することを必要と認め、すすんで支配関係の成立することに同意したのである。これらの二つの要素、つまり、社会契約と支配契約とを併せたものが、いわゆる「国家契約」に外ならない[1]。

ところで、ギエルケは、国家契約のこの第二の要素たる支配契約を更に分析して、その中に二つの違つた意味が含まれていることを指摘する。その結果として、同じ国家契約説から君権絶対主義を導き出すこともできるし、それとは正反対の国民主権主義に到達することもできるのである。

国家契約説は、国家に内在する支配関係が、天から与えられたものでも、神によつて作られたものでもなくて、人間の作つたものであることを認める。人間は、いわば、各個人のもつ力を結合して、これを社会の中心点に統一し、そこに、権力の行使者としての政府を作り上げたのである。故に、政府の権力は政府それ自身に淵源するのではなく、もともとは各個人がもつていたのである。しかし、もしも国民から政府への権力の移管が完全な「譲渡」であつたとするならば、契約の効果として国民はその固有の権力を全く失い、政府もしくは支配者が絶対の支配権を取得したことになる。支配者はその思うがままにこの支配権を行うことができ、国民はもはや、これを否定することも、自分の手に取り戻すこともできない。故に、支配契約を権力の譲渡であると見るならば、国家契約説は、君権神授説がなしたのと同様に君権絶対主義を基礎づけ、国家の中央集権の無条件の確立に奉仕することができる。

これに反して、もしも国民が、自己の権力をば政府に「譲渡」したのではなく、単にこれを「委任」したにとどまるならば、政府の行使する権力の真の所有者は、依然として国民である。したがつて、政府は、国民から委任された範囲内でのみその権力を行い得るのであつて、その範囲を越えた権力行動に出でることは許されない。そうした権力の濫用が行われた場合には、国民はその命令にしたがう義務がないばかりでなく、政府の権力を否定して、これを国民自らの手に取りもどすことができる。それが国民主権主義の立場である。故に、国家契約説から出発して国民主権主義に到達するためには、国家契約の中に含まれた支配契約をば、国民から政府への権力の「委任」を意味するものと解釈しなければならない(2)。

ギエルケによつて分析された国家契約説のこれらの二つの型は、それぞれホッブスおよびルウソオをしてこれを代表せしめることができるであろう。

前にも述べたように、ホッブスは、人間をば本来利己的・闘争的な性質を有するものと見た。すなわち、ホッブスの見るところによれば、「人間は人間に対して狼である」(homo homini lupus)。したがつて、自然のままに放任された人間の生活は、「万人に対する万人の闘争」(bellum omnium contra omnes) の状態である。しかし、人間は、さような本性を有すると同時に、また理性の持ち主でもある。そこで、人々は、絶えざる闘争の危険にさらされた状態に終止符を打つために、各人の間の合意によつて国家を成立せしめた。しかも、人間が、飽くことを知らない利己的な動物であり、少しでも自由を与えられれば、たちまち、他人の利益を侵害してはばからない性格を有する以上、各人の合意にもとづいて成立した国家は、国民に対して徹底した統制を行い得るだけの強力無比の権力組織をもたなければならない。国家生活を営みながら、しかも自由を享有しようと考えるのは、人民の空しきヴァニティイ〔vanity〕である。国家は、旧約聖書のヨブ記に描かれた巨大な怪獣レヴァイアサンのごとき絶大な力を以て、かような人民の空しき虚栄を蹂躙《じゅうりん》せねばならぬ。ホッブスは、かくのごとき前提とかくのごとき推理とによつて、いかなる君権神授思想にも勝るとも劣らない国権絶対主義を説いた。

これに対して、ルウソオの場合には、国民の合意によつて国家が成立し、権力の中枢が組織されても、主権はあくまでも国民の手にある。ルウソオによれば、国家の中に政府が樹立されるのは、国民の一方的な意志によるのである。政府は、国民の意志を法として、それにもとづいて組織される。ギエルケは、政府と国民との間の権力服従関係の成立をば、権力の委任を内容とする契約の効果と見たのであるが、ルウソオにとつては、それはもはや契約ですらあり得ない。なぜならば、政府がいかなる組織をもつかは、全く国民の一方的な意志によつて定まるからである。故に、政府はいかなる場合にも国民の主人ではない。主権者は常に国民であり、政府は常に国民の公吏である。国民が政府の組織として君主制を選んだ場合にも、君主は、政府の最高の公吏であつて、決して主権者ではない(3)。ルウソオは、かように説いて、国家契約説から完全な国民主権主義を導き出した。前に挙げたシエイエスの憲法制定権力の理論のごときも、このルウソオの学説の一つの発展に外ならない。

しかも、ルウソオの契約説のもつ学説史上のきわめて重大な意義は、ルウソオが、国家契約を、はじめてはつきりと国家存立の「論理的」な根拠として説いた点にある。ルウソオ以前の学者は、国家契約ということを、大なり小なり「歴史的」な事実であるかのごとくに考える傾きがあつた。最初は国家のない生活をしていた人類が、やがて、さような原始自由生活の危険と不都合とを痛感し、実際に契約を結んで国家を作つたかのように説く傾向があつた。しかし、さような国家契約の「事実」があつたということは、何らの証拠もない臆測にすぎない。実際には、人間は最初から集団社会生活を営んでいたのであり、その集団には――いまだ国家と名づけるには足りないにしても――すでに或る程度の権力の組織が存在していたと見る方が、はるかに事実に近いのである。これに反して、ルウソオが問題にしたのは、さような歴史上の事実は問題にしなかつた。ルウソオは、はじめから一見矛盾するように思われる国家制度は、どうすれば正当な根拠をもつものとして是認され得るか、ということであった。(4) もしも国家制度にともなう人間生活の拘束が、拘束される人間にとつての他律の拘束であるならば、そういう国家の制度は、人間自由の理念に照らして是認され得ない。故に、国家は、どういう由来・来歴をもつものであるにせよ、常にそれが、国民の自発的な合意によつて成立したものであるかのごとくに組織立てられていることを必要とする。いいかえるならば、国家はすべて、国民の意志にかなうような組織をもち、その組織は、常に国民の意志にしたがつて運用されて行かなければならない。それは、とりもなおさず国民主権の原理である。ルウソオは、そういう国家のみが自由の理念と矛盾するところのない制度として是認され得ると見たのである。

自由の理念に照らして是認せられ得る国家制度は、国民の意志によつて運用されなければならない。しかし、実際問題としては、国民の全部が直接に権力の行使をつかさどるということは、不都合でもあるし、事実不可能でもある。そこで、国家の中には、特に権力の行使にあたるための「政府」が組織される。その政府を組織するのは、主権者たる国民の主権行動であるが、すでに政府が組織され、その政府が権力の行使にあたることになれば、国民はこれに服従しなければならない。国民が、政府の権力を認めて置きながら、その政府の命令に服従しないで勝手な行動をするようでは、国家存立の意味は失われてしまわざるを得ない。だから、政府を中項として考えて見ると、国民はその両端にあつて、全くことなる二つの立場に立つことになる。すなわち、国民は、国民全体としては政府の上にある。その場合の国民は主権者であり、政府は主権者たる国民の意を体して、権力の行使にあたつている。

これに対して、国民は、個々の国民としては政府の下にある。その場合の国民は、主権者ではなくて、政府の権力に服従するところの臣民であるにすぎない[5]。ルウソオは、かように説いて、国家の中で占める国民の一人二役の立場を明らかにした。

それでは、主権者たる国民の意を体して、臣民たる国民の統治にあたる政府には、どんな形態があるか。主権者たる国民は、どういう場合にどんな政府を作るのがよいであろうか。政府の形態によって定まる国家の組織にはどんな種類があり、その間にはいかなる利害得失が認められるか。

この問いに対して、ルウソオは、三つの可能性を挙げる。第一は、主権者たる国民が、政治上の権力をば国民のすべてに、もしくは国民の大部分に委ねている場合である。この場合には、政治にたずさわる市民の数の方が、それによって統治される市民よりも多くなる。それが「共和制」である。第二は、政府が少数の人々によって組織され、したがって、政治の運用をつかさどる人々よりも、政府によって統治される人々の方が多数であるように仕組まれている形態である。これを「貴族制」という。第三は、政治の権力が一括してただ一人の人に委ねられ、他の役人たちはすべてこの一人の最高政務官から権力を授けられている場合である。ルウソオによると――いいかえれば、ルウソオの時代には、――この第三の政治形態が一番普通に行われている。それが「君主制」である[6]。

ところで、ルウソオにしたがえば、これらの三つの政治形態にはそれぞれ特色があって、かならずその中のどれか一つでなければならないという原則はない。どの政体でも、事情によつてよい政体ともなり、悪い政治組織ともなるのである。ただ、一般的にいえば、政務官の数が多ければ多いだけ、それだけ政府の力は弱くなる。逆に、政務官の数がすくなければ、それだけ政府の力は集中的に発揮される。しかるに、国民の数が多ければ多いほど、政府はこれを統制するために強い力を用いなければならない。反対に、人民の数がすくなければ、その必要も減退する。したがつて、政府の政務官の数は、国民の数と反比例するようになるのが自然だといえる。つまり、人口の多い大国には君主制が適当であり、人口のすくない小国には共和制がよいという結論がでて来る。[7]しかし、他面からいうと、政治をつかさどる者の数が国民全体の数に近づけば近づくほど、主権者としての国民の意志が政府の力でゆがめられる危険はすくなくなる。反対に、単一人が権力の最高の行使者となる君主制では、君主個人の意志によつて国民の意志に反した政治の行われる危険が増大する。殊に、共和制においては、世論によつて政府の要人の淘汰が行われ得るが、君主制では、賢者が登用される代りに、小才士や陰謀家が顕職に就く可能性が多い。こういう点から考えて、君主制は共和制に劣ると見なさざるを得ない[8]。

これが、ルウソオの政体論、および政体の利害得失論の概要である。ルウソオは、この点については、アリストテレス以来の政体の三区分説を採つているのである。しかし、それは、あくまでもいわゆる「政体」の区分であつて、主権の所在によつて識別され得るような意味での「国体」の区分ではない。なぜならば、ルウソオによれば、主権はどんな国家でもかならず国民にある。したがつて、主権が国民にある国家形態を「共和国」と名づけるならば、およそ国家はすべて共和国であつて、これと対立する「君主国」というものは、最初から全くあり得ないのである。けれども、それにもかかわらず、ルウソオは君主制を否定したのではなく、共和制、貴族制とならんで君主制を認めている。その君主制における君主は、日本の新憲法での天皇はおろか、明治憲法に規定する天皇に比較しても、おそらくくらべものにならぬほど強大な実権をもつた君主である。しかし、それでも、その君主はあくまでも「政府」の首長であり、その君主制は、国民主権主義の上に築かれた「上層建築」である。かくて、前に考察した西洋の君主国家の構造――国民主権を基礎としつつ、これと両立するところの君主国家の構造――は、ルウソオの政体論の中に、一点の疑問をもさしはさむ余地のない鮮かさを以て理論的に明らかに描き出されているのである。(9)

(1) Otto Gierke: Johannes Althusius und die Entwicklung der naturrechtlichen Staatstheorien, 4. Aufl., 1929, S. 76 ff.
(2) A. a. O., S. 82 f., S. 146.
(3) Jean Jacques Rousseau: Du contrat social, livre III, chapitre 16, 17, 18.
(4) ルウソオの『社会契約論』の本論は、次のような有名な言葉で書きはじめられている。いわく、「人間は自由に生れた。しかも、人間はいたるところで鉄鎖につながれている。人間の中には他人の主人だと思つている者もあるが、かれといえども、自分の使用している奴隷と少しもことならない奴隷なのである。どうしてかような変化が生じたのであろうか。わたしはそれを知らない。どうすればこの変化を正当なものとして理由づけることができるか。わたしは、この問いには答えることができると信ずる」と。

Rousseau: ibid., livre I, chapitre 1.

ルウソオは、「鉄鎖」とか「奴隷」とかいうような思い切つた言葉を用いているが、ここでは、かならずしも、そういう状態を呪詛するような意味は含まれていない。かれは、人間が国家の法に拘束されているのを、「鉄鎖」につながれているといい、政治上の権力に服している状態を、「奴隷」という言葉でいい現したのである。人間は本来自由であるべきなのに、現在ではさような拘束された国家生活を送つている。どうしてそうなつたのか。その歴史的な由来は、ここでは問題にしない。ここで問題にするのは、どうすればかような国家生活の拘束をば正当なものとして理由づけることができるか、という点である。すなわち、ルウソオは、最初から国家成立の論理的な根拠の問題だけを取り上げて、それを社会契約の理論によつて解決しようとしたのである。

なお、ルウソオは、その著書の表題にも「社会契約」という言葉を用い、「国家契約」とはいつていない。これは、本文に述べた通り、ルウソオが権力関係の成立をギエルケのように契約と見ず、ただ共同生活の存立の基礎だけを社会構成員の合意に求めたためであるといつてよいであろう。

（5） Ibid., livre III, chapitre 1.
（6） Ibid., livre III, chapitre 3.
（7） Ibid., livre III, chapitre 2.
（8） Ibid., livre III, chapitre 6.
（9） ここで注意して置かなければならないのは、ルウソオがその政体論の中で「政府」といつているのは、主として統治権力の執行機関の意味であつて、いわゆる立法機関としての議会を含まない、ということである。なぜならば、ルウソオは有名な国民代表制の反対論者であり、したがつて、ルウソオの描いた国家の構図の中には、国民を代表して立法をつかさどる議会というものは、存在権を与えられていないからである。ルウソオによれば、一般に主権は代表され得ない。代表された主権は、もはや主権ではない。

それなのに、もしも国民代表の組織を設け、その代表者を国民の中から選挙するということになると、国民は、投票のときだけは自由であるが、投票が行われ、議会が成立してしまえば、議会はその思うがままの法律を制定し、それによって国民を拘束する。だから、国民は、そういう制度の下では、奴隷とされてしまうことを免れない。ルウソオは、かように論じて、国民代表制度を否定した。そうして、国民の集会での投票によって法律を制定する直接民主主義でなければならないと主張したのである。Ibid., livre III, chapitre 15.

三 法の理念としての国民の総意

ルウソオは、国家契約説から出発して国民主権主義に到達した。しかも、国家によっては国民主権であってもなくてもよいというのではなく、すべての国家は国民の主権を基礎として成り立っていなければならないという結論に到達した。いかなる国家もそうでなければならないというのであるから、ルウソオにとっては、国民の主権は正《まさ》しく「人類普遍の原理」なのである。したがって、権力を実際に行使する者は政府であるが、政府の権力は、いかなる国家形態においてもすべて国民から信託されたものである。いかに強力な政府といえども、この「国民の厳粛な信託」に反して権力を行使することは許されない。この関係から見るならば、政府が国民の上にあるのではなく、国民が政府の上にあるのである。

しかし、政府は、その信託された範囲内では、政治上の権力を確実に掌握し、これを的確に行使して行かなければならない。そうしなければ、社会の秩序は乱れ、国家存立の意義は失われてしまうからである。したがつて、国民もまた、その範囲内では政府の権力に服従しなければならない。この関係から眺めるならば、政府は国民の上にある。よしんば、国民が政府の命令にそむこうという意志をもつていても、その我意を貫くことは許されない。我意を貫こうとすれば、政府は強権を以て国民の行動を抑圧する。これに反抗すれば、処罰されるのである。だから、一方では、国民の意志は政府の権力を拘束する。しかし、他方では、政府の権力は国民の意志を拘束する。つまり、国民の意志は、政府の権力に対して、あるいは上に位し、あるいは下に立つ。政府を中項として、国民がかような一人二役の関係に置かれることは、すでに前に述べた。

これは、一見すこぶる奇妙なことのように思われる。しかし、それが奇妙に見えるのは、「国民の意志」という言葉が、その場合二つのことなる意味に用いられていることを見のがしているからである。

すなわち、政府の形態を定め、政府に権力を信託し、政府をして権力を行使せしめているのは、国民の意志といつても、「個々の国民」の意志ではない。その場合の国民の意志は、国家そのものの存立の根拠となつている国民全体の意志であり、「国民の総意」である。主権の帰属点は、かような国民の総意なのであつて、政治組織を定めたり、政府に権力を委ねたりしているのは、国民の総意の作用に外《ほか》ならない。これに対して、政府の権力に服従すべき立場に置かれているのは、「個々の国民」の意志である。政府の命令によつて拘束され、これに抵抗することによつて処罰されるのは、個々の国民の「特殊意志」である。だから、個々の国民の意志は、確かに政府の権力によつて拘束されているのであるが、その政府の権力の根源を更に掘り下げて行くと、そこに、ひるがえつてまた、政府の権力を拘束するところの国民の意志の存在することが見出される。つまり、政府は、国民の意志にしたがつて国民の意志を規律しているのである。すなわち、それは、国民の意志による国民の意志の拘束、国民の総意による国民の特殊意志の規律であつて、政府の権力は、両者の間に立つ媒介者の役割を演じているにすぎない。国家における権力・服従の関係が自由の理念と矛盾しないというのは、それが根本から見て、かような国民の総意による国民自らの「自律」として意味づけられ得るからに外ならない。

故に、国民の総意は、一方では国民各自の生活を規律するが、他方では国民を統治する政府の権力行動そのものを規律する。ところで、国家の中で、一方では国民の生活を規律し、他方では政府の組織や権力行使の筋道を規定するものは、法である。したがつて、国民主権主義は、国民の総意を法となし、その法を以て権力行使の筋道を定め、国民の生活を規律することを求める。政府は、法によつて組織されなければならない。政府の行動は、すべて法にもとづいて行われなければならない。政府が法によつて行動しているかぎり、国民は政府の指揮・命令にしたがわなければならない。そうして、その法は、すべて国民の総意によつて定立されなければならない。それが民主主義であり、それが法治主義である。故に、国民の総意は、「法を作る力」である。主権が国民にあるとは、結局、国民の総意のみが法を作る力を有するということ、政府も国民も、国民の総意によつて作られた法にしたがわなければならないということを意味するのである。

それでは、国民の総意とは一体いかなるものであろうか。国民の総意は「法を作る力」である。しかし、その力というのは、政府のもっている権力よりも更に高次の「権力」を意味するのであろうか。政府の権力意志は法によって規律されるが、国民の総意は、同じく権力意志ではあっても、思うがままに法を作ることのできる力であって、それ自身はいかなる法によっても拘束されることのない、最高・絶対・万能の意志なのであろうか。シエイエスの説いた「憲法制定権力」は、正しくさような万能の力であった。それでは、シエイエスの思想に決定的な影響を与えたところのルウソオも、それと同じ意見だったのであろうか。近世の国民主権主義に確乎不抜《かっこふばつ》の基礎を与えたルウソオ自身は、この根本問題をどう考えたのであろうか。

ルウソオによると、国民の「総意」(volonté générale) は法である。国民の総意のみが法であって、国民の総意によらない法は、法ではないのである。しかるに、法は正しいものでなければならない。正しくない法は、法ではない。故に、法たる国民の総意もまた、正しいものでなければならない。国民の総意は「常に正しい」(toujours droite)。

それでは、国民の総意は、なぜ正しいか。なぜならば、国民の総意は常に「公共の利益」(utilité publique) を目ざしているからである。いいかえれば、国民の総意は、常に「共同の福祉」(bien commun) に合致しているからである。これに反して、個々の国民の「特殊意志」(volonté particulière) は、特殊の利益を追求する。したがって、それは、公共の福祉に合致するとはかぎらない。公共の福祉に反するような特殊意志は、正しくない。だから、国民の特殊意志は国民の総意にしたがわなければならぬ。だから、国民の総意を法とし、その法によつて国民の特殊意志を規律しなければならないのである。

　このことから、ルウソオの有名な、国民の「総意」(volonté générale) と国民の「すべての意志」(volonté de tous) との区別が導きいだされる。国民の「すべての意志」というのは、国民の全員一致の意志のことである。国民全員の意志が一致したとしても、それは結局は一人一人の特殊意志の総計に外ならない。しかるに、いまいう通り、国民の特殊意志は、それぞれ自分自身の特殊の利益を求めている。したがつて、さような特殊意志をいかに多数寄せ集めて見ても、その結果は公共の福祉に合致するとはかぎらない。公共の福祉に合致しない考えは、よしんば全員一致の意見であつても、正しくない。これに対して、国民の総意は「常に正しい」(1)。だから、国民の総意と国民すべての意志とは明らかに区別して考えられなければならない。

　このことをはつきりさせるためには、国民全員の意志が合致する具体的な場合を考えて見るのが一番よい。一寸《ちよつと》考えると、利害関係が非常に複雑に対立している世の中で、国民のすべての意志が合致するということは、ほとんどあり得ないように思われる。しかし、ルウソオによると、それはかならずしもそうではない。むしろ、場合によつては、全員の意見がきわめて容易に一致することがある。それは、国民の精神が自主性を失い、奴隷根性に堕落している場合である。そういう場合には、国民は徒《いたず》らに権力による弾圧をおそれる。あるいは、権力者に阿諛《あゆ》・迎合しようとする。そこで、権力者が国民の集会に臨んで提案をすれば、たやすく全員がこれに賛成し、満場一致の意見がたちどころに成立するのである。(2) これは、ルウソオの鋭い洞察力を物語る言葉である。ナチス・ドイツの国民は、ヒトラアの演説に感激し、誰一人としてそれに反対する者はなかつた。戦時中の日本の翼賛議会では、政府の提案はたちどころに満場一致を以て迎えられた。しかし、その結果は、国民の公共の福祉と合致するものであり得ただろうか。否。事実は正反対で、満場一致の度《たび》ごとに、国民の運命は公共の福祉を根柢から破壊するような破局へと近づいて行つたのである。だから、全員の意志が一致しても、それはかならずしも正しくない。国民の「総意」とは、さようなものではない。なぜならば、国民の総意は常に正しく、常にあやまつことがないから。

そうなつて来ると、ルウソオの説いた国民の総意は、もはや現実の権力意志ではあり得ない。現実にあるものは、個人の意志であり、少数の意志であり、多数の意志であり、国民すべての意志である。それらは、正しい意志であることもあろう。しかし、それらは決して「常に正しい」とはいい得ない。ルウソオは、国民すべての意志が一致しても、それがかえつて大きなあやまりであり得ることを指摘した。全員一致の意志ですら正しくない場合があるとすれば、どうして多数の意志ならばかならず正しいといい得ようか。少数の意志でも、一人の意志でも、それぞれ正しかるべき可能性はある。しかし、そのどれかが絶対に正しいという保障は、どこにも存在しない。常に正しいといわれ得るものがあるとするならば、それは、ひとりただ神の意志でのみあろう。けれども、神の意志はもはや現実的なものではない。しかるに、ルウソオは、国民のヴォロンテ・ジェネラアルは「常に正しい」という。しかし、常に正しいヴォロンテ・ジェネラアルは、神の意志と同様に現実的なものではない。それは、現実の権力意志ではなくて、まさしく「法の理念」でなければならないのである。だから、ルウソオの説く国民の主権は、「法の理念としての主権」なのである。主権の存する国民の総意は、すべてのものの上にある。いかなる権力意志といえども、強大な権力を有する君主の意志といえども、あるいは、国民の全員一致の意志といえども、国民の総意にそむくことは許されない。しかるに、すべてのものの上にある国民の総意そのものは、もはや、現実の権力意志ではない。それは、一切の権力意志がそれにしたがわなければならないところの、恒常不易の正しさであり、常に正しいノモスである。故に、ルウソオの説いた国民主権主義は、「ノモスの主権」の承認に外ならない。かくて、前の章で試みた主権概念の批判は、ルウソオのヴォロンテ・ジェネラアルの概念を分析することによつて、きわめて的確に裏づけられ得たことになる。

国民主権主義はノモスの主権の承認である。それは、すべての現実的な権力意志の上に位する政治の最高の権威をば、「常に正しい国民の総意」と見ることによつて、一切の現実の力の上に法の理念を君臨せしめているのである。しかしながら、国民主権主義がノモスの主権を認めているということは、問題の解決ではなくて、問題の出発点であるにすぎない。真の根本問題は、その「常に正しい国民の総意」をばどういう方法でとらえるか、という点にある。国家は現実の政治機構であり、法は現実の国民生活の規準である。故に、法が国家を現実に組織立て、国民の生活を現実に規律し得るためには、「常に正しい国民の総意」を何らかの仕方で現実にとらえ、現実の権力意志を通じてこれを現実生活の上に結びつけて行かなければならない。その方法としては、どうするのが一番よいか。国民主権主義の使徒ルウソオは、この最も大切な問題についてどう考えたか。

ところで、この重大な問題に対するルウソオの考え方は、二つの正反対の方向に解釈される可能性を含んでいる。それは、単に、ルウソオ解釈の二つの方向の分岐点であるばかりではない。むしろ、同時に、国家の政治原理の二つの立て方の分岐点である。それは何か。すなわち、それは、一人の優れた人の意志を以て国民の総意たらしめようとする「指導者原理」と、多数の意志の帰着するところを以て国民の総意と見ようとする「多数決原理」との分岐点に外ならない。

ルウソオは、常に正しい「国民の総意」と、現実の「国民すべての意志」とは違うといった。なぜならば、個々の国民の特殊意志の総計にすぎないところの「国民すべての意志」は、決して常に正しいとはいい得ないからである。すでに国民全員の合致した意志ですら常に正しいとはいい得ない以上、多数の意志ならば正しいとはいい得ないことも、当然であるといわなければならない。多数の意志よりも少数の意志の方が正しいこともある。むしろ、国民の中の最も達識《たつしき》のただ一人の判断の方が、少数の優れた人々の意見よりも正しく、ましていわんや衆愚万民の雷同する考えよりもはるかに正しいといい得る。そうであるとするならば、「常に正しい国民の総意」をば現実にキャッチする方法としては、形式的な多数決を排して、ただ一人の賢者・達人にすべての政治の実権を托するのが一番よいということになる。これは、プラトンの説いた哲人政治の理想であり、多数決原理による民主主義を非難する者の側から提唱される指導者原理の立場である。そうして、国民が全員一致して支持する意見も、決して常に正しいといい得ないばかりか、かえつて堕落した国民精神の表現にすぎない場合が多いというルウソオの警告は、確かにこういう考え方に有力な根拠を与えているとも見ることができるのである。[3]

しかしながら、明敏神のごとき最高の哲人に国民指導の絶対権を与える、という国家組織の構想は、プラトンによつて描かれた「理想」であつて、現実ではない。この理想を現実に移せば、「独裁政治」になる。現実にも明敏神のごとき人があるかも知れないが、それは、神のごとき人であつて、神そのものではない。神ならぬ人間には、哲人にも賢者にも失敗があり得る。ところが、独裁政治というものは、成功には強いが、失敗には弱い。したがつて、独裁政治は、失敗があつた場合に、かならずこれをひた隠しに隠そうとする。そうして、成功の上に成功をつみ重ねて、独裁者の判断にはあやまりがないということを国民に思い込ませようとする。その結果、無理に無理を重ねて、遂には、国民を奈落の底の運命につき落すような結果を招く。ナチス指導者国家のなれのはては、このことを何よりも雄弁に物語つている。そればかりでなく、一人の独裁者に絶対権が与えられると、その周囲にはかならず賢者ならざる権力の亡者がつどい集り、独裁政治を腐敗させる。一人支配の政治形態にそういう弊害のともない易いことは、ルウソオが君主制について明らかに指摘しているところである。この弊害を指摘しているルウソオは、やはり独裁主義の讃美者ではなく、民主主義の支持者であつたといわなければならない。

民主主義の支持者としてのルウソオは、やはり多数決原理を是認する。すなわち、かれは、法たる国民の総意は結局やはり多数の意見の帰着するところに発見せられる、ということを認めているのである。もつとも、ルウソオは、国民代表の議会に立法の権能を与える間接民主主義には反対した。(4) ジュネエヴに生れ、スウィスの直接民主主義の雰囲気を呼吸したかれは、比較的小規模な国家を主として念頭に置きつつ、立法は国民集会での投票によつて決定せらるべきである、と説いた。投票にあたつて、国民はそれぞれ自分の意見が正しいと思つているであろう。しかし、そのどれが国民の総意であるかは、投票の結果に現れる。多数の意見がすなわちそれである。自分の意見が正しいと思つても、それが少数であるならば、それは国民の総意ではなかつたことが明らかにされたことになる。したがつて、少数の反対意見の者も、多数決に示された国民の総意にしたがわなければならないのである。(5) かように論ずるルウソオは、疑いもない民主主義者である。故に、ルウソオは、理念の面では支持者の数の多少にかかわらないノモスの主権を認めたが、現実の立法意志の構成という点では、民主主義的な多数決原理を肯定した。そういう風に見るのが、最も正しいルウソオ観であるということができるであろう。

これは、単にルウソオ観として正しいばかりではない。一般にいつて、国民主権の原理を正しく理解する道も、民主主義の政治を正しく運用する方法も、これ以外にはないのである。

第一に、国民主権主義は、「ノモスの主権」を認める立場である。なぜならば、国民主権主義が政治の最高の権威としてかかげる「国民の総意」は、決して現実の権力意志ではない。それは、すべての権力意志の上にあつて、すべての現実の政治を規正するところの、「常に正しい立法意志の理念」に外ならないのである。そういう意味で、国民主権主義は、主権は国民にあるという原理を「人類普遍の原理」として高くかかげるのである。

しかし、主権は国民にあるといつただけでは、国民主権主義は、まだ完成されたことにはならない。現実の政治原理としての国民主権主義は、「常に正しい国民の総意」を現実の権力意志の中に表現するために、確乎たる方法をもたなければならない。その方法は、多数決である。故に、国民主権主義は、第二には「多数決原理」を認める立場でなければならない。

勿論、多数で決めたことがかならず正しいという保障は、どこにもない。しかし、多数の意見が正しいか、少数の意見が真理であるかを、疑う余地のない客観性を以て決定する権威もまた、人間の世界にはどこにもないのである。そうであるとすれば、多数で決めたことをともかくも正しいとし、それを法として行うのが、政治運用の方法として最も無難であるということになる。それが、民主主義の本質に内在する謙虚性の態度である。いいかえれば、一つの見解のみを絶対に正しいとし、多数の反対を排斥・弾圧して、その一筋の道のみを貫こうとする思い上つた絶対主義は、断じて民主主義の精神ではないのである。

ところで、多数の意見を以て法を定めるにあたつては、国民の直接の投票によつてこれを決定する方法と、国民の中から選ばれた国民代表の議会の多数決による方法との、二つがある。ルウソオは、間接民主主義の方法は、国民を奴隷にするものであるといつて、これに反対した。しかし、それは極端な考えである。よしんば直接民主主義の方が間接民主主義よりも原理的に優れているにしても、一々の立法を国民投票で決めるということは、技術上きわめて困難である。殊に、複雑な立法問題をば、法について専門の知識をもたない一般国民の投票で決めるのは、結果から見ても香《かんば》しくない場合が多い。そこで、国民の中から選ばれた議会で専門的に立法問題をば審議し、議会の多数によつてその可否を決定するのは、多数決原理に或る程度の指導者原理を加味した方法として、最も実際に適しているし、それだけに広く普及もしている。主権が国民にある、というのは、民主主義の理念の面であるが、正しい国民の総意をとらえる方法として議会の多数決を用いるというのは、民主主義の現実の面である。故に、主権が国民にあるというだけでは、いまだかならずしも民主主義ではない。国民主権主義は、現実の立法意志構成のための多数決原理と不可分に結びつくことによつて、はじめて民主主義の名実を兼ね備えたことになる。

民主主義は、現実の立法意志をば多数決によつて構成する。それは無難な方法ではあるが、さればといつて、多数で決めたことがかならずしも正しいとはかぎらないというのは、民主主義に永遠につきまとう大きな難問である。この解き難いゴルヂウスの結び目を剣で断ち切つて、多数決原理を否定すれば、独裁主義に帰着することを免れない。この危険な道を避けて、法の理念と現実の立法意志との間のギャップをば、辛棒強く一歩一歩とつづめて行こうとするのが、民主主義の根本の態度である。それには、多数によつて事を決する前に、少数意見にも十分に信念を吐露する機会を与え、多数党もこれに耳を傾ける雅量《がりよう》をもたなければならない。そうして、一応は多数決によつて立法方針を決めても、あとになつて少数意見の方が正しかつたことがわかれば、国民は、その投票によつて少数党を多数党に成長させ、これに立法および政治の指導権を与えて行かなければならない。そういう風にして、議会で構成される現実の立法意志の方向を、国民の公明な批判によつて絶えず正しい目標にむけ直して行くところにこそ、民主政治の発展がある。しかも、いかに努力しても近似値的にしか実現され得ない「正しい立法意志の理念」を、「国民の総意」という形で常に高くかかげているのが、国民主権主義の本領なのである。

（1） Rousseau: Du contrat social, livre II, chapitre 1, 3.

（2） Ibid., livre IV, chapitre 2.

（3） ルウソオの思想のこの方面をとらえ、これを独裁主義的な理論であるとして、痛烈に非難しているのは、デュギイである。ルウソオの『社会契約論』がフランス革命の思想的導火線となり、一七八九年の人権宣言の理念を根拠づけたということは、ひろく人の認めるところであるが、デュギイによれば、これほど間違つたことはない。『社会契約論』の根本思想は、人権宣言のそれとは正反対である。人権宣言は、個人の自由を守るために国家権力を制限することを主張した。これに対してルウソオは、国家権力を強化して、個人をこれを隷属せしめる必要を力説した。故に、——とデュギイはいう——「ジャン・ジャック・ルソーはジャコバン的専制主義とケーザル的独裁主義との父である」。これは、ルウソオの理論の一面に含まれている契機を鋭く指摘した批判ではあるが、この一面を以てルウソオの思想の全面を推そうとするのは、楯の反面を見ないものであるという誹りを免れない。レオン・デュギイ著、堀真琴氏訳・法と国家、岩波文庫、昭和一〇年、四四頁。

(4) 前節、註9、参照。

(5) Rousseau: Ibid., livre IV, chapitre 2.

第四章　天皇統治の伝統

一　天皇統治の実体

国民主権主義は、きわめて合理的な国家思想である。国家契約の仮説から出発して、主権が国民に淵源することを立証し、委任の法理によつて政府の権力を基礎づけ、議会の多数決を通じて定立された法を以て政府の権力を規律するという仕組みは、整然たる論理で貫かれ、論理としては寸分の隙もないといつても過言ではない。しかも、国民主権主義は、単に論理的に整備されているばかりでなく、現実の国家制度の中に深く根を下した伝統を有し、西洋の国家観に決定的な方向を与えて来たのである。

これに対して、日本には、国民主権というような考え方の伝統は全く存在しない。主権という概念にしたところで、明治になつてから西洋の国家理論とともに移し入れられたのであつて、日本固有の観念にそれと同じものがあつたとは認められ得ない。国家における政治作用の根本をいい現す日本固有の言葉は、「しらす」であり、「しろしめす」である。明治憲法は、これを「統治」という言葉で表現した。かくて、建国以来、一系の天皇によつて統治せられて来たというのが日本の国家思想の伝統であることは、改めていうまでもない。

それでは、日本が建国以来一系の天皇によつて統治されて来たという場合、その統治ということは実際にはどういう作用を意味するのであろうか。明治になつてから西洋流の国家理論が取り入れられ、国家組織の学問的な再構成が行われた結果、統治の概念も、一般国家学にいわゆる主権的支配権力の発動の意味に解せられるようになつた。しかし、天皇は、はたして建国以来さような意味で絶えず日本の国を統治して来られたであろうか。天皇は、はたして歴史上何らの中断なしに、さような意味での日本国の統治権者として君臨して来られたのであろうか。それは、大きな疑問であるといわなければならない。否、疑問であるどころではない。それがそうであつたと主張し、そこにこそ日本の国体の独自性があつたという論者があるとするならば、さような主張は事実に反するといわざるを得ない。

勿論、日本は昔から一つの国家として存在していた。それは、いつ頃からのことであろうか。権威ある歴史学者の推定するところによると、大陸の影響を受けて早くから文化が開けたのは、九州北部地方であるが、その文化はやがて現在の近畿地方に伝えられ、第一・二世紀のころには、大和を中心とする一つの政治勢力ができ上つていた。この大和地方の君主は、今日の皇室の祖先であつて、その勢力は次第に西方および東北方に拡大され、北九州にあつた邪馬台の国もこれに属するにいたつたのは、第四世紀の前半のことである。もつとも、大和の勢力はその後も引きつづいて拡大されて行つたので、日本の建国という際立つた事件が、或る時期に起つたものとはいい得ないという(1)。しかし、かりに、九州北部地方が大和朝廷の勢力下に入つた時期を、大体として日本国家成立のときと考え、それが第四世紀のはじめであるとするならば、日本の国家としての歴史は約千六百年ということになる。終戦前は、あらゆる論議の外に置かれたドグマとして通用していたところの皇紀二千六百年という年数にくらべると、約千年の開きがあることになる。しかし、それにしても、日本が稀有の永い生命を保つて来た国であることには、間違いはない。それだけにまた、その永い時代を通じて、天皇が現実の政治権力を掌握して日本の国を統治して来られた、ということは、栄枯盛衰の歴史の法則から見て、あり得べからざることといわなければならない。その間、政治上の権力の中心は、決して常に天皇にあつた訳ではなかつた。むしろ、天皇の統治が永きにわたつて現実性を失つていたればこそ、それは歴史の起き伏しにかかわらぬ永続性を保ち得たのであると見る方が、はるかに真実にあたつているということができるであろう(2)。

もつとも、建国以来数百年、藤原氏の専横がはじまる頃までの間は、大体として天皇が日本の名実ともなう支配者であつたものと見られ得るであろう。しかし、その頃には、天皇が政治上の実権を握つておられたればこそ、雄略《ゆうりやく》天皇の統治のような暴政が記述されたり、臣下の中に皇位を窺う者が現れたり、弑逆《しぎやく》というような不祥事が発生したりすることを免れなかつたのである。およそ独占的な権力のあるところには、かならず権力をほしいままにするが故の腐敗が生じ、権力をめぐつて醜い争いが起る。日本の上代史における天皇の地位もまた、この政治哲学上の真理の例外ではあり得なかつた。故に、もしもそのままの形で天皇の現実の統治がいつまでも行われていたとするならば、皇位がはたして現代まで継続し得たであろうかどうかは、はなはだ疑問であるといわなければなるまい。

しかるに、その後の日本の政治的権力は、次第に天皇から離れた。天皇の地位は、歴史のすすむにつれて現実政治の圏外に退いて行つたのである。

その最初の現れは、藤原氏による政権の壟断《ろうだん》である。藤原氏の一門一族は宮中に牢固たる地盤を築き、天皇の外戚《がいせき》として思うがままの政治を行い、「この世をばわが世とぞ思う」権勢ぶりを発揮したのである。この藤原氏の横暴を抑えようとする朝廷の努力は、院政となつて実現した。若い天皇の力では如何ともし難い権門の力をば、位を退いた上皇や法皇によつて制御して行こうとしたのである。この企ては、一面においては成功した。しかし、他面においては、それは別の形で天皇を現実の統治作用から疎外するという結果を招いた。すなわち、院政のさかんに行われた頃には、天下の政治はすべて院宣《いんぜん》によつて決せられ、天皇はただ、改元・節会《せちえ》・叙任、等の儀式をつかさどられるにとどまつた。これに対して、更に天皇統治の実を回復しようとする試みは、院宣と勅命《ちよくめい》との対立となつて現れ、その葛藤のためにかえつて武家政治の出現を促すにいたつたのである。

源頼朝以来六百〔七百〕年近くの永きにわたる武家政治は、実質の上における最も著しい天皇統治の中断の時代である。もしもその頃、外国人が日本の政治形態を観察したならば、日本は正《まさ》に典型的な絶対君主制の国として映じたであろう。しかも、その場合に君主と考えられたものは、京都にいます天皇ではなくて、幕府において実権をほしいままにする征夷大将軍であつたに相違ない。そういう観察は、一七四八年に出版されたモンテスキュウの『法の精神』の中に見出される。モンテスキュウはいう。「日本では殆んどすべての犯罪は死刑を以て罰せられる。なぜなら、日本皇帝の如き偉大な皇帝に対する不服従は非常な犯罪なのだから」と。ここにモンテスキュウのいう「偉大な日本皇帝」とは、天皇の意味ではなくて、明らかに幕府の将軍を指しているのである(3)。もとより、それは外国人の見た日本であつて、日本国民は皇室の尊崇すべきことを忘れていた訳ではないであろう。しかし、日本国民は、現実の権力者として天皇を尊崇したのではなかつた。国民が土下座して「上様」とあがめたのは、将軍家であつた。むしろ、天皇はさような現実の政治権力の外に位せられたればこそ、日本国民は皇室に対して、政治の雑音や騒音によつて妨げられることのない純情の尊崇を抱きつづけて変ることがなかつたといい得るのである。

もつとも、武家政治が行われていた時代といえども、天皇と現実の政治権力との間には、全く関係が断たれていた訳ではない。なぜならば、将軍がその地位に就くためには、かならず勅旨《ちよくし》による「宣下《せんげ》」を受けるならわしとなつていたからである。この宣下は、天皇による将軍の「叙任」であつた。その意味では、天皇は依然としてすくなくとも形式上は日本の統治権者であられ、事実上の政権を掌握していた将軍といえども、天皇から統治権の行使の「委任」を受ける必要があつたという風にも見られ得る。しかし、それは、現代的な統治権の概念や委任の法理を過去にさかのぼらせた説明なのではあるまいか。むしろ、当時の天皇は、あらゆる意味で政治の実権の上に超越しておられた。そうして、それなるが故に、政治の葛藤によつて不純化されることのない、聖なる存在であり得た。これに対して、政治上の権力は、それが現実の権力であつたればこそ、それ自身の中に客観的な正しさの根拠をもつことができなかつた。したがつて、後者は前者の中に、その地位が正しいものであるという根拠を仰ぐ必要があつたのである。それが宣下である。天皇の地位は、現実の権力の上にあつて現実の権力をジャスティファイ〔justify〕するところのもの、将軍の地位は、現実の権力を行使することのジャスティフィケエション〔justification〕を、天皇から授けられることを必要とするもの、——そういう関係に置かれていたと解することができるであろう。

日本は、古来、祭政一致の国であつたといわれる。「まつりごと」は「まつり」を離れてはあり得なかつたといわれるのである。天皇は神の御末《おすえ》であり、神そのものであると信じられていた。しかも、天皇は、神として祀《まつ》られるばかりでなく、国民とともに神を祀るところの国民祭祀の主宰者であつた。(4) そうして、祭祀の主宰者たる天皇は、神ながらの道に則り、神の権威を体現して、現実の政治を執り行われたというのである。この祭政一致の関係は、上代の歴史にはそのままにあてはめられ得るであろう。しかし、天皇の地位が政治の実権から遊離するようになつてからは、祭政一致はもはや単なる理念であつて、現実ではなかつた。祭政分離が、永い間の日本の現実となつたのである。しかも、それなるが故にこそ、皇室は、現実政治の対立・策謀・闘争の上に超然たる理念面での権威を、現代にまで伝承せられたものと思われる。

ところが、徳川時代の末期以来、この事情には大きな変化が生じた。次第に頻繁となつて来た外国との交渉が、鎖国状態に眠つていた日本民族に、国民的な自覚をうながした。数多くの「くに」にわかれていた日本は、近代的な統一国民国家として再編成せらるべき時期に際会《さいかい》したのである。それには、何よりもまず、新らしい中央集権を確立することが急務であつた。そうして、その場合に、新たな政治的権力の中心が、歴史の伝統によつて理念の面での権威を保ちつづけて来た皇室に求められたことは、国民感情の必然の帰趨に外《ほか》ならなかつた。かくて、明治維新は、久しく政治の現実から遠ざかつていた天皇をば、ふたたび、現実政治と直結せしめるにいたつた。それにともない、天皇の統治は、近代国家学にいう主権または統治権の概念によつて理論づけられることとなつたのである。

もつとも、天皇が決して過去の西洋の歴史に見られたような専制君主や支配者ではなく、天皇の統治が仁愛を旨として民草を「しろしめす」働きであつて、権力的な「うしはく」作用ではないということは、国体論者の常に力説するところであつた。しかしながら、さればといつて、日本の現実的な統治権力が天皇に帰属するものではないという者があつたとすれば、その同じ国体論者は、これに対して目をいからせてその非違を咎《とが》めたに相違ない。天皇は、西洋の国家理論にいわゆる統治権者たるより以上のものと信ぜられていたにしても、それと同時に、一般国家学にいう意味での統治権者でもなければならないと考えられていたことは、確かである。明治憲法第一条は、その意味で、「大日本帝国ハ万世一系ノ天皇之ヲ統治ス」と規定した。そうして、日本が武力を頼りに、しきりに自己強化・自己拡大を策するにおよんで、天皇の統治は国民に水火を辞せぬ絶対服従を要求する至上命令となり、神秘の雲の上にそそり立つ君権絶対主義が、「国体の本義」であるかのように説かれるにいたつた。

けれども、天皇親政の昔に帰つたといわれる明治以来の歴史をふりかえつて見ても、天皇が現実に日本の統治権者であったということが、どれだけの真実性を以て認められ得るであろうか。明治時代はしばらく措くとしても、大正の時代は、はたしてどうであったであろうか。中でも、天皇統治の尊厳性が度外れた非合理性の高みにまで高揚され、承詔必謹《しょうしょうひっきん》ということが不可疑・不可侵の定言命令として通用した満州事変以来の十数年間をかえり見るとき、日本の現実政治の方向が天皇の統治意志によって積極的に決定されたことが、そもそもどれだけあったであろうか。国民が承詔必謹という定言命令を鵜呑みにして、詔勅《しょうちょく》のまにまに身命を賭して戦っていたとき、国民を戦場に駆り立てたところの詔勅のどれだけが、真に天皇の発意に出《い》ずるものであったろうか。故近衛文麿氏の手記なるものが真相を物語っているとするならば、現在の天皇は、無謀・不幸な太平洋戦争の起る間際まで、局面打開の望みを平和的な外交交渉にかけられ、戦争への突入を極力避けたいと切に念願しておられた跡が、窺われる。それにもかかわらず、日本の運命を惨憺たる敗戦に陥れた意志決定がなされたということは、天皇個人の立場から見れば、多分に他律的な成り行きではなかったろうか。是が非でも戦争に持ち込むより外はないとする政治勢力にとっては、天皇の神秘の尊厳性は、その政治目的のために十二分の利用価値をもっていたと同時に、「豈《あに》朕カ志ナラムヤ」といわれる人間天皇の真の意図は、できるだけ実際の政治効果をもち得ないものとして置く必要があったのではなかろうか。それでも、なおかつ、天皇は日本の主権者であり、統治意志の最高の決定者であったということがいわれ得るであろうか(5)。

これに対して、戦局が絶望の状態に陥り、ポツダム宣言の受諾以外に日本を滅亡から救う道がなくなつたときだけは、きわめて例外的に天皇の現実の統治意志が政治の方向を決定する力として発揮されたのである。最後の戦時内閣たる鈴木〔貫太郎〕内閣の書記官長迫水久常《さこみずひさつね》氏の手記によれば、氏の見聞した御前会議なるものは、単なる儀式にすぎず、政府や統帥部によつて決定したことを天皇に奏上する一つの特別な形式といつてよいものであつた。しかるに、ポツダム宣言受諾の可否を決定すべき昭和二〇年八月九日の御前会議は、三対三の対立のまま議がまとまらず、ついに八月一〇日の午前二時すぎにいたり、天皇の裁断によつて受諾と事が決つたのである。かように御前会議の方針を決定するのに天皇の裁断を仰いだということをば、迫水氏は「真に未曾有の事である」と述べている(6)。戦時中とはいえ、御前会議が開かれるのは、特に重大な問題が起つた場合であつたに相違ない。しかるに、そういう重大な問題についても、御前会議を開催することは、軍および軍の傀儡《かいらい》たる政府の意志決定に重みをつけるための「儀式」にすぎなかつたのである。天皇の裁断を仰いだ八月一〇日の御前会議の模様が「未曾有の事」であつたというのは、それ以前には天皇の裁断を仰ぐにいたつたことはなかつたということに外ならない。それが戦争中における天皇統治の実体だつたのである。

それだから、「大日本帝国ハ万世一系ノ天皇之ヲ統治ス」という命題をば、過去の日本において現実の統治意志の構成が常に天皇によつてなされたという意味に解することは、到底できない。そうであつたことがあるにしても、そうでなかつたことの方が遥かに多くもあり、永きにもわたつたのである。それにもかかわらず、日本が建国以来常に変らず天皇の統治の下に存立して来たということがいわれるとするならば、その天皇の統治とは、現実の政治権力の行使とは次元をことにする面でのことであると解せられなければならない。それは、いかなる面においてのことであるか。それは、現実の上でのことでない以上、理念としての意味においてでなければならない。永久に変らぬ「天皇の統治」とは、日本の政治の現実ではなくて、その理念であつた。あたかも、国民主権ということが、国民の意志を以て現実に何ごとをもなし得るという意味ではなく、「常に正しい国民の総意」があらゆる現実政治の規準とならなければならないという理念であるのと同様に。

(1) 津田左右吉《そうきち》博士・日本上代史の研究、昭和二二年、四四〇頁以下。

(2) 高木八尺《やさか》教授も、この点を指摘して次のように説く。すなわち、「国史を一貫する著しい事実」は、「皇位の存続が、原則としては親政を行ふ天皇の支配を意味せず、却つて事実に於ては、藤原氏の権勢、源平以降武門の執政等、文武の別、政治形態の差は存したが、政権は夫々の担当者に委ねられ、天皇親しく統治し給ふことなき制度が続いたことである。」そうして、「それがやがて、皇統の永続を説明する一理由でもあつたのである」と。高木教授・憲法改正草案に対する私見、国家学会雑誌、第六〇巻、第五号、昭和二一年、二頁。

(3) モンテスキュウは別の場所でいう。「メアコ〔京都（ミヤコ）の意〕に於ける皇帝とデイロとの会見の記事を読め。そこで悪者の為に窒息させられたり、殺害されたりした者の数は、信じ難いほどであつた。若い娘や少年は掠取された」と。

これについて、宮沢教授はその訳書の中で次のように説明している。すなわち、「本章に皇帝とはすべてl'Empéreur séculier 即ち将軍を指し、『デイロ』は内裏で、l'Empéreur ecclésiastique 即ち天皇を指すものと思はれる。」モンテスキュウ著・宮沢俊義教授訳・法の精神、上巻、昭和三年、一五〇頁以下。

（4）日本の神代史の神々は、「祀られる神」であると同時に、自ら神を「祀る神」であつた。したがつて、それは神ではあるが、超人間的な存在ではなかつた。天皇も、さような意味での神であり、それ故に「現人神」であるといわれたのである。このことは和辻教授によつてきわめて意味深く説かれている。和辻哲郎教授・尊皇思想とその伝統、昭和一八年、二七頁以下。

（5）近衛氏は、太平洋戦争のはじまる前、現在の天皇が、軍は困つたものだといわれつつも、なお、断乎として軍を抑えようとまではせられなかつたことを深く遺憾としながら、しかも、最後に次のようにいつている。「立憲君主としての陛下の御態度はかく消極的ではあらせられたが、陛下の御意図はあくまで太平洋の平和維持にあり、何とかして前途見通しのつかぬ大戦争に突入することを避けて、二千六百年の国体を無瑕のまゝに維持したいといふ御念願と、御苦慮の御有様は、御痛々しきまでに拝せられたのである。」近衛文麿公手記・最後の御前会議、昭和二一年、五五頁。

（6）近衛文麿公手記・最後の御前会議、対照篇、降伏時の真相、六六頁以下。

二　天皇統治の理念

新憲法が国民主権主義を採用したとき、多くの学者は、それが国体の変革を意味することを認めた。なぜならば、日本はこれまで「主権在君」の国だつたからである。しかし、主権在君といつても、現実の政治上の最高の権力が、常に変らず天皇に帰属していたという意味に解することはできない。その理由はきわめて簡単である。すなわち、事実は決して常にそうではなかつたからである。事実そうではなかつたにもかかわらず、それがそうでなければならなかつたというのは、一つの理念である。天皇の統治ということは、正《まさ》に理念であつた。理念として尊ばれ、理念として護《まも》られ、理念として永遠につづくべきものと考えられて来たのである。

「万世一系の天皇の統治」ということの中には、色々な意味で理念が含まれている。第一、形式の上からだけ考えても、「万世一系」ということが、すでに明らかに理念である。万世というが、もとよりその「万」という字に文字通りの意味がある訳ではない。それは、天皇統治の「永遠性」を示す言葉である。日本は、永い歴史を有する国家である。その間、皇統が連綿としてつづいて来たということは、事実であろう。けれども、いかに永い歴史といえども、「永遠」であるとはいえない。しかも、それにもかかわらず、天皇の統治は万世一系であり、永遠につづくべきものであり、皇統は天壌無窮《てんじょうむきゅう》であるといわれていたことは、これを理念として見た場合にのみ、はじめて意味をもつ。つまり、地上現実にはあり得べからざる永遠性への思慕・憧憬が、日本では「万世一系の天皇」に対する尊崇となつて現れていたのであると解されなければならぬ。

しかしながら、天皇の統治が国民の心の拠りどころとしての理念を意味していたということは、永遠性という形式よりも、更に深くその内容に存したと見らるべきである。いいかえるならば、それは、天皇の統治は「常に正しい」という理念を表明していた、と考えらるべきである。なぜならば、もしも天皇統治の形式が、内容から見て尊崇に値せぬものであるならば、それが永遠につづくべきであるということも、全く意味を失つてしまうに相違ないからである。

日本国民は――大部分の日本国民は――、確かに天皇の統治を尊厳なものとしてあがめて来た。しかし、もしも天皇統治ということが、政治上の最高の意志決定は常に天皇によつて下されていたという「事実」を意味するとするならば、それは、いかに美名を以て粉飾して見ても、要するに一つの専制政治にすぎない。もしも天皇の統治が単なる専制政治の一形態にすぎないならば、それはもとより絶対に尊厳なものでもなく、無比の国体として誇るべき何ものをももたない。現実の問題として考えるならば、皇位が世襲によつて継承せられる以上、いかなる天皇が立たれるかは、多分に偶然によつて左右される。いかなる天皇が立たれても、その天皇に政治上の最後の方針を決定する絶対権が存するというのは、きわめて危険なことである。日本国民は封建的であり、盲目的であつたといわれるが、かように明らかな事理に気づかぬほどに日本人が愚昧であつたものとは思われない。国民は、天皇を神と仰いでいたというけれども、同時にまた、国民は天皇が人間であることを知つていた。しかるに、人間には賢愚《けんぐ》があり、人間のなすことには正邪がある。だから、同じく天皇の統治であつても、心から寿《ことほ》ぐべき治世と、しからざるものとの差別が生ずるのは、当然である。日本国民は、一方では、明らかにそういう意味で代々の天皇の治世に対する価値判断を下していた。しかも、それにもかかわらず、他方では天皇の統治を善悪を問わずに讃美し、「君が代」はさざれ石の巌《いわお》となりて苔《こけ》のむすまでつづけかしと祈つていたということは、誠に筋の立たぬ話しである。かような天皇の統治に対する絶対の崇敬は、それを現実政治の面から切り離して、「常に正しい統治の理念」として見た場合にのみ、意味をもつ。天皇の統治は、常に正しい統治の理念として仰がれていたればこそ、永遠に変るべからざるものと考えられていたのであるといわなければならない。

古代から今日にいたるまでの日本の政治には、色々な形態があつた。天皇専制の時代もあり、貴族専制の時期もあつた。院政の行われたこともあり、武家政治の栄えたときもあつた。武家政治もまた、色々と有為転変をくりかえし、政権をわが手に取り戻そうと企てた天皇が、「天《あめ》が下にはかくれがもなし」と詠じつつ、追及の手から逃れなければならないという場合もあつた。明治になつて立憲政治の方向へむかつたこともあるが、それも実を結ぶにいたらないうちに、やがてまたナチスまがいの独裁政治へ転換してしまつた。その間には、正しい政治が行われたこともあり、庶政宿弊《しよせいしゆくへい》を暴露したこともある。国運の隆替《りゆうたい》もそれとともにまたさまざまだつたのである。その間にあつて、日本国民は善政の恵沢《けいたく》を享受すると同時に、悪政のもたらす害毒を身を以て体験した。しかも、現実の政治が不正・邪悪に流れることがあればあるだけ、国民はそれだけ切に政治の正しさを憧憬してやまなかつた。かように日本国民の志向してやまない政治の理念を、具象的な主体と結びつけて表現したものが、「天皇の統治」に外《ほか》ならない。

だから、統治が現実に天皇によつて行われたかどうかということは、実は本質的な問題ではないのである。また、現実に天皇によつて統治が行われた場合、その治世が成功したか失敗したかも、直接の問題とはならないのである。天皇の統治とは、終始一貫して理念であった。理念であるが故に、それは常に正しかつた。代々の天皇は、常にかぎりない仁慈を以て民草《たみくさ》をいつくしみたもうたとか、天皇の大御心《おおみこころ》は広大無辺の聖徳を以てみたされ、一点の私心も介入する余地はないとかいうような讃美の表現は、これをさような理念の世界への崇敬と見ることによつてのみ、その意味を理解し得る。しかも、常に正しいものは、現実にはおそらく絶対にあり得ない。もしもそれがあり得るとするならば、それはまさに「神」である。故に、天皇の理念化は天皇の神化と一致する。天皇は、常に正しい大御心の持ち主と仰がれたが故に、神と考えられたのであり、神なるが故に、一点の私心もない公共性の極致として敬慕されたのである(1)。

そうなつて来ると、「万世一系の天皇の統治」とか、「主権は天皇に存する」とかいうような言葉で表現されていた日本の国体についても、普通の考え方とはよほど違つた解釈を加える必要が生ずるであろう。なぜならば、それはもはや、天皇が現実の政治の上で常に最高の決定権をもつていたということでもなく、そういう政治の形態が永遠につづくべきものと考えられていたということでもなく、現実の政治はすべて「常に正しい天皇の大御心」に適《かな》うものでなければならない、という理念の表現に外ならないからである。「国体」とは、ここではもはや現実の政治の根本構造ではなくて、理念としての政治の根本のあり方を意味する。よしんば、天皇親政ということが現実に行われたとしても、その天皇の現実の統治意志の上には、更に「理念としての天皇の大御心」が君臨していなければならなかつたのである。それは、天皇という具象の形に結びつけて考えられてはいても、実は、永遠に変るべからざる法の正しさへの志念であり、「ノモスの主権」の民族的な把握の仕方に外ならなかつたといわなければならない。

それであるから、天皇の統治を中心とする日本の国体を、国民主権とは氷炭《ひょうたん》相容れ得ない対蹠の原理と見るのは、むしろ皮相の見解である。国民主権と天皇の統治とは、政治の理念の表現としては、根柢において深く相通ずるものをもつている。すなわち、国民主権の原理は、決して現実の政治が国民の思うがままに行われてよいということを意味するのではなくて、「常に正しい国民の総意」を以て政治の最高の指針としなければならないという理念なのである。同様に、天皇の統治といわれるものも、天皇の現実の意志によつて政治上の最後の決定が与えられて来たというのではなくて、「常に正しい天皇の大御心」を以て政治の範としなければならないという理念の現れなのである。故に、両者は、帰するところ、ともに「ノモスの主権」の承認であつて、その点では何らことなつた意味内容をもつものではない。

ただ、両者は、同じノモスの主権の理念を内容としてはいるが、これを明らかに違つた主体と結びつけている。すなわち、一方は、これを「国民」の主権としてとらえ、他方は、これを「天皇」の統治として把握しているのである。その点に、両者の間の根本の相違があることは確かである。しかし、主体といつても、それは、現実の主権的権力意志の主体ではなくて、同じ理念をどういう形で「人の心」の中に位置づけるかという意味での主体なのである。国民主権主義は、「国民の総意」ならば常に正しいと見る。天皇統治の伝統は、「天皇の大御心」は曇らぬ鏡のように公明であると信じた。しかも、両者は、さような別個の「人間の心」を通じて、何ら変ることのない同じ一つの理念を見つめているのである。故に、新憲法が、天皇の統治という伝統的ないい現し方をやめて、政治の最高の原理を国民の主権という形でかかげることになつても、そこにかかげられている理念そのものには、何の変りもないのである。だから、それを「国体の変革」であるとして、天地鳴動する問題のように考える必要はないということができるであろう。

しかも、多くの人々がいいならわして来たように、日本の国体は、単に「天皇の統治」のみによつて成り立つていたのではなく、それと表裏相応じて「君民一如《いちによ》」ということを不可欠の内容としていた。それにしたがえば、政治は天皇の大御心にしたがつて行われなければならないが、天皇の大御心は決して国民の心から遊離してあるものではない。歴代の天皇は、国民の心を以て心とせられた。故に、正しい政治が天皇の大御心にかなうものでなければならぬ以上、それは同時に国民の心にかなうものでなければならぬ。その国民とは、私利・私慾に走る個々の国民ではなくて、おおやけの道に則つて行動する理念的な国民である。さような理念としての国民の意志は、「公共の福祉」を目ざすものでなければならぬ。国民の心は、公共の福祉を目ざすが故に正しい。その国民の心と一体の関係にある天皇の大御心もまた、常にかならず公共の福祉を目ざすものでなければならぬ。だから、君民一如とは、君民ともどもに求める正義の理念である。それが、いわゆる「国体の精華」である。そうであるならば、日本に国民主権という伝統がなかつたことは事実であるが、天皇統治という形の中に融け込んだ姿においては、国民主権と相似た内容の理念が日本に存在していたといつても、あながち詭弁として排斥さるべきではない。

かように考えるならば、天皇の統治と国民の主権とは、全く反対の立場のように対立しながら、実は、理念の面では、反対の極致において深く結びついているものであることがわかる。明治憲法は、互に結びついている同じ理念の両要素を切り離して、天皇の統治という面をば高くかかげ、これをその第一条に規定した。これに反して、新憲法は、同じノモスの主権の理念をとらえるにあたつて、国民の主権という表現形式を採用した。前者にあつては、国民の側からの政治への参与は、「翼賛」という形で、いわば第二義的に取りあつかわれた。後者においては、天皇は現実の政治から超越した日本国の「象徴」となつた。それは、転換といえば大きな転換である。変革といえば、大きな変革である。しかも、あたかも廻り舞台のように、表面に出ていた一つのものの一面が背後にしりぞき、背後にあつたものが表面に押し出されて来たのであると見るならば、そこに、あらゆる転換、あらゆる変革にかかわらざる、理念の面での歴史的な継続性が維持されているといつてよいであろう。

しかしながら、これらはいずれも理念の世界での話しである。およそ政治には理念がある。いかなる現実政治といえども、理念なしには政治としての力を発揮することはできない。あらゆる理念の仮面をはぐことにかけては、すこしも仮借《かしやく》するところのないマルクス主義の政治動向にも、決して理念がない訳ではない。マルクスは、その理念をば、「各人がその能力に応じて寄与し、各人がその欲求に応じて享有する」純粋の共産主義社会という形で示した[2]。この理念も、徹底した人間平等の関係の確立を目ざしている点で、古来の正義の理念の一ヴァリエションなのである。かように、すべての政治は理念をもつ。そうして、政治のかかげる理念は、理念なるが故に常に美しい。日本の政治は、天皇の統治を理念として来た。君民一如を以て民族の理想たらしめ、これを国体の精華として誇つて来た。それは、確かに美しい理念である。しかも、それが理念としては国民主権主義の理念と変らない内容をもつものであることは、いままでに見て来た通りである。

けれども、政治が理念をかかげる以上、その理念が美しいのはあたりまえである。したがつてまた、そのかかげる理念が美しいからといつて、それでその政治が実際によい政治であるという訳に行かないのも、あたりまえである。政治は理念であるが、同時に現実である。しかも、政治の価値は、理念にあるのではなくて、現実にある。美しい理念は、それが現実を導き、自らを現実の中に実現して行く力をもつときにのみ、尊ばるべきである。これに反して、理念が現実から遊離しているときには、人はえてして現実に対して目を蔽《おお》い、美しい理念への自己陶酔に陥《おちい》り易い。これまでの天皇統治の理念は、多分にさような自己陶酔的讃美の対象に堕する傾きがあつた。殊に、為政者の側からは、徒《いたず》らに国体の理念を讃美することを国民に強要し、国民のこれへの無批判的追随を助長し、更に、これをば特殊の矯激《きようげき》な政治目的の手段として利用するという弊があつた。そうなつては、美しい理念も、たちまちにして恐るべき欺瞞と化する。その意味では、天皇統治の国体は、まさに根本から変革されるべき必要があつた。その必要をば骨の髄にまで徹する痛烈さを以て国民に自覚せしめたものは、このたびの敗戦である。日本国民は、ふたたびすまじきこの体験を活かさなければならぬ。天皇統治の理念にまつわる暗黒面に、最もきびしい反省・批判を加えなければならぬ。かくしてはじめて、新憲法が、日本の政治形態の、理念としての一貫性を中断するものではないにかかわらず、これに未曾有の変革を加えなければならなかつた所以が、はつきりと理解せられ得るであろう。

(1) 日本古来の倫理思想は、道徳上の価値をば「私」を去ることに求めた。「私」に執着することは、心の穢れであり、私利私益を越えて「公」に奉ずるのは、「キヨキ心」「アカキ心」である。この清明心が、日本国民道徳における「正しさ」であつた。しかるに、正しさの極致は神である。そうして、天皇の統治は、神に由来するが故に、絶対に正しいと考えられて来たのである。日本の国民道徳が絶対の価値とした「尊皇」とは、つまりかような「正しさ」の理念へのひたすらな帰依・憧憬に外ならない。和辻〔哲郎〕教授・尊皇思想とその伝統、六一頁以下、特に八一頁以下。

(2) Karl Marx: Zur Kritik des sozialdemokratischen Parteiprogramms. Die neue Zeit, 1891, Bd. 1, S. 563 ff.

三　現実政治による天皇統治の理念の悪用

天皇統治の理念は、理念としては美しい。理念として美しいばかりではない。そこには、二千年に近い民族の伝統の重みが加わつている。この伝統は、天皇統治の理念に一層の尊厳さを与えた。日本人がこれを誇りとしたことには、確かに理由がある。しかし、天皇統治の理念は、尊厳であるが故に、かえつて容易に歪曲され、濫用されるという不幸な結果を招いた。日本の政治の取りかえしのつかぬ蹉跌《さてつ》が、日本国民の誇りとした国体観念の悪用に胚胎したということは、日本人の深く反省すべき貴重な体験であつたといわなければならぬ。

天皇の統治は理念である。それは、しばしば実体のない理念であつた。しかし、天皇統治の理念に実体がないということは、決してこの理念の理念性を毀損する所以とはならない。すでに、天皇の統治ということが、永遠に正しい統治の理念として仰がれていたのであるとすれば、これに実体をともなわしめることは、いいかえれば、現実の天皇が現実の統治意志の主体として行動されることは、かえつて天皇統治の美しい理念に現実の泥を塗る結果を招くおそれがある。それ故に、天皇の統治が、現実の政治から遊離した状態のままに、実体のない理念として尊崇せられたことは、かえつてその永続性を保障する所以となつた。例えば、明治維新前の日本国民は、当時の政治が徳川幕府の政治であつて、天皇の統治意志による政治でないことを、百も承知していた。だからこそ、当時の志士たちは、幕政に対して痛烈な批判を下してはばからなかつたのであるし、そのために、いよいよ天皇統治の理念への思慕を、すなわち、いよいよ「尊皇」の思想を強めて行くことができたのである。

ところが、明治維新以来の日本は、「王政復古」の世の中となつた。天皇をないがしろにして政権をほしいままにした幕府は、崩壊した。百般《ひやつぱん》の施政は、すべて天皇に出《い》ずるという建前を取ることになつた。実体のない理念は、ここにおいて実体を備えた理念となるべき時を迎えたのである。

しかし、この統治理念の実体化も、それをそのままに実行すれば、専制政治となる。専制政治となることを避けるためには、百般の施政の根源となるべき天皇の統治意志を、天皇個人の意志によつて充塡する代りに、これを他の方法によつて合理的に構成するための組織を設けなければならない。明治天皇は、この方法として、西洋の立憲主義を採用し、明治憲法によつてこれを規定せしめた。もつとも、それは、立法や行政における統治意志の構成を、議会の「翼賛」や内閣の「輔弼《ほひつ》」によつて行おうとするものであつて、統治意志の主体はあくまで天皇にあるという形式は動かさなかつた。しかしながら、明治憲法の立憲主義は不徹底なものではあつても、ともかくも「輔翼《ほよく》」の責任を明らかにする筋道は通つており、したがつて、その運用の如何によつては、天皇制の下に相当の程度にまで民主主義の発達を可能ならしめるに足りるものであつたことは、多くの識者の指摘する通りであつたということができよう。

しかるに、その後の日本には過激な国家主義と偏狭な国粋主義が台頭して、政治の筋道をば明治天皇の――そうして、その時代の日本国民の――意図した立憲主義の軌道からあらぬ方に逸脱せしめるにいたつた。この動向は、政治における言論の自由と世論の批判とを封じて、天皇の統治意志構成の機構を国民の目の届かぬ高みにまで祀《まつ》り上げ、あまつさえ、これを国体の尊厳性という神秘の雲によつて十重二十重に蔽《おお》いつつんだのである。しかし、この神秘の雲の上でも、天皇は決して自ら政治上の決定を左右する力をふるつておられた訳ではない。天皇がいやしくも立憲国家の君主としての自覚をもたれ、個人の意図を以て政治を左右すべきではないことを弁《わきま》えておられた以上、それはそうなるのが当然であつた。そうなると、雲の上での現実の統治意志を何らかの方法で構成することが必要になる。しかし、この統治意志の構成は、もはや憲法上の機関による公明な国事としてではなく、特殊の勢力をもつ特殊の人々による政治の闇取引きとして行われるようになつた。しかも、かくして政治の舞台裏で構成された統治意志は、天皇の名を冠して次々に国民の前に示されたのである。天皇の命令には何ごとを措いても随順《ずいじゅん》の誠を致すべきものと心得ていた国民は、金色燦然《こんじきさんぜん》たる菊花紋章を以て飾られたこの統治意志を迎えて、「勅《ちょく》なればいともかしこし」と行動した。その内容の当否に疑惑をもつ者はあつても、これに対して公然たる批判を加えることは到底許されない状態が、いつの間にか牢固《ろうこ》として確立されていた。かくて、神秘の雲に隠れて天皇の統治意志を現実に構成する立場に立つことに成功した者は、赤子の腕をひねるがごとくに、国民をいかなる方向へでも思うがままに駆り立てることができたのである。

これは、一種の恐るべき独裁政治である。一方では天皇の統治を絶対不可侵の理念にまで高め、他方では一部の権力者たちがほしいままに現実の統治意志を構成して、これを天皇の名において発表することができ、しかも、国民はこのからくりに対する批判を封ぜられた状態に置かれていたのである。その結果、日本の政治が全くの無軌道ぶりを発揮するにいたつたことは、当然すぎるほど当然であつた。

それは、独裁政治の一種であるが、特に無責任な独裁政治である。西洋の最近の独裁主義は、はつきりとした「独裁者」によつて行われた。ドイツのナチズムがヒトラアの号令によつて動き、イタリイのファッショがムッソリイニの意志によつて操《あやつ》られていたことは、何人《なんぴと》の目にも明らかであつた。これに反して、天皇統治の神秘性を利用して行われた独裁政治には、責任者がない。天皇が独裁者であられぬことはもとよりであるが、天皇の側近にある重臣たちも、闇の中で牙をむいている狂暴な政治勢力を抑え切ることができず、心ならずもこれと妥協し、これに動かされて行く弱き「運命の子」であつた。[1]かくして、天皇の意志にも反し、国民大多数の意志とも何ら必然のつながりをもつことのない、目に見えぬ或る者の意志が、現実に政治を動かし、日本の運命を深刻な破局へと導いて行つたのである。それも、これも、理念としての天皇統治と、現実の統治意志構成との間に、民意を以て満たすことの許されない空白が残されていた結果である。日本国民のためにも、天皇制のためにも、これ以上の大きな不幸はなかつたといわなければなるまい。

理念としての天皇統治と現実の統治意志構成との間に残された宿命的な空白とならんで、政治を今日の重大な蹉跌に導いたもう一つの大きな原因は、天皇統治の下における日本国民の政治的無自覚性である。

日本国民は、天皇の統治ならば常に正しいと信じて来た。あるいは、さように教え込まれ、さように信ぜしめられて来た。常に正しい天皇の統治によつて成り立つているところの日本の国体は、「万邦無比《ばんぽうむひ》」であると説き聞かされて来た。これに疑いをもつ者はあつても、その疑いを表明する言葉は、口にすれば現実に罰のあたるタブウ〔taboo〕であつた。

物事を深く疑うことをあえてしようとしない多くの人々は、自発的にせよ、他律的にせよ、次第にその信念に同化し、根拠のきわめて薄弱な民族的優越感に踊らされるようになつた。理念と現実とを冷静に弁別することを知らない者は、理念によつて粉飾された現実を、そのまま理念にかなつた現実として受け取り、左の手にもつコオランは、右の手の剣をいかなる場合にも正当化して余りあるものと考えるにいたつた。日本の国民精神は、それが誰であろうと、天皇をめぐる五彩《ごさい》の雲の蔭に身をかくし、天皇の名を以てこれに点火しさえすれば、いかなる方向にむかつても処《ところ》きらわず爆発しようとする、危険きわまる軍国主義の火薬庫に変質した。われわれは、政治的無自覚性に起因するこの失敗を、二度とふたたびくりかえすようなことがあつてはならない。

およそ政治には、正しさの規準がなければならぬ。日本国民は、正しい政治の規準を、永い伝統によつて権威づけられた天皇統治の理念に求めた。それは、それ自身としてはきわめて自然なことである。しかしながら、自らを「臣下」たるの低きに位置せしめた国民が、「大君」として高きに仰いだ天皇は、国民から見れば一つの「他者」(ein Anderer) に外《ほか》ならなかつた。一方では君民一如《いちによ》ということがいわれていたにもかかわらず、他方では君臣の別は絶対のへだたりをもつと考えられていたために、天皇統治の正しさは、国民の現実の意志活動の領域をはるかに超越した「神《かん》ながら」の所与として祀り上げられるにいたつた。尊厳な国体も、国民にとつては祖先の作つたものであり、さかのぼつては「神」の創造に帰着するのである。かように、国民の意志活動を超越し、国民の手の届かぬ高みに絶対の所与として鎮座する「正しさ」や「尊厳さ」は、それを信奉する国民に徒《いたず》らなる「他力本願」の精神を植えつけずには置かない。他力本願の態度に終始して、具体的な場合に何が正しいかを自ら検討・省察しようとする努力を怠《おこた》り、上から与えられた正しさをただ鵜呑みにするというのは、政治に対する責任の自覚の欠如を意味する。天皇統治の現実は、政治の方向を決定する者の側に無責任な独裁権力を賦与したばかりでなく、決定された政治の方向に追随する国民の側にも、無責任な他者依存に安住するという結果を生んだのである。

けれども、ひるがえつて考えれば、天皇統治の中に正しさの理念を求めたのは、外ならぬ国民それ自体であつて、国民以外の何者でもないのである。日本国民は、国民自らの心に宿る正しい統治の理念を天皇に投影し、これを「常に正しい天皇の大御心《おおみこころ》」としておろがみまつつたのである。そこに尊崇せられていたものは、実は国民自らの心である。かかる投影を可能ならしめる天皇は、それ自身としての実体をもたない無の立場である。故に、哲学者は、天皇は「絶対無の象徴」でなければならないといつた(2)。天皇は絶対無であるが故に、かえつてその中に万象を宿すことができたのである。それ自身としての定形と色彩とをもたず、まさにそれなるが故にその中にあらゆるものの姿を宿すものは、譬《たと》えて見れば一つの鏡である。日本国民は、自らの欲求する正しい統治の理念をば、絶対無私の天皇の大御心という鏡にうつし、その尊厳さの前にひれ伏していたのである。その尊厳なる理念が、国民を離れた天皇の側に「有る」と見るところに、他力本願・他者依存の盲従性がつちかわれる。ひるがえつて、これを、国民自らの側に「有る」と観じて、わが努力を以て不断にこの理念を実現しようとするのは、国民の政治的自覚の第一歩である。これまでの日本国民には、この政治的自覚が欠けていた。日本独特の無責任な独裁政治に乗ぜられた隙は、かような国民自らの政治的自覚の欠如の中にあつたといわなければならぬ。

日本の古い伝説に、松山鏡という物語りがある。越後の松山に住んでいた一人の男が京へ上り、鏡を求めてこれを土産として妻に与えた。やがて妻が重病にかかり、回復の望みのない状態に陥《おち》いつたとき、彼女は一人の娘を枕辺に呼んで鏡を与え、母の死後、母恋しと思うときはこれを取り出して見よ、といい残して死んだ。悲歎の涙にかきくれていた娘は、やがて母の遺言を思い出し、心を取り直して鏡を見ると、不思議にも、鏡面にありありと浮ぶのは、死んだ筈《はず》の母の姿である。それも、病みほうけた最近の母ならで、かつて見たこともない若々しく美しい母が、深い哀愁を浮べて鏡の中からこちらをじつと見つめている。夢かとばかりに喜んで見直せば、鏡の中の母の顔も、いつしか明るくほほえんでいる。思わずも母の名を口にして呼びかければ、母もまた唇を動かして答うるがごとくである。母は死んでもなお鏡の中にいます。悲しみに閉ざされていた娘の心には、ほのぼのとした慰めと希望とが甦《よみがえ》つて来た。その後も、暇さえあれば人目を忍んで鏡の中の母と対面している娘の様子を、最初はそれとは気づかずにいぶかしんでいた父は、やがて事の次第を知るにおよんで、深く亡妻の愛情と娘の孝心とに打たれた、といつたような筋である。誠に可憐・純情な物語りである。しかし、無智・非科学的な話しである。わが心の理念を絶対無の天皇の鏡に写し、これを尊厳な他者として仰いでいた日本国民の態度は、松山鏡の娘にもさも似たりというべきであろう。

だから、新憲法が天皇の統治という政治の形態を変革して、国民の主権という原理をかかげたのは、まさに日本国民の政治的自覚の象徴として高く意義づけられてしかるべきである。天皇統治と国民主権とは、「常に正しい統治の理念」を政治の最高原理たらしめるという点では、何らことなるところはない。しかし、その同じ理念を主体的に把握する方法としては、両者の間に格段の相違がある。天皇の統治を絶対に尊崇するのは、国民自らの求める理念を、自己の外に疎外する態度である。そこから政治に対する国民の他力本願・他者依存の弊風《へいふう》が生れた。これに反して、同じ正しい統治の理念をば「主権の存する国民の総意」として表明するのは、国民の自力本願・自己責任の立場を確立する所以である。新憲法による国民主権主義の宣言は、政治に対する国民の立場を、受動・消極の地位から、能動・積極の態度へと大きく転換せしめた。それは、日本の政治原理の根本からの変革である。天皇統治にまつわる過去の弊風を一掃するに足りるところの、きわめて革新的な変革である。しかも、新憲法は、純粋の理念の面では、天皇制の伝統を尊重している。なぜならば、国民の自力本願・自己責任の努力によつて正しく再建されて行く日本国の姿が、改めて天皇によつて象徴せられるというのは、現実政治の葛藤を超越した純粋理念の高みにおいて、古来国民が天皇に求めたところのものを適切に表現しているといつてよいからである。故に、国民もまた、これ以上に国体の論議を無用に紛糾せしめることなく、新憲法における国民主権と天皇制との調和にむかつて、建設的な考察をすすめて行つてしかるべきであろう。

（1）近衛文麿公の手記の編者は、「近衛公の或る日の言葉」として、次のような述懐の語を引用している。「戦争前は軟弱だと侮られ、戦争中は和平運動家だとののしられ、戦争が終れば、戦争犯罪者だと指弾される。僕は運命の子だ。」前掲書、五五頁。

（2）田辺元《はじめ》博士によれば、「天皇も絶対無を象徴せられるものとして、相対立する政党の上に立ち之を媒介統一せられるには、相対的有を媒介としながら之を絶対的に否定して、無の統一を実現せられるのでなければならぬ。決して直接に自己の御意志を主張せらるべきではない。それでは無でなく単なる有である。いはゆる天皇親政といふ如きは、専制君主政治であつて民主主義の否定に外ならない。それは却て一切の政治的責任を天皇に帰属せしむる危険極まる制度でしかない。之を唱へるのは、美名を借りて天皇の専制を利用せんと欲する徒輩の姦計である。天皇は一切の御行動を国家機関に媒介せしめらるるに由つて、始めて神聖を保ち不可侵を維持せられるのである。」田辺博士・政治哲学の急務、展望、第三号、昭和二一年、四〇頁。

第五章　新憲法における国民主権と天皇制

一　国民の総意による政治

新憲法に示された国民主権と天皇制との調和を図るためには、原理的な論究を必要とすると同時に、国民主権主義の制度上の運用、ならびに象徴としての天皇の地位を、新憲法そのものについて吟味して行かなければならない。ところが、これまでの考察は、原理的な論究に忙しくて、新憲法がこれらの点をどう規定しているかを具体的に叙述する暇がなかつた。国民主権主義は西洋に発達した政治の原理であつて、その根本は自然法であり、「人類普遍の原理」であるにせよ、実際の運用についてはいくつかの制度化した型がある。新憲法はそのどれを採用しているか。また、新憲法は天皇を「日本国の象徴」および「日本国民統合の象徴」として規定したが、象徴としての天皇は憲法上若干の儀礼的な機能を営むこととなつている。それはどういうことを意味するか。――順次それら二つの点を明らかにした上で、その結果をこれまでの原理的な論究と結びつけ、結論として「新憲法における国民主権と天皇制の調和」を求めて行くこととしよう。

国民主権主義は、政治の根本の主体をば国民にあるとする。しかし、国民が政治の主体であるといつても、国民の考えはまちまちであるし、国民の要求も複雑に分岐・対立している。それらの分岐・対立する国民の意志を、その分岐・対立したままの形で政治の上に実現して行くことは、不可能でもあるし、無意味でもある。そこで、国民主権主義は、個々の国民の意志によつて政治を行うのではなく、「国民の総意」によつて政治の方針を決めて行くという原理に落ちつく。中でも、一国の政治の根本方針を定める憲法は、まず以て国民の総意によつて作られなければならぬ。新憲法は、この原則を明らかにするために、前文の冒頭にあたつて、日本国民は「ここに主権が国民に存することを宣言し、この憲法を確定する」といい、第一条に天皇の地位を規定するにあたつても、「この地位は、主権の存する日本国民の総意に基く」といつている。

ところで、「主権の存する国民の総意」とは、分岐・対立する国民の意志の分岐・対立したままの形ではなく、各個別々の国民の意志の単なる集計でもなく、さような個別・特殊の利害を超越した「正しい統治意志の理念」であると考えられなければならぬ。そうなると、今度は、その国民の総意をどういう方法でとらえるかが、大きな問題となる。その場合に、「国民の総意」は多数の個人意志の集計ではなく、個人意志を超越した国家または民族の「全体意志」であると考え、その全体意志は単一の指導者の指導意志となつて現れると見れば、独裁主義になる。これに対して、民主主義は、独裁主義を断乎《だんこ》として排斥し、国民の総意を現実に把握する方法として、「多数決原理」を選ぶ。すなわち、国民の選挙によつて、多数の投票を得た者を国民の代表者とし、国民代表の機関が複数の人々によつて構成されている場合には、更にそこでの審議もまた多数決により、かくして決定された国民代表機関の意志を以て「国民の総意」の表現とするのである。特に、今日の多数の民主国家では、国民代表の議会——新憲法では「国会」という——が専ら立法をつかさどると同時に、行政の上にも大きな発言権をもつような仕組みになつている。それが議会中心の民主主義である。日本国憲法もこの型にしたがい、その第四一条に、「国会は、国権の最高機関であつて、国の唯一の立法機関である」と規定した。

立法は、民主主義の国家作用の中心をなす最も大切な機能である。国民の総意にもとづいて正しい法を作り、その法によつて国民生活を規律すると同時に、権力行使の筋道を正すというのは、民主主義の根本の建前である。だから、立法には、なるべく多くの国民が直接に参与するような仕組みにして、法律は国民投票の多数によつて決定するようにしなければならない、という考え方がある。それが「直接民主主義」である。直接民主制を正面から採用すれば、議会は、立法審議機関ではあつても、立法機関ではなくなる。議会で審議するのは法律案であつて、その法律案が法律となるためには、国民投票——レフェレンダム〔referendum〕——にかけて、国民多数の賛成を得なければならないのである。更に、それでもまだ不十分であるといつて、国民の側から法律案を提出するようにする国民発案——イニシアティヴ——の制度もある。国民投票や国民発案のような直接民主主義の制度が実施されている代表的な国がスウィスであることは、広く知られている。

しかし、一般的にいうならば、どういう法律をどういう風に作つたらよいかを決めるには、各方面におよぼす利害得失の周到な考慮と、高度に専門化した技術的な知識とを必要とする。したがつて、立法問題について素人の多い国民が直接に法律案の検討にあたり、その可否を決定するという方法は、かえつて適当でない場合が多い。また、大人口を擁する大国家では、一々の法律を国民投票で決めるとなると、手つづきだけで大変である。そこで、多数決原理に或る程度の指導者原理を結びつけ、国民の中から公選された議員を以て議会を組織し、立法は国民代表の議会で行うという方法が、一番実際にかなつているということができる。それが「間接民主主義」である。国会をば国の「唯一の立法機関」であると規定する新憲法は、もとより間接民主主義に則つている。いいかえるならば、新憲法では、国民発案はもとよりのこと、立法に関する国民投票も原則としては認められておらない。ただ、憲法の改正だけは、国会の審議のみを以て決するには事があまりに重大であるという意味で、衆議院・参議院の総議員の三分の二以上の賛成を以て改正案を発議し、国民の直接の承認を求めることを要するものと定めた。すなわち、第九六条は規定していう、「この憲法の改正は、各議院の総議員の三分の二以上の賛成で、国会が、これを発議し、国民に提案してその承認を経なければならない。この承認には、特別の国民投票又は国会の定める選挙の際行はれる投票において、その過半数の賛成を必要とする」と。

議会は、立法に関する国民代表機関であり、普通に国民代表制度といえば議会制度のことを意味するほどにまで、その地位は重大なものとなつている。しかし、広い意味で国民代表という場合には、「主権の存する国民の総意」にしたがつて行政を行う政府も、国民に代つて司法権を行使する裁判所も、その中に含まれるものと見てよい。その中、政府の構成については色々な方法があり得るが、議会中心の民主主義では、内閣は議会の多数党によって組織され、または議会の指名によつて内閣の首班を定めるという仕方が用いられる。新憲法もまたこの方式を採用して、「内閣総理大臣は、国会議員の中から国会の議決で、これを指名する」（第六七条）ものとした。

これは、政府に対する議会の優越であり、権力に対して法の比重を重からしめようとする民主主義の根本態度の現れである。しかしながら、この方針は、その反面また議会に万能の権限を与えることとなり、議会の多数を獲得しさえすれば、何ごとでもなし得ないことはないという、いわゆる多数党横暴の弊を生むおそれがある。それは、ふたたび、権力を以て法を左右せしめるという結果を招く。国家において、力に対する法の面を代表している筈《はず》の議会が、かえつて力によつて法を破る場所とならないとはかぎらない。この弊を防ぐためには、司法権をつかさどる裁判所に法令審査の権能を与え、議会の制定した法律が、——それと同時に、政府の発する各種の法令が、——憲法に違反してはいないかどうかを裁判所をして鑑別させるという方法がある。それが、アメリカ合衆国で行われている裁判所の「違憲立法審査権」の制度である。この制度を採用すれば、そのかぎりにおいて司法権が立法権の上に優越することになる。日本国憲法もこれにならつて、裁判所の法令審査権を認めた。第八一条に、「最高裁判所は、一切の法律、命令、規則又は処分が憲法に適合するかしないかを決定する権限を有する終審裁判所である」といっているのが、それである。

最高裁判所に違憲立法審査権を認めることは、最高裁判所をば「憲法の番人」たらしめることである。しかし、最高裁判所の裁判官といえども人間である。人間である以上、その判断が常に正しいとはいい得ない。例えば、国会が思い切つて革新的な立法を行おうとした場合、最高裁判所の空気が保守的であれば、国会の立法をば憲法の精神に反するという理由で阻止することも、しようと思えばできる。その結果として、今度は最高裁判所の横暴ということにならないとはかぎらない。それを批判する者は誰か。それは、「主権の存する国民」である。最高裁判所の判定は裁判官の間の多数決によるが、各裁判官の意見はその名を明示して国民に発表される。したがつて、国民は、一人一人の裁判官がどういう態度で、どういう行動をしているかを知り、これを批判することができる。単に批判するばかりではない。新憲法は、国民に、好ましくない最高裁判所の裁判官を罷免《ひめん》する権利を与えている。すなわち、最高裁判所の裁判官を任命するのは内閣であるが、それらの裁判官の任命は、「その任命後初めて行はれる衆議院議員総選挙の際国民の審査に付し、その後十年を経過した後初めて行はれる衆議院議員総選挙の際更に審査に付し、その後も同様とする」ことになつている。その場合、「投票者の多数が裁判官の罷免を可とするときは、その裁判官は、罷免される」のである(第七九条)。これは、アメリカで行われている国民解職制度——リコオル制——を、最高裁判所の裁判官に対して認めたものであつて、やはり一種の直接民主主義の現れに外《ほか》ならない。

これが、新憲法によつて描き出されている「国民の総意による政治」の概貌《がいぼう》である。その骨子をなすものは、国民代表の国会を中心とする間接民主主義であるが、その中に、憲法改正についての国民投票および最高裁判所の裁判官に対する国民解職の二つの点で、直接民主主義の要素が加味されている。議会中心主義の政治が行われる点では、イギリスの組織に似ているが、裁判所に違憲立法審査権が認められている点は、アメリカの制度にならつている。そうして、全体を通観していえば、行政権の上には立法権があり、立法権に対しては、法令審査権を備えた司法権が優越し、司法権の上には国民の罷免権が位《くらい》するといつた具合に、層々《そうそう》相重畳《ちようじよう》する位階秩序が築き上げられている。しかも、その国民は、個々の国民としては、末端の行政権にも服従すべき立場にある。かように、国家の権力構造が、国民にはじまつて国民に終る一つの輪のような形で完結しているのが、国民の政治であり、国民による政治なのである。

それでは、この国民の政治、国民による政治は、何を目ざして行われるか。主権の存する国民の総意が政治に求めるところの「目的」は何か。

民主政治は、国民のための政治である。民主主義の政治目的は、国民の福利にある。しかし、国民の福利といつても、それが少数の国民や一部の階級によつて独占された福利であつてならないことは、いうまでもない。民主主義は、「すべての国民」に、ひとしく幸福と利益とをもたらし得るような政治の原理でなければならない。すなわち、民主政治の目的は、国民の「公共の福祉」であり、すべての国民の「人間としての平等」である。すべての人間に対して、ひとしく人間たるにふさわしいエウダイモニアの自己完成を行う機会が与えられるということは、人類が永遠に求めてやまぬ政治の世界の「青い鳥」である。国家の政治は、何よりもまず、国民の人間としての権利を尊重しなければならぬ。故に、日本国憲法は、国民の基本的人権をば「侵すことのできない永久の権利」として保障する（第一一条）。これを更に具体的に説明して、「すべて国民は、個人として尊重される」と規定する（第一三条）。したがつて、すべて国民は、「法の下に平等」であるという立場から、人種・性別・身分による一切の差別を撤廃する（第一四条）。そうして、「すべて国民は、健康で文化的な最低限度の生活を営む権利を有する」と宣言する（第二五条）。これらの規定は、いずれも、新憲法のかかげる政治の目的が人間平等の福祉の実現にあることを物語つている。民主政治は、この目的にかなうことによつて、はじめて正しい政治と認められ得る。主権が国民に存するということも、この「正しい政治の理念」にしたがつて現実の政治を批判し、これを絶えず正しい方向にむけ直すように努力して行くのが、国民の不可譲の権利であると同時に崇高な責任であるという意味に外ならない。

ところで、実際問題となつて来ると、或る一定の社会生活の条件の下で、どういう立法を行い、どういう政治をやつて行くのが、この目的の実現のために最も適当であるかを決めるのは、きわめてむずかしい。経済上の自由競争を許し、国家はなるべくこれに干渉を加えることを差しひかえた方が、各人が利益を求めて努力するから、国民経済の全体としての繁栄が図られるというのも、一つの見方である。自由競争の結果は優勝劣敗となつて現れ、無能な者は落伍することを免れないけれども、その代り、最も優れた経営能力を有する者が国民経済の指導権を獲得するから、国利民福は増進し、結局、最大多数の最大幸福が得られるというのである。それは、「私益は公益と調和する」という楽観主義の予定調和論に立脚する政治の方法に外ならない。第一九世紀の初めから半ば過ぎ頃にかけては、かような考え方が政治の方向を決定していた。しかし、政治上の自由主義を基礎とする資本主義経済が高度化し、大資本が絶大の威力をふるい、中小資本家の大部分は無産階級に転落して、新たに深刻な社会問題をひき起すに及んで、野放図もない自由経済は、到底国民公共の福祉と合致するものではあり得ないことが明らかになつて来た。そうして、一方では政治の力によつて企業を統制し、大資本の万能力を抑えると同時に、他方では各種の労働立法によつて勤労階級の地位を擁護し、経済上の格段の不平等を是正する必要が認められるようになつた。それが、現代的の社会化された民主主義の立場に外ならない。新憲法が、単に国民の「法の前の平等」を原則とするだけにとどまらず、すべての国民が勤労の権利と義務とを有することを認め（第二七条）、勤労者の「団結権」および「団体行動権」を保障しているのは（第二八条）、そのかぎりにおいてかような社会化された民主主義の立場を示すものであるということができる。

しかし、社会民主主義といい、自由民主主義といつても、その間には、無限といつてもよいほどの程度の段階がある。資本主義を社会主義の方向へ修正すると称しても、その線をどの辺に引くかは、きわめてデリケエトな問題である。そのデリケエトな問題の分岐点にあたつて、民主主義の根本態度の特色は、どういう方針を採るべきかを頭ごなしに決定しない点にある。したがつて、民主政治においては、かならず色々な意見が分岐・対立し、その間に甲論乙駁《こうろんおつばく》の自由討議が行われる。そうして、最後の決定は、どの意見に賛成する者が一番多いかによつて下される。すでにくりかえして述べたように、言論の自由と結びついた多数決原理こそは、民主主義の生命であり、本質である。国民の投票の「多数」によつて国民代表の国会議員を選出し、国会での「多数決」によつて法律を制定し、国会の「多数党」が内閣を組織するのが、議会中心の民主主義の本領である。「国民の総意」による政治とは、「多数の支配」である。故に、いかに公共の福祉を第一義の目標とし、「公益は私益に先んずる」というような原則をかかげても、一つの方針を絶対の方針とし、一人の意見を全体の意見として強行しようとする独裁主義は、もとより民主主義ではない。同様に、いかに人間平等の理想を一挙に実現し、勤労大衆の福祉をば断乎として擁護しようとするものであつても、その政策をプロレタリアアトの——実はプロレタリアアトの中の「選良」の——独裁で押し通そうとする立場もまた、民主主義とはいい得ない。多数決原理——それは民主主義のふみ外すべからざる常道である。よしんばそれが遠廻りの、無駄の多い道であつても、この道を墨《ぼく》守《しゅ》して人間共同生活の「青い鳥」を気永に追求して行くのが、国民の総意による政治である。この道を否定しては、民主主義はあり得ない。しかし、その反面、この道を歩まなければならないために、民主主義が、ともすれば左顧右眄《さこうべん》の日和見《ひよりみ》主義となり、多数の赴くところに唯々諾々として追随する機会主義に堕するという弊害の生ずることもまた、十分に念頭に置かなければならない。

二　象徴としての天皇

国民主権主義によれば、政治はすべて「国民の総意」にもとづいて行われる。さかのぼつては、国家の政治組織そのものが、「国民の総意」によつて決定される。したがつて、国民の意志の如何によつては、それまで君主制を採つていた国家の形態を改めて、共和制にすることもできるし、あるいは反対に、君主制をそのままに維持し、君主に大なり小なり政治上の権力を委ねて置くこともできる。のちの場合には、君主制は国民主権の「上層建築」として存立する。それでも、その君主が或る程度の実権を掌握することは、理論上可能であるし、西洋の歴史には、そういう実例も決してすくなくない。

しかしながら、世襲の君主が強大な政治上の実権をもつということは、政治の正しさを偶然の支配にまかせてしまう結果になる。したがつて、政治が合理化して行けば行くだけ、君主の権力が縮小されるのは、きわめて当然な成り行きである。そうして、例えば議会中心の民主主義が発達すれば、立法は議会で行われ、政府は議会の多数党によつて組織されることになるから、君主はただ、議会の立法を形式的に裁可し、政府の長官を儀礼的に任命するというような、名目上の行為だけをつかさどるようになる。君主の地位は、それだけ実質上の権力から遊離し、現実政治から超越することになる。さような君主はあつてもなくても同じことであり、無用の長物であるから、廃止するに如《し》くはないということになれば、それまでである。しかし、それにもかかわらず、今日でも世界にはいくつかの王朝が現存し、いくつかの君主国が過去の光栄を合理主義の現代に伝えている。その理由はどこにあるのであろうか。それは要するに、それらの国々では、君主が国家の全体性を具現し、国民の一体性を象徴しているがために外《ほか》ならない。

すべて、国家は、多数の個人から成り立つている。しかし、国家は、決してただ単なる多数個人の総計ではない。もしも、多数の国民の算術的な総計そのものが国家であるならば、国家の「同一性」というものは認められ得ない。なぜならば、多数個人の集積は、その個人の一人が欠けても、あるいは、新たに一人の個人が加わつても、もはや前と全く同じものではなくなつてしまうからである。まして、一世紀を経て、国家を構成するすべての個人が入れ替つてしまえば、そこにあるものは、前とは違う全く新たなものであつて、決して前と同じものではあり得ないのである。しかるに、人は、そこにただ単なる変化を見るだけではなくて、前と同じ一つの国家が存在していることを認める。国家は、勿論、歴史とともに不断に変化して行くものである。しかし、歴史とは、或る一つのものの変化であつて、決して無から有へ、有から無への断絶的交替性ではない。故に、人が国家の歴史について語るとき、そこには、あらゆる変化にかかわらざる国家の自己同一性というものが、かならず予想されているのである。それが、国家の「全体性」である。かように国家の全体性を認めることは、決していわゆる「全体主義」の立場を採ることではない。全体主義は、国家または民族の全体性を極度に重んじ、逆に個人の価値をば「鴻毛《こうもう》の軽《かろ》き」に比する政治上の世界観であるが、それとは反対の個人主義の立場といえども、すでに国家を肯定している以上、そこに個人の変化を越えた国家全体の自己同一性を何らかの形で承認しているのである。

ところで、かような国家の全体性というものは、目に見、耳に聞くことはできない。個々の国民の活動や変化は目に見えるが、国家全体は感性知覚の対象にはならない。なぜならば、国家の全体性は、国家を一つの国家として存立せしめている「意味」であり、「理念」であるからである。しかるに、人は、そういう理念的な全体性をば、形のあるものによつて具現せしめ、目に見えるものの姿を通じて、恒常不変の理念をば、いつでも、どこでも、はつきりとつかむことができるようにしようとする要求をもつ。それが「象徴」である。国旗をば国の象徴とし、国旗を仰いでその中に祖国の姿を如実に見るのは、国家の全体性の最も普遍的な象徴の仕方である。日本では、昔から三種の神器というものが皇位とともに継承されて、それが「仁」とか「愛」とか「勇」とかいうような理念的な徳を象徴するものと考えられて来た。かくのごとくに、普通には、有形の「物」が無形の理念の象徴とされるのであるが、その象徴が「人」であつてはならないということはない。君主を戴く国家では、世襲の君主が国家の全体性を体現し、象徴しているのである。その国の憲法に、象徴という言葉が用いられているかいないかは、問題ではない。専制君主の制度は、君主が国家の全体性を象徴するという関係を利用して、その権力の強化を図つた。しかし、立憲主義が発達し、その結果として、君主が現実の政治権力から遠ざかれば遠ざかるほど、君主の存在意義は、それだけ国家の全体性の象徴たる点に純化されて行くものということができる。それと同様のことが、国民の一体性についてもいわれ得る。国民の間には複雑な利害の対立がある。したがつて、国民が現実に一体となるということは、極限概念にすぎない。極限概念であるということは、それが理念であるというのと、同じことである。しかも、民主主義は、言論の自由を認め、対立する意見の間の論争を通じて行われる政治である。そうして、対立する意見の間の決着は、多数決によつて下され、多数の意見が「国民の総意」として法を作り、政治を方向づけて行くのである。けれども、現実には、多数の意見は、「多数」の意見ではあつても、国民の「一部」の意見であるにすぎない。数で敗れた反対意見の者は、切歯扼腕《せっしやくわん》している場合もあろうし、多数派の策動や裏切りを憤激していることもあるであろう。それでも、多数決の結果が「国民の総意」として通用するのは、現実の問題ではなくて、理念の問題でなければならない。

そこで、民主主義の君主国家では、君主がこの「国民の総意」の理念的な単一性を象徴する。君主が、議会の多数で決した法律を裁可あるいは公布したり、行政部の長官を任命したりするのは、君主の象徴的機能の現れである。法律を制定する実際の作用は、議会が行うのであつて、君主はこれを拒否することはできない。形式上の拒否権がある場合にも、立憲国家の君主は慣例として決してこれを行使しない。また、議会中心の民主主義では、政府の首脳者は総選挙の結果によつて自働的に決定するのであつて、君主がその寵臣《ちょうしん》を任命するのではもとよりない。しかも、それにもかかわらず、君主が法律を裁可もしくは公布し、あるいは内閣の首班を任命したりする形式が必要とされるのは、それが議会の多数党が作つた法律や、多数党の利益を代表する首相ではなくて、一体として見られた国民の総意の現れであるという理念を象徴しているのである。例えば、日本国憲法の第一五条は、第一項に「公務員を選定し、及びこれを罷免《ひめん》することは、国民固有の権利である」と規定する。その場合の国民とは、意見の対立する現実の国民ではなくて、理念として存在する一体的の国民でなければならぬ。さような一体としての国民が主要な公務員を選任するという行為は、不偏不党の君主によつて最もよく象徴的に行われ得るであろう。かくして選任された公務員は、同条第二項にいうがごとく、「全体の奉仕者であつて、一部の奉仕者ではない」のである。そういう国民の一体性の象徴としての君主の地位は、現実の無権力性にかかわらず、重要な意味をもつといわなければならない。否、この場合には、君主の地位が現実の政治権力から離れれば離れるほど、その象徴的意味はそれだけ夾雑物《きようざつぶつ》のない純粋性を発揮するのである。

かくのごとくに、現実の政治権力を超絶する立場で行われる君主の象徴としての機能は、「代表」ではない。(1)代表という場合には、代表される者が行動するのではなくて、代表する者が行動する。しかも、代表する者は、代表される者の利益や意向を十分に汲んで行動するにせよ、結局は自己の判断によつていかに行動すべきかを決定する。そうして、その行為の効果が代表される者の上に生ずるのである。これに反して、「象徴」としての君主は、さような自主的な判断によつて行動する訳ではない。実体的な行為は、すでにそれに先立つて、別の方法によつてなされているのである。例えば、一体として考えられた国民の立法行為は、議会の多数決によつてなされているのである。これに対して、君主は、実体的にはすでになされている立法行為を形式上裁可し、もしくは立法された法律の公布を行うにすぎない。それは、その立法が議会だけの立法ではなく、ましていわんや、議会の多数党の作った法律ではなく、一体としての「国民の総意」によつて作られた法律であることを「象徴」しているのである(2)。

今日の民主国家の君主は、すべてすでにかような象徴としての存在になつて来ているといつてよい。しかし、それでも、なお君主に多少は政治上の実効性をもつた行為能力が残存している。すくなくとも形式上は、多少とも国政上の実効性をもち得る若干の行為が、君主に専属するものとなつている場合が多い。したがつてまた、君主国家の憲法であつて、君主を「象徴」といい切つてしまうまでに徹底している例はない。しかるに、日本の新憲法は、その点を思い切つて、天皇の象徴としての地位をはつきりと明記するという方針を実行した。すなわち、第一条はこれを規定していわく、「天皇は、日本国の象徴であり日本国民統合の象徴であつて、この地位は、主権の存する日本国民の総意に基く」と。

いまや、天皇は純然たる象徴である。第一には、日本国の全体性の象徴であり、第二には、日本国民の一体性の象徴である。日本は、約千六百年の歴史をもつ。その歴史の永い有為転変《ういてんぺん》は、日本の姿をいくたびか激しく変貌させた。中でも、敗戦による変貌は、まさに未曾有の深刻さを以て行われた。しかも、国民は、そこに変らぬ父祖の国を見、愛する祖国ありと観じている。その単一の日本、全体としての日本、目に見えぬ理念的存在としての日本が、天皇という目に見える形を通じて象徴されているのである。その日本では、政治はすべて国民の意志によつて行われることとなつた。しかし、政治の窮極の主体としての国民は、政争によつて対立する一党一派の国民でもなく、同胞互に呪い合う国民でもなく、闇取引きに不浄の利得をむさぼる国民でもなくて、「常に正しい政治の理念」を追求する一体としての国民でなければならない。現実の立法や政治は、すべて対立する意見の間の多数決によつて行われるが、多数決によつて行われる立法や政治は、さような一体としての「国民の総意」にもとづくものとして意味づけられなければならない。その国民の一体性を象徴するものも、また天皇である。天皇が憲法上、全くの形式としてではあるが、いくつかの重要な「国事」をつかさどるのは、それがかかる一体としての国民の意志によるものであることを象徴する。新憲法が天皇を「日本国民統合の象徴」としている意味は、これをかくのごとくに理解することができるであろう。そうして、天皇の立場をかような象徴として位置づけることが、今後の日本にとつてちようど適当な天皇制のあり方であるということもまた、――現実には第九〇議会の多数決によつて定められたのではあるが、――理念としては「主権の存する日本国民の総意」によるものとしているのである。

日本は永い歴史を有する国家である。その永い歴史を有する日本国が、国家とともに永い系譜を伝えて来た世襲の天皇によつて象徴せられるということは、理論によつては割り切れない意味をもつている。だから、すべての身分上の差別を撤廃した民主日本に、天皇のみ世襲の身分によつて皇位に就かれるのは不合理である、というような「理論」は、天皇制を認める以上成り立ち得ない。したがつて、新憲法は、その第二条を以て、皇位が世襲によるものであることを明らかに規定している。ただし、皇位継承の事を定める皇室典範は、明治憲法では議会の触れることを許さぬ彼岸に置かれていたが、新憲法は、皇室典範もまた、国会の議決によつて制定せらるべきものであるとなした。当然の改革であるが、実質上は、皇位は男系の男子によつて継承せられるという明治憲法の原則に変りはない(3)。

天皇は、憲法の定めるところにしたがつて、いくつかの「国事」を行わせられる。それは、あくまでも「象徴」としての行為であつて、何らの政治的実効力をもともなわない。いいかえると、それは「国政」に関する行為ではない。新憲法第四条が、「天皇は、この憲法の定める国事に関する行為のみを行ひ、国政に関する権能を有しない」といつて、国事という言葉と国政という言葉とを区別しているのは、象徴としての天皇の行為は、もはや何らの政治的権力行動でもあり得ないということを明らかにするためであろう。国政に関する権能といえば、多少とも政治の方向を左右し得る力という意味を含むから、新憲法は天皇についてこれを否定し、純粋の象徴的行為のみが天皇によつて行われることを示すために、国事に関する行為といつているのであろう。これは、まさしく天皇の立場を、完全に現実政治上の権力から純化したものであるといつてよい。前に考察したように、明治憲法の場合にも、天皇は決して自己の意志を以て現実政治を左右しておいでになつた訳ではなかつた。しかも、それにもかかわらず、明治憲法の建前としては、国家統治の大権は天皇に帰属することになつていた。そのために、天皇の意志ではない他の意志が、天皇の統治意志として国民に絶対服従を強いるという、無責任な独裁政治の弊害をかもし出した。新憲法第四条は、天皇統治にまつわるこの禍根を一掃したものといわなければならない。

しかしながら、新憲法によって天皇の地位が純粋の象徴たるものと定められたのは、単に天皇統治にまつわる過去の弊害を除き去るという、消極的な意味だけをもっているのではない。天皇が象徴としてつかさどられる憲法上の「国事」は、国民の一部の意志によって決定されるのではなく、「国民の総意」にもとづいて行われるのである。例えば、内閣総理大臣は、国会の議決によって指名される（第六七条）。また、最高裁判所の長たる裁判官は、内閣によって指名される（第六条二項）。だから、現実には、国会議員の多数意見が内閣総理大臣を決定し、内閣総理大臣を中心とするその時の政府の意向が、最高裁判所の長官を詮衡《せんこう》することになる。しかし、かくして詮衡・決定された行政または司法の最高人事は、一党・一派の利益代表ではなく、国民の総意を代表し、国家の全体に奉仕する民主国家の「公僕」を選任することでなければならない。したがって、その正式の「任命」は、一体としての国民によってなさるべき筋合でなければならない。しかし、「一体としての国民」は理念的な存在であるから、一堂に会することもできず、辞令を手交《しゆこう》する訳にも行かない。そこで、日本国の象徴であり、日本国民統合の象徴であられる天皇が、国会の指名にもとづいて内閣総理大臣を任命し、内閣の指名にもとづいて最高裁判所の長たる裁判官を任命されるのである（第六条）。それによって、これらの任命が、単なる一政党の推薦や、一政党内閣の選定にとどまるものではなく、国民全体の「厳粛な信託」によるものであることが、如実に「象徴」

せられるのである。天皇の象徴的行為には、そういう点から考えて、深い法的意味があるということができるであろう。

そのほか、天皇が象徴として行う国事に関する行為は、第七条に列挙されている。一、憲法改正、法律、政令および条約を公布すること、二、国会を召集すること、三、衆議院を解散すること、四、国会議員の総選挙の施行を公示すること、五、国務大臣および法律の定めるその他の官吏の任免、ならびに、全権委任状、および大使・公使の信任状を認証すること、六、大赦、特赦、減刑、刑の執行の免除および復権を認証すること、七、栄典を授与すること、八、批准書および法律の定めるその他の外交文書を認証すること、九、外国の大使および公使を接受すること、一〇、儀式を行うこと、の十項目がそれである。

天皇の行う国事に関する行為は、第六条および第七条に規定されている事柄だけであって、それ以外にはない。しかも、これらの形式的な行為も、「内閣の助言と承認」とがあって、はじめてなされ得るのである(第三条前段)。故に、人は、新憲法によって天皇の大権は大幅に縮減せられたといい、天皇の政治上の地位は全く無力化されたと称する。それは、その通りである。しかし、第七条に列挙された行為も、第六条に定められた最高裁判所の長官の任命と同じように、実質上は内閣の責任を以て行われるのであるが(第三条後段)、それが天皇によってなされることによって、はじめて一政党内閣の行為としてではなく、国民全体の総意による行為として意味づけられるのである。なお、神道が国家の祭祀としての意味を失った今日では、第七条第一〇号の「儀式」には、もはや祭祀の要素は含まれ得ない。

天皇たるの地位は、皇室典範の規定するところにしたがい、世襲によつて継承される。したがつて、天皇が幼少であられるとか、あるいは長期にわたる故障があるために、憲法に規定してある国事に関する行為を行うのに適しない場合が生じ得る。そういう場合には、皇室典範の規定にしたがつて摂政が置かれる。摂政は、天皇の名において天皇の行う国事に関する行為を行うのであるが、その範囲が憲法の定める天皇の行為のみにかぎられること、および、摂政が国政に関する権能をもたないことは、もとよりいうまでもない（第五条）。なお、特別の必要が生じた場合、例えば天皇の海外旅行のような場合には、天皇は、法律の規定するところにしたがつて、例えば皇太子その他に国事に関する行為を委任することができる（第四条二項）。

これが新憲法に定められている天皇制の概要である。それが国民主権といかに結びついているものであるか、どう考えて行けばそれと国民主権主義との調和が図られ得るか、は、すでにこれまで述べて来たところによつてほぼ明らかにされているといつてよいであろう。それを、前々からの原理的な論究と関連させて、結論的に――したがつて、或る程度の重複をいとわずに――要約するのが、最後に残された仕事である。

（1）美濃部達吉博士によると、「『象徴』といふ意味の語を以て皇帝又は国王の地位を表示することは、諸国の憲法に於いて嘗て其の例を見ない所で、其の意義必ずしも明瞭ではないが、天皇の御一身を以て国家を代表したまふことの意を示すものと解すべきである。」しかし、普通の場合に或る人が国家を代表するといえば、国家の「意思」を代表することを意味する。これに反して、新憲法上の天皇は、そういう意味で国家を代表したまうのではない。それは「意思」の代表ではなくて、「天皇の御一身が形体的に国家の現はれであり、国民統合の表現であると看做されることを意味するのである。」すなわち、「意思の代表ではなくして形体的の代表であり、国家の尊厳・国民の統一が天皇の御一身に依つて表現せられる」という意味に外ならない。美濃部博士・新憲法概論、昭和二二年、五三頁以下。

しかし、法的に「代表」といえば、意志の代表であり、本人に代つて意志行動をすることでなければならない。故に、意志の代表としての意味をもたない天皇の行為は、もはや代表ではないというべきであろう。美濃部博士のいわれる「形体的代表」とは、代表ではなくて、国家の全体性および国民の一体性が天皇において形あるもののごとくに表現されているということである。そうして、そこに新憲法が「象徴」という言葉を用いた特別の意味があると解せらるべきであろう。

(2) 貴族院での憲法改正案の審議の場合には、天皇を「元首」として規定すべきである、という主張があつた。しかし、元首といえば、多少とも、現実の政治的権力をもつものであるような意味が含まれる。新憲法は、それを避けるために、「元首」といわずに「象徴」といつているのである。黒田覚《さとる》氏・新憲法解説、昭和二一年、三二頁以下参照。

(3) すなわち、昭和二二年一月一六日、法律第三号として公布せられた皇室典範第一条には、「皇位は、皇統に属する男系の男子が、これを継承する」と規定されている。

三　新憲法における国民主権と天皇制の調和

新憲法は、国民主権主義を宣言すると同時に、天皇を象徴として位置づけ、そのかぎりでの天皇制を維持した。そのかぎりにおいて維持された天皇制が、憲法のかかげる国民主権主義と「調和」していることは、もとよりいうまでもない。なぜならば、新憲法によれば、天皇が日本国の象徴であり、日本国民統合の象徴であられるのは、「主権の存する国民の総意による」からである。主権の存する国民の総意が或る一定の範囲内で認めている天皇制は、国民主権主義の「上層建築」としての天皇制であり、勿論、その範囲内では国民主権主義となごやかに調和しているに相違ない。

しかし、人は、これに対して、さようにして存置された天皇制が、日本の伝統としての天皇制と同じものであるかどうかを疑っているのである。むしろ、公然とそれを否定しようとしているのである。古来の伝統たる天皇制ならば、天皇は日本の統治権者であられなければならない。主権という言葉を用いるならば、主権は天皇に存しなければならない。しかるに、新憲法は、主権は国民にあるといい、天皇にはもはや何らの政治上の実権も存しないものとした。そうして、いままでのどこの憲法にもない「象徴」という言葉で、天皇を位置づけた。故に、新憲法の天皇は、もはや昔日《せきじつ》の天皇とは、名のみ同じくして実は全く違うものである。それは、歴史の伝統を根本から断絶せしめるような意味で、天皇制を変革した。単に申し訳のような形で、名目だけの天皇制を維持した。そのような換骨奪胎の天皇制が国民主権主義と調和しているといっても、それはもはや真の天皇制と国民主権との調和ではあり得ない。これに対して、もしも国民が今日の天皇の中に昔日の天皇の片鱗でさえも見出そうとするならば、さような天皇制は国民主権主義とは絶対に相容れ得ない。だから、——と論者は結論するであろう、——新憲法の国民主権主義は真の天皇制とは決して調和しない。新憲法によつて国体が変革されたというのは、正《まさ》しくそういう意味である、と。

なるほど、もしも明治憲法第一条の規定している天皇の統治が、天皇による現実の統治権力の行使を意味するならば、そうして、もしもそれが建国以来の天皇制の実体であるならば、新憲法によつて規定された天皇制は、それとは全く本質をことにするものとなつていると認めざるを得ないであろう。しかしながら、明治憲法の下においても、天皇が現実に最高唯一の統治意志の決定者として行動しておられたとは認め難い。まして、日本が、建国以来常に明治憲法の規定するような統治形態を維持して変ることがなかつたというがごときは、明らかに歴史上の事実に反する。現実の政治上の最高権力は、天皇に存したこともあるし、天皇から全く離脱し去つたことも、また、しばしばだつたのである。故に、天皇の立場を現実の政治権力から全く隔絶せしめている新憲法が「国体の変革」を意味するならば、日本の国体は、これまでにもしばしば変革されたことがあるといわなければならない。また、天皇統治という形式は、もしもそれが現実政治の根本原則を意味するならば、すくなくとも最後のところで日本の政治を個人の専制にゆだねているのである。そういう専制的・独裁的の政治形態が新憲法によつて変革されたからといつて、それを惜しむべき理由は毛頭存しない。逆にまた、もしも天皇統治という形式が、現実の政治形態としての実体をもつものではなかつたとするならば、天皇の統治とは過去の日本においても単なる名目にすぎなかつたのである。その天皇制が新憲法によつて単に名目上存置されることになつたからといつて、それを天皇制の本質の変革であると論ずるのは、理由のないことであるといわなければならない。

事実、日本の伝統としての天皇統治は、決してさような現実政治の形態ではなかったのである。現実政治の形態としての天皇統治は、常に変らないものではなかったし、常に変らないものであるべきでもないのである。これに反して、日本国民によって、常に変るべからざるものとして仰がれて来た天皇の統治とは、「正しい統治の理念」であった。国民は、常に正しかるべき統治の理念をば、天皇の統治という形で具象的に仰いで来たのである。故に、天皇は、昔から正しい統治の理念の「象徴」であられ、「君が代」は、かかる象徴的な意味において永遠性をことほがれていたのである。

しかしながら、正しい統治の理念を天皇の統治として仰ぐということも、それが現実政治とのかかわりをもつようになると、重大な弊害を生むことを免れない。なぜならば、天皇の統治ならば常に正しいということになると、どんな政治も天皇の名の下に美化され、不合理な政治や、強引な政治や、不正な政治ですらもが、批判を許さぬ正しい政治として強行されるにいたるからである。そこで、新憲法は、この弊害を根絶するために、明治憲法第一条の表現形式を廃止した。そうして、その代りに、主権は国民にあるという表現の仕方を用いた。しかし、国民主権ということも、つきつめれば、同じ「正しい統治の理念」の表現形態に外《ほか》ならない。だから、天皇の統治といっても、国民の主権といっても、「ノモスの主権」たる理念の内容においては、何も変るところはないのである。ただ、同じノモスの主権をば、天皇の統治としてではなく、国民の主権として宣言することは、国民の政治に対する自力本願・自己責任の態度の表明として、格段の進歩的な意味をもつ。なぜならば、国民の政治的自覚が高まり、公明な世論によつて立法が方向づけられ、自由な言論によつて政治に不断の批判が加えられるようになれば、国民主権の理念は、次第に実体性をもつた政治の原理となつて行く可能性があるからである。その意味からいつて、新憲法が政治の根本原則の表現形態を天皇統治から国民主権に改めたことは、大きなプラスの変革として高く評価されてしかるべきである。

国民主権主義によれば、政治の主体は国民にある。国民を主体とする政治とは、「国民の総意」を以て立法および行政の方向を決定して行く政治のことである。しかし、国民の総意による政治ということも、文字通りに取れば、やはり一つの理念であつて、現実ではない。現実には、国民の総意による政治は、「多数決原理」によつて行われる。国民の投票の多数が国会議員を決定し、国民の支持の多数が一つの政党を国会の多数党に仕立て、国会の多数党が立法の指導権を握り、更に、内閣を組織する。それ故に、民主政治は「数の政治」である。もしも民主主義が多数決原理を否定するならば、それはもはや決して民主主義ではあり得ない。

多数決原理は、一応の立場として相対主義に立脚する。相対主義の反対は、いうまでもなく、絶対主義である。絶対主義は、対立するいくつかの意見の中のどれか一つだけを正しいとし、他の意見を数の如何にかかわらず排斥する。故に、絶対主義は多数決原理を否定する。それとともに、民主主義を否定して、独裁主義になる。これに反して、民主主義は、対立する意見のどれか一つだけが絶対に正しいと頭ごなしに決めてかかることを避ける。したがつて、対立するさまざまの見解をば、一応ひとしい価値をもつものとして取りあつかう。そうして、その中から多数の支持する意見を取り上げて、それによつて立法および政治の方針を決めて行くのである。

けれども、多数の支持する意見ならばかならず正しいという保障は、どこにも存在しない。実際には少数意見の方が正しいこともある。万人から奇矯《ききょう》の言として抹殺されたただ一人の判断が、真に先見の明に立脚している場合もある。故に、もしも民主政治が、事の理否の如何にかかわらず、ただ多数の赴くところに追随するようになると、その結果は多数の横暴を許すことになる。多数を獲得するための権謀術数が横行し、徒《いたず》らに反対党の非をあばいて、その勢力を失墜させることに浮身をやつすようになる。それは、最も恐るべき民主政治の堕落である。民主政治は、常にこの堕落を戒《いまし》めなければならぬ。数によつて行われる現実の政治を、正しいノモスの理念にしたがう「理の政治」に接近せしめるように、不断に努力して行かなければならない。いかなる多数といえども、多数なるが故に何ごとをもなし得る絶対の力ではなく、正しい政治の理念にはかならずしたがうべきであるという根本原則を確立して置かなければならない。

国民主権主義が、現実には多数決によつて行われる政治を、「国民の総意」による政治として意味づけているのは、正《まさ》にこの根本原則の表明に外ならないのである。もしも政治家がこの原則の前に謙虚であるならば、多数党といえどもよく少数の意見に耳を傾け、反対党の見解といえども正しいものは正しいとして採用することにやぶさかではあり得ないであろう。また、もしも国民がこの原則の真の意味を明察するならば、多数によつて運用される議会政治に対して常に主動的な批判を加え、少数意見の方が正しいということを経験によつて知り得た場合には、少数党を多数党に育て上げ、これに立法と政治とを指導せしめるように力《つと》めて行くであろう。かくしてはじめて、現実の民主主義の「数の政治」を、ノモスの主権にしたがう「理の政治」に次第に近づけて行く道が拓かれる。

だから、民主主義においては、多数によつて決定された政治の方針を、単なる多数党の政治方針としてではなく、国民の総意による政治方針として行うという形が、是非とも必要なのである。しかし、それは、形のない形であり、姿のない原則であつて、そのままではいまだあまりに抽象的でありすぎる。故に、この原則に形のある形を与え、それを具象の世界にはつきりと示すということは、きわめて意味の深いことであるといわなければならない。そこで、新憲法では、この形のない原則が、天皇という形のある形を通じて具象化せられることとなつているのである。

日本の伝統によれば、天皇は「常に正しい統治の理念」を具象化して来られた。その天皇の立場から一切の現実政治上の夾雑物《きようざつぶつ》を除き去つたものが、「象徴としての天皇」である。象徴としての天皇は、目に見えぬ国民全体の、目に見える形として、内閣総理大臣や最高裁判所の長官を任命し、改正された憲法や法律や政令や条約を公布せられる。それによつて、多数の決めたことが、国民全体の行為として意味づけられるのである。かくて、象徴としての天皇の行為は、無意味な形式ではなくして、国民主権主義の理念と意味とに満ち満ちた最も重要な国事となる。それが、新憲法における国民主権と天皇制との真の調和である。それが、歴史の伝統を断絶せしめることなしに、しかも、歴史の伝統にまつわる宿弊《しゅくへい》を洗い浄《きよ》めたところの、新らしい時代にふさわしい新らしい天皇制の姿に外ならない。

第六章　ノモスの主権について

一

　私は、国民主権と天皇制について国家学会編『新憲法の研究』の中で論じ、同じ考え方をおしひろめて、『新憲法大系』の一冊として『国民主権と天皇制』という小著を書いた。これに対して、宮沢俊義教授は『国民主権と天皇制とについてのおぼえがき』という論文を国家学会雑誌（第六二巻第六号）に発表し、私の理論を懇切に批判せられた。私は、教授から受けたこの学恩に対して深く感謝すると同時に、その批判に答える責任を感ずる。この小論は、その「答え」である。

　国民主権と天皇制の問題についての私の議論は、一方からいえば、一種の政治論である。その目的は、日本国憲法にあらわれた「象徴としての天皇」の地位に、単なる間に合わせや気やすめというだけでない意味を与えると同時に、明治憲法からの移りかわりが、「木に竹を継いだ」ような細工ではなくて、その間に「生きた民族精神の血」を通わせて見たいというにあつた。それ故に、私の意図は、「一言でいえば、新憲法における天皇制のアポロギヤである」（前掲国家学会雑誌、三三三頁）といわれる宮沢教授の言葉は、まさにその通りであり、それはまた、小著を読まれた読者のだれにでも、一目瞭然《りようぜん》であるに相違ない。

明治憲法の下では、天皇は日本における統治権者であり、その地位は絶対に尊厳なものとして仰がれていた。そこには多分に神がかり的な狂信があり、その線から一歩でもそれた考え方を許すまいとする横暴な強制が加わってはいたけれども、永い間の教育の力もあつて、天皇尊崇の気もちが大多数の国民の胸に純真にしみ込んでいたという事実もまた、否定できない。太平洋戦争の惨澹たる敗北は、天皇統治の美名にかくれていた幾多の不正や不合理を、白日の下にさらけ出した。心ある国民は、天皇制をいままで通りの形で維持し得ないことを知つた。しかし、新憲法ができたときの諸般の事情からいつて、新らしい天皇制の規定の仕方が国民の多くを承服せしめ得るかどうかには、大きな疑問があつた。私は、『新憲法の研究』の中に書いたように、「日本人がよほどの軽薄な国民でないかぎり、今日となつてはかえつて黙して語らない国民精神の底流に、二千年来の伝統と考えられている国家組織の根本性格をここで全く変えてしまうことに対する、無言の反撥がひそんでいること」(同書、二一頁)をおそれた。新憲法の天皇制が、過去の伝統にまつわる弊害を一掃すると同時に、日本民族の歴史的つながりを中断しているわけではなく、国民主権の理念とよく調和し得るものであることを立証しようとした私の試みは、新憲法が日本の民主政治の将来に禍根を残すことがないようにしたいという、いわば「政治的」な老婆心のあらわれにほかならない。

しかし、私がこの問題を論じた意図は、決してそれだけではない。私は、それと同時に、この問題をば、自分自身の専攻する法哲学の立場から考察して、私が正しいと考える一般的な理論を、日本の国家体制という特殊の場合にあてはめて見ようとくわだてたのである。

私は、例えば拙著『法の窮極に在るもの』の中で述べているように、法が政治によって作られ、政治によって支えられ、政治によって変革されるものであることを、一応は認める。ところで、法を作り、法を支え、法を動かして行く政治には、いろいろな理念があり、理想があるが、対立する政治動向のどちらが勝ち、どちらが立法や法の変革の主導権をにぎるかは、理念の優劣ではなくて、結局は実力の問題だと考えられている。政治は実力の抗争である。実力の抗争によって進展する政治の世界では、強いものが勝つ。勝ったものが、その思う通りの法を作る。それをそのまま認めることは、実力が法に優越するという関係を承認することである。マイト・イズ・ライト〔Might is right（力は正義なり）〕という命題を、真理として肯定することである。そうして、人は、そのように政治の方向を最後的に決定するのが主権の作用であるという。さような考え方もまた、主権をば、法を思う通りに動かし得る実力としてとらえている。しかし、法は、はたしてかくのごとくに政治の意のままに動かされる傀儡《かいらい》にすぎないであろうか。主権とは、法を思うがままに動かす政治的な最高決定力と解されてよいものであろうか。

私は、法哲学を専攻する者として、そこに最も重大な問題を見出す。そうして、この問題をば、法実証主義のように実力決定論の方向へはもって行かないで、いかなる政治上の実力といえども法の根本原理にはしたがわざるを得ない、という結論にみちびいて行こうと思い、かつ、そうすることが可能であると信じている。

なるほど、法は政治によつて作られ、政治によつて支えられ、政治から見放されれば、実定法としての効力を喪失する。しかし、法をその意のままに動かしているかに見える政治にも、その則るべき筋道がある。それは、与えられた具体的な条件の下で、できるだけ多くの人々の福祉をできるだけ公平に実現して行かなければならないという筋道である。この筋道を無視したり、ふみにじつたりする政治や実力は、やがて多くの人々の不満をつのらせて、王座から脱落せざるを得なくなる。私は、かような政治の正しい筋道をば、「政治の矩《のり》」と名づけ、あるいは「ノモス」と呼んだ。いかなる政治も、ノモスにはしたがわなければならない。したがつて、政治の方向を最後的に決定するものを主権というならば、主権はノモスに存しなければならない。それが、私のいう「ノモスの主権」である。

日本では、これまで、ノモスの主権をば「天皇の統治」という形で具象化していた。その弊害が明らかになつた今日では、同じノモスの主権は「国民の主権」としてとらえられることになつた。それは、日本の国家体制の大きな変革ではあるが、主権をば政治を動かす最高の実力意志と見ず、政治を動かす実力意志のさらに根柢に、正しい政治の矩としてのノモスを認めるという意味では、その間に一貫したつながりがある。私は、そう説いて、ノモス主権論による国民主権と天皇制の調和をはかつた。

宮沢教授が主として批判の的とされたのは、このノモス主権論である。

私の理論には、いま述べたような二つの意図が含まれているのであるが、教授は、その中の第一の意図、すなわち「天皇制のアポロギヤ」を試みようとした私の意図については、「批判さるべきなにものもない」とされる（前掲三三頁）。むしろ、教授自身もまた、「新憲法の定める天皇制には、賛意を表しているものである」といわれる（三四頁）。しかし、教授によれば、私がそのアポロギヤをばノモス主権論によつて試みたことがまちがいなのである。というのは、私のノモス主権論がまちがいだからである。それればかりではない。私の所論は、天皇制を国民主権的に基礎づけようとする熱意に燃えるのあまり、「本来理論的に説明さるべき問題を、たぶんに感情的・前理論的に扱いすぎたきらい」さえあるというのである（三四頁）。はたしてそうであろうか。

私は、ここにおいて、さらに「ノモス主権論のアポロギヤ」を試みなければならない。

二

宮沢教授は、議論の当然と順序として、まず主権という言葉の意味を明らかにされる。教授によれば、主権とは、「国家の政治のあり方を最終的にきめる力」をいう。これを、「国家における最高の意志」といつてもいいし、「最高の権力」といつてもいいし、また、「最後の決定権」といつてもいい。いずれにせよ、それは政治のあり方をきめる意志なのであるから、その意志は、主体をもたなければならない。しかもそれは、具体的な内容をもつた意志なのであるから、主権の主体は、具体的な人間でなければならない。君主主権の場合には、そのような主権の主体は君主である。これに反して、国民主権の場合には、主権の主体は国民である。国民の中のだれそれではなくて、だれでもである。つまり、君主という特別の資格をもつた人間ではなくて、Jedermann〔あらゆる人〕である。いいかえると、国民主権の原理は、主権が君主というような特定の人間に属していないということを主眼とする。だから、君主主権と国民主権とは、根本の建前がちがう。したがつて、天皇主権と国民主権とは、互に全く相容れ得ない反対の原理である（六頁以下）。

かように、主権の主体は常に人間でなければならないのに、往々にして人間以外のものが主権の主体としてもち出されることがある。宮沢教授は、そういう主張の代表的なものとして、国家主権の主張を挙げておられる。国家主権論は、主権が君主にあるのでもなく、さりとて国民にあるのでもなく、国家にあると主張する。しかし、教授によれば、いま述べたような意味での主権が国家にあるということは、問題を回避または延期するだけであつて、問題の答えにはならない。なぜならば、ここに問題とする主権は、具体的な内容をもつ政治意志を最終的にきめる力である。しかるに、国家が法人であり、意志をもつとしても、国家という人間以外のものには、その意志を具体的にきめる能力はない。国家意志の内容は、だれか人間によつて具体的にきめられなければならない。それを最終的に決定するのはだれであるかということが、ここにいう主権の問題である。だから、主権は国家にあるといつただけでは、主権問題の解答としては意味をなし得ない（八頁以下）。

ここまでは、非常に筋の通つた、よくわかる議論である。もつとも、宮沢教授は、主権をあくまでも、国家の政治のあり方を最終的にきめる「力」としてとらえられる。それは、主権をば実力概念として構成する——私にいわせれば法の理念にしたがつて改鋳《かいちゅう》せらるべき——旧《ふる》い型の主権理論である。まさにそこに問題があるのであるが、その点をしばらく論外に置くとすれば、この、筋の通つた教授の議論は論理的に正当である。私も、主権をば、政治のあり方を最終的にきめる人間の意志力と考えるならば、それについて、主権は国家にあるとか国民共同体にあるとかいうことは、意味をなさないと思う。

しかし宮沢教授は、ここで少しばかり廻り道をされる。それは、国家主権と君主主権あるいは国民主権とは、互に両立するという議論である。教授によると、国家を法人と見なし、それを統治権の主体と考えても、結局やはりその国家の統治意志の内容をだれが最終的にきめるかという問題が残る。それが、教授の問題とする主権の所在である。その意味での主権は、君主にあるか、国民にあるかである。だから、国家法人説を採り、国家主権論を唱えても、それとは別個に、君主主権も成り立つし、国民主権も成り立つ。いいかえると、国家主権は君主主権とも矛盾しないし、国民主権とも両立する。なぜならば、国家主権と君主主権あるいは国民主権とは、「たがいに次元を異にする問題」だからである。多くの学者は、この点を誤解して、国家主権説に加担すれば、君主主権も国民主権も成り立たないと思い勝ちである。けれども、それは誤解であり、したがつて、まちがつている（九頁以下）。

宮沢教授は、こういわれるのであるが、そこには明らかに同一用語の二義使用が存在する。なるほど、国家を法人として理論づけることは、法学上の概念を構成する上からいつて、きわめて便宜である。国家は国際法上の権利・義務を有するとか、国家と私法上の契約を結ぶとか、国民は国家に対して訴権をもつとかいう場合には、国家は一つの法人として観念せられている。そういう風に観念したからといつて、それが君主主権や国民主権と矛盾するものでないことは、明らかである。しかし、教授が問題としておられる国家法人説は、単にそれだけのものではなく、さらにすすんで、国家をば統治権の主体と見ているのである。統治権と主権とは、言葉が違う。しかし、国家法人説の主張者は、統治権を主権と呼ぶこともある。教授の引用している美濃部〔達吉〕博士の言葉によれば、国家に属するとされる主権は、「統治の権利」であるのに対して、君主とか国民とかが主権を有するという場合の主権とは、「統治の権能」であるということになるらしい（一三頁）。この区別もあまりはつきりとしたものではないが、そういう風に二つの別個の概念が問題となつているのであるならば、それを両方とも「主権」と名づけて、その間に矛盾がないと主張するのは、はなはだまぎらわしい理論の立て方であるといわなければならない。一方が主権であるならば、他方は主権ではないのである。宮沢教授は、主権という言葉が多義に用いられることを指摘し、そのために必要以上の混乱が生ずることを戒《いまし》めておられるが（四頁）、二つの別の意味の主権という語を併用している美濃部博士の理論を引用し、それを、国家主権と君主主権または国民主権とが立派に両立するという教授の主張の最も有力な傍証とされるのは、まさに「必要以上の混乱」を生ぜしめる所以ではなかろうか。美濃部博士が憲法学の大家であられたことは、何人《なんぴと》も疑わないところであるが、国家法人説の代表者たる博士が明治憲法の基本主義の一つとして「君主主権主義」をあげておられるからといつて、国家主権と君主主権とが両立し得るものであることが、「容易に理解され」るようになるとはかぎるまい（一二頁）。

主権は「最終的」にせよ、「最高的」にせよ、国家における政治のあり方を決定するところのものである。そのような最終的もしくは最高的なものが二つ以上あるというのは、おかしなことである。もしも、宮沢教授のいわれるように、主権が政治のあり方を最終的に決定する具体的な人間の意志であるならば、主権は君主主権か国民主権かのいずれかであつて、国家主権ということは否定されなければならない。逆に、それにもかかわらず、君主主権または国民主権の立場に立つて、なおかつ国家主権を認める余地があるならば、それと同じ論法で「ノモスの主権」を認めても、一向にさしつかえないはずである。現に教授は、君主が神の意志に従属するものと考えられる場合が多いことを指摘し、その意味で明治憲法は「神《しん》勅《ちよく》主権」の原理に立脚するものともいい得るとしておられる（七頁）。それならば、明治憲法も新憲法も「ノモスの主権」の原理に立脚するといつても、すこしもおかしいことはないはずであろう。

さて、しかし、教授は、一方では「国家主権」を認め、「神勅主権」をさえ認めつつも、他方では、それらはいずれも「ここでの主権の問題に対する答えにはなりえない」とされる。なぜならば、主権は国家にあるといつても、神の意志にあるといつても、その主権意志の内容は、具体的な人間によつてのみ決定される。その内容を最終的に決定するものはだれかということが、ここで問題とする主権の所在である。したがつて、主権は国家にあるといつて見ても、神の意志に存するといつて見ても、「それは、せいぜい、問題を回避し、あるいは、延期することに役立つだけである」（一三頁）。そこで、教授はそれと同じような考え方の一つとして「ノモス主権」の理論を取り上げ、それが「ここでの主権の問題に対する答えにはなりえない」ことを明らかにしようとされる。それが、宮沢教授の批判の本筋である。故に、私もまた本筋に立ちもどつて、教授の理論をあとづけ、それによつて私自身の立場をもつとはつきりさせることを試みて見よう。

三

私が「ノモスの主権」というようなことをいい出したのは、前に述べたように、天皇制と国民主権との間に何らかの「血のつながり」を見出そうとする政治的な意図にもよるのであるが、それをはなれて見ても、それが、法哲学の立場からする主権概念の批判として、十分に成り立つ議論であると考えたからである。このことは、主として『国民主権と天皇制』という小著——本書——の第二章で論じたところであるが、ここでその論旨を改めてごく簡単に述べて置くこととしよう。

普通には、主権とは、国家における最高の政治的権力の意味に解せられる。宮沢教授にならつて、それを、「国家の政治のあり方を最終的にきめる力」というならば、その意味はいつそうはつきりする。それは、政治のあり方をきめる力であり、それ自身一つの政治的な力である。国家にはそのような力の根源があつて、それが法を作る。なかんずく、それは憲法を作る力である。故に、シエイエスやカアル・シュミットは、普通には主権と呼ばれるこの力を、「憲法制定権力」と名づけた。この力は、最高のものであり、最終のものであり、絶対のものである。したがつて、この力の担い手がA型の政治を好めば、A型の憲法ができる。同じその主権者がB型の政治に走れば、B型の憲法ができる。ドイツのワイマアル憲法は、「国権は国民に由来する」（第一条第二項）と規定した。そのドイツ国民は、「政治のあり方を最終的にきめる力」を発揮して、十数年にしてワイマアル憲法を破壊した。かくて、憲法は、政治の力の動くがままに動く。宮沢教授の名言をかりれば、法は「政治の子」である（法および法学と政治、牧野教授還暦祝賀・法理論集、二七〇頁）。逆にいえば、政治は法の親である。しかも、甘い母親ではなくて、きわめて専制的な父親である。子は、この親のいうがままに動かざるを得ない。かように、法をその思うがままに動かす最終的な力、それが主権である。普通に説かれる主権をば、普通に説かれるがままの意味に解するならば、こういう成りゆきを認めることにならざるを得ないと思う。

しかし、私は、このような主権の概念に対して根本的な疑いをもつ。君主が主権をもとうと、国民が主権をもとうと、その主権意志の動きの如何によつては、今日の憲法を十年後には無惨に引き破つて、紙屑籠の中に棄ててしまうこともできるような、そのような主権があるということを疑う。

日本国憲法は、「主権の存する国民の総意」によつて、天皇の象徴としての地位を定めたのであるといつている。しかし、かりに璽光尊《じこうそん》を狂信するような気もちが日本人の心の大部分を支配する時が来て、日本国憲法を破棄し、明治憲法よりももつと度はずれた神勅《しんちょく》政治を樹立しようとしたとして、「主権の存する国民の総意」を以てすれば、そういうこともできるのであろうか。もちろん、そのようなことは、事実としては起り得ないに相違ない。が、学問は、いろいろなゲダンケン・エキスペリメント〔Gedankenexperiment（思考実験）〕をして見る必要がある。主権とは、はたしてそのようなことをも可能ならしめる力であろうか。

もちろん、学者の中には、かりにそういう政治勢力が国民の大多数の支持を得れば、当然そのようなことも起り得ると考える人がすくなくないであろう。徹底した実力主義の社会学者は、そう見るだろうし、世界観において虚無的な法実証主義者もそう見るであろう。あるいは、ヘエゲルのように、「現実的なものは理性的である」といつて空うそぶくことのできる汎ロゴス主義者も、そう見るかも知れない。

しかし、良識を以て行動する多くの人々は、そうは見ないであろう。いかに「主権の存する国民の総意」だからといつて、十年後に憲法第九条を破棄し、日本は侵略戦争を国是とする国であると規定することができるとは、だれも考えないであろう。それが「できない」という理由は、一面では事実の見透しによるであろう。いまの日本が短年月の間に侵略戦争を企て得るようになるとは、よしんばどんな隠れた軍国主義者があつたとしても、思わないだろうし、諸外国の監視の下でそのような動きが許されるはずもないことは、だれの目にも明らかである。しかし、それが「できない」というもつと根本的な理由は、国際社会の信義を破り、国民自らをふたたび塗炭《とたん》の苦しみ以上の境涯に突き落すことは、いかなる主権の力を以てしても、なすべきことではないと考えるからであるに相違ない。そう考えるとき、それが「できない」というのは、もはや事実上の「不可能」ではなくて、規範的に「そうしてはならない」ということを意味しているのである。そこに、「国家の政治のあり方を最終的にきめる」いかなる力といえども、それを乗り越えることのできないノモスがある。

いま試みたゲダンケン・エキスペリメントは、「主権の存する国民の総意」が、実際には起るはずもないであろうところの「反動」の方向に動いた場合であるが、今度はこれを逆に、いわゆる「進歩的」な方向にむかつて考えて見よう。

日本国憲法が「主権の存する国民の総意」によつて天皇を日本国の象徴として位置づけたとき、実際には国民の中にいろいろと反対の気もちが動いていたようである。一方では、明治憲法の天皇統治の建前を動かすまいとする、現状維持に近い考えがあつたことも事実であるが、他方では、象徴としてであれ何であれ、いやしくも天皇制を存続させることは、反動勢力のために屈強の温床を残す所以であるとして、天皇制の廃止を唱えた人々もあつた。その中にあつて、穏健ではあるが「進歩的」な人々は、大体として新憲法の天皇制を承認しつつ、しかし、やがては天皇制が無用になるときが来るであろうと考えたようである。象徴としての天皇ならば、あつてもなくても同じようなものだし、「日の丸の旗」でも一向にさしつかえない。ただ、国民の感情がなお強く天皇制への執着を示している現在では、これを早急に廃止することは、考えものであるし、おそらく不可能であろう。とすれば、当分の間は、改めて象徴として位置づけられた天皇制を、このままに存続させて行く方がよい。これらの「進歩的」な人々の考え方は、大体としてこのようなものであるらしい。新憲法の定める天皇制に賛意を表する宮沢教授も、「私は、決して現在、天皇制を廃止すべきものと考えているわけではない」といっておられるところを見ると（三四頁）、ほぼこれに近い考え方であろうと推測される。

そういう人々は、日本の政治が民主主義の線に沿って十分に成長し、日本人が物事をすべて合理的に判断して行動するようになった暁《あかつき》には、レフェレンダム〔referendum（国民投票）〕によって天皇制を廃止してしまってもよいと思うであろう。或る人々は、早くそうなるべきだと思うだろうし、宮沢教授は——おそらくは——そうなればそうなったでそれもよいと考えられるであろう。だが、なぜ、「主権の存する国民の総意」は、憲法の第九条を前にいったように変革することはできないが、第一条を廃止することはできるのであろうか。なぜならば、前の場合には、いかなる「主権」の力を以てしても、人類に戦争の脅威を与え、国民自らの福祉を破壊することは許されないからである。これに対して、後の場合には、——すくなくともそれらの人々には、——あるいは反動勢力の利用するところとならないとはかぎらない、時代おくれの、そうして貧乏国にはぜいたくな天皇制を、それをやめてさしつかえないだけの状態においてやめることは、国民の福祉のためにプラスの意味があると思われるからにほかならない。

だから、いわゆる「主権」の力といえども、決してオオル・マイティイ〔almighty〕ではない。それには、やつてできることと、やつてはならないことがある。そのけじめを定めるものは、国民の福祉であり、国際社会の信義であり、秩序と公平であり、法の根本原理であり、ノモスである。それが政治の根本のあり方をきめるのである。故に、「国家の政治のあり方を最終的にきめる」ものが主権であるならば、主権はノモスにある。いかなる力もノモスにはしたがわなければならない。その意味では、いかなる「力」も主権ではない。したがつて、主権をば、国家の政治のあり方を最終的にきめる「力」としてとらえることは、まちがつている。主権を一つの実力と見なす概念構成は、この角度から批判され、改鋳《かいちゅう》されなければならない。

四

私のこのような主権概念の批判、そうして、そこからみちびき出されたノモス主権論に対して、宮沢教授は次のごとくに再批判される。

いかなる力といえども、いかなる地上の権力者といえども、ノモスにしたがわなければならないと論ずるのは、それでよい。そういう問題も重大なものであることを、疑うわけではない。そのような意味で「ノモスの主権」という言葉を用いるとするならば、だれもそれを否定しようとはすまい。「西洋の王権神授説だとて、右にいわれたようなノモスの主権を否定はすまい」（二三頁）。しかし、主権がノモスにあるといつて見たところで、「ここで問題としている」主権の所在についての答えにはならない。問題は、国家の政治のあり方をきめる「地上の世界での最高の権力者」はだれか、ということである。それは、具体的な「人」を問うているのであつて、ノモスとか、正義とか、ロゴスとかいうような抽象的な「理念」を問うているのではない。それなのに主権はノモスにあるというのは、主権は国家にあるという場合と同様に、全く違つた問題に答えているにすぎない（一五頁以下）。

「ノモス主権（論）は、君主が主権者であるにしろ、国民がそれであるにしろ、その政治意志の決定はノモスに則してなされなくてはならないという――いわば自明な――原理をいうだけのことである。それは、もちろん、すべての人の承認するところであろう。しかし、そういうノモス主権が承認されたとしたところで、ここでの問題は、それによつて、少しも解決されはしない。ノモスが主権をもつ。よろしい。ところで、そのノモスの具体的な内容を最終的にきめるものは誰か。人は、どこまでもこう追及するであろう」（二一頁以下）。

「政治のあり方は、ノモスにもとずいて定められなくてはならない。しかし、ノモスというものは、具体的な内容をもつてわれわれに現前するものではない。誰かがノモスの具体的な内容を定めなくてはならない。その『誰か』がここでいう主権の主体である。君主という特定人がその『誰か』だとする建前が、君主主権であり、君主とか、貴族とかいう特定の身分をもつた人間がその『誰か』たる地位を独占することを否認する建前が、国民主権である。したがつて、君主主権は国民主権と両立せず、一方の是認は、論理必然的に、他方の否認を意味する」（二一四頁）。

　これは、私のノモス主権論の急所を衝《つ》いた批判である。私も、主権はノモスにあるといっただけで、問題が解決されるものでないことは、十分に承知している。だから、私は、ノモス主権論がいわゆる「法主権論」のように、人間的な「主体性」から切り離された、単なる「規範の支配」を認める理論に帰着することがないように、相当の注意を払つた（本書六四頁以下）。ノモスの主権といおうと、法の主権といおうと、現実の法を作るものが現実の人間であることに変りはない。何がノモスであるかをきめ、それによつて法を定立するものは、君主のような特定の身分をもつた人間か、しからずんば、特定人でない国民のだれでもであるか、そのいずれかでなければならないという宮沢教授の主張は、正しい。その意味では、私は教授の批判に承服する。

　しかし、宮沢教授によれば、君主であれ、国民であれ、ノモスの内容を具体的に決定する立場にある人は、それによつて国家の政治のあり方を「最終的」に決定する「力」をもつているが故に、主権の主体なのである。これに対して、私によれば、それらの人々は、ノモスの具体的な内容をきめる力をもつてはいても、その具体的なノモスの内容は、国民の福祉とか、人間平等の理念とか、正義と秩序との調和とかいうようなノモスの根本原理にかなつたものでなければならない。したがつて、君主にせよ、国民にせよ、国家の政治のあり方を、いいかえれば、具体的なノモスの内容を、「最終的」に決定する立場にあるとはいい得ない。政治を通じて、あるいは、政治的に活動する人々の意志や行為を通じて、具体的なノモスの内容を「最終的」に方向づけているものは、ノモスの根本原理である。地上のいかなる力も、それを「最終的」に無視することはできない。その意味で、君主であれ、国民であれ、それらの人々のもつ「実力」を主権と名づけることは、非常に問題である。

　ここに「非常に問題である」といった言葉を、さらに度を強めて、否定的ないいあらわし方を用いるとすれば、それは、結局は主権否定論に到達するであろう。宮沢教授は、私がノモス主権の理論をいくらくりかえしても、「ここでいう」主権の問題の答えにはならぬ、といわれる。私は、あらゆる法の上にある実力としての主権の概念は、今日では根本から改鋳《かいちゅう》されなければならぬ、と主張する。そうである以上、私の主張が、教授のいわれるような意味での主権概念の否定に到達することになっても、いたし方はないといわなければならない。教授もまたその点を指摘し、私の理論は、「君民同治《どうち》」を説いた南原〔繁〕総長や高木〔八尺〕教授の見解、あるいは、明治憲法も主権在民であったという植原悦二郎氏の主張と同工異曲であり、それらと同じく、その中の高木説を批判した横田〔喜三郎〕教授のいわゆる「主権抹殺論」に帰着するであろう、といわれる（一三頁以下、一四頁註九、二三頁以下）。

　私は、ここで、南原説・高木説・植原説と私の理論との比較検討に立ち入る暇はない。いずれにせよ、それらは、ともに新憲法の審議に関連して説かれたものであり、ともに君主主権と国民主権との正面衝突を避けようとする意図の下に構想された理論であると思われる。したがつて、宮沢教授は、それらはすべて「解決を要する問題の解決を回避あるいは延期する」（二四頁）ものとして排斥される。横田教授は、その中の高木説を取り上げ、その説は主権の概念を「抹殺」しようとするものであるとし、これを不当とされた（社会、昭和二一年一一月号）。宮沢教授が横田教授のこの批判を正当としておられることは、いうまでもない（宮沢・前掲一四頁）。

しかるに、私の理論は、君主主権と国民主権との対立の上に、それを超えたノモスの権威をかかげるものであるから、結局は、君主とか国民とかいうような現実の人間の主権――その意志力の最高性――を否定することになる。その結果として、君主主権と国民主権との対立をいくぶんか中和することになる。そこで、宮沢教授のノモス主権に対する攻撃は、その主力をこの点に集中する。

教授によれば、君主主権と国民主権とは絶対に両立し得ぬ対立概念であり、「ノモスの主権」とか「正しい統治」とかいうような、専制君主によつても、独裁王によつても、同じように口にされ得る「一切無差別」の理念によつて止揚することのできる対立ではなく、そこまでつきつめる一歩手前の「差別」の境地に位置する問題である（二八頁）。したがつて、私がノモス主権の理論を繃帯《ほうたい》として、国民主権の採用が天皇制に与えた致命的ともいうべき傷をつつもうとしても（二四頁）、あるいは、天皇統治と国民主権との対立をフェルヒュレン〔verhüllen〕――おおい包む――しようとしても（二五頁）、結局は無駄である。私の理論は、かくて、南原説・高木説・植原説と一蓮托生の首の座に据えられ、過去の天皇制に恋《れん》着《ちゃく》する「たぶんに感情的・前理論的」な問題の取りあつかいとして、精密な、学問的な、合理的な、理論の世界の彼岸に追いやられる。

私の「理論」が国民主権と天皇制との間に血を通わせようとする政治論としての面をもつことを、ここでもう一度くりかえす必要はない。その点では、私の「政治的」な意図は、おそらく南原総長・高木教授その他の人々の意図と多分に共通するところをもっているであろう。

しかし、私がノモスの主権を主張するのは、決してそれだけのためではない。私は、法哲学を専攻する者として、法は結局マイト〔might（力）〕の動くままに動かされるか、あるいは、いかなるマイトも法の根本原理によつて方向づけられるものであるか、という、ソフィスト・ソクラテスの対立以来の人類の大問題と取り組んでいるのである。

およそ、政治の衝《しよう》にあたる者は、だれしもノモスを口にする。徳川家康も足利尊氏《たかうじ》も自分の統治を正しいという。しかし、それがノモスとして行われ、正しい統治として通用したとすれば、それは、現に何がノモスであるかをきめた人間が、それをノモスとして通用させるだけの「力」をもつていたからである。その力といえども、その政治的な実力といえども、正しい統治の理念にはしたがわなければならないというのは、わかり切つた話しである。しかし、それでは、何が正しい統治の理念であるかをだれがきめるか。それは、つまり、それをそうきめるだけの「力」をもつた者がきめるのではないか。

そう考えるのが、ソフィストの流れを汲む法実証主義であり、実力決定論である。これに対して、私はそのような考え方は正当でないと信ずる。しかるに、主権をば「国家の政治のあり方を最終的にきめる力」と見る概念構成は、この種の考え方と共通の地盤の上に立つ。したがつて、この種の考え方を克服しようとする私の「法哲学的」な理論が、実力としての主権の否定に到達することは、やむを得ない。この大問題の帰趨にくらべれば、「天皇制のアポロギヤ」のごときは第二次的な問題にすぎない。

五

私の主張を改めて――余計なつつみかくしをしないで――直截にいうならば、それは、主権否定論であり、主権抹殺論である。主権はノモスにあるというのは、現実の人間がノモスをいかようにもきめる「最終的」な力をもつということの否定である。したがつて、そういう意味での主権を否定することである。もしも宮沢教授のいわれるように、そういう意味以外に「ここで問題とする」主権はないのであるならば、それは、まさに一般的な、終局的な主権否定論である。

そういうと、それに対して、人はただちに問うであろう。日本国憲法は、明らかに主権という言葉を用いている。そうして、主権は国民に存するといつている。しかるに、余計なつつみかくしを取りのぞいたノモス主権論が、実は一般的な、終局的な主権否定論であるならば、その立場は、新憲法のいう主権を、――国民に存すると明記してあるその主権を、――何と説明しようとするのであるか、と。

この問いに対する私の答えは、簡単である。すなわち、私の信ずるところにしたがえば、日本国憲法に記されている主権とは、具体的なノモスのあり方を最終的に――したがつて、意のままにどのようにでも――決定し得る「力」を意味しているのではない。それは、具体的なノモスをば、すなわち具体的な国法の内容をば、「人類普遍の原理」たるノモスの根本理念にしたがつて決定して行くべきところの、最も重大な「責任」である。日本国憲法が、主権は国民に存するといつているのは、その責任が、他のだれでもない日本国民自身の双肩に担われているという意味である。それが、新憲法にいわゆる国民主権である。そこに使われている主権という「言葉」は古い。しかし、その言葉の中に盛られている「意味」は新らしい。それを、言葉が古いからといつて、あくまでも旧《ふる》い型の主権概念で律して行こうとする理論には、私は同意できない。

　かくのごとくに、政治のあり方を最終的に決定する「実力」または「権力」としての主権概念を否定するのは、私や、あるいは横田教授のいわゆる主権抹殺論者によつてはじめて唱えられた新説でも、珍説でもない。主権をば、法に対して活殺《かっさつ》自在に作用するオオル・マイテイイと考える考え方は、国際法の理論としては、すでに以前から否定されているといつてよい。ラアドブルッフのいうように、国際法上の国家の主権とは、国家が直接に国際法によつて規律され、直接に国際法の認める権利を有し、義務を負うているということ、すなわち、国家の「国際法的直接性」の意味に解せらるべきである (Radbruch: Rechtsphilosophie, 1932, S. 195 f.)。のみならず、国内公法についても、主権概念を抹殺しようとする有力な学者があらわれたのは、決して最近のことではない。ケルゼンの場合にも、主権は国家の根本規範の最高性としてとらえられている。したがつて、それは、実力としての主権を否定しているものというべきであるし、この規範論理的な主権概念すらも、国内法に対する国際法優位の理論構成を取るならば、——ケルゼンがこの立場に傾いていることは疑いを容れない、——当然に相対化され、結局において否定されざるを得ない(Kelsen: Das Problem der Souveränität und die Theorie des Völkerrechts, 1920, § 63 ff.)。さらに、デュギイのごときも、主権の概念は国法学上抹殺さるべき形而上学的独断であるとし、これにかうるに「公共的奉仕」(service public)の概念を以てすべきことを主張している(Duguit: Les Transformations du Droit Public, 1913)。私は、主権の問題については、これらのすぐれた先人たちのひそみにならおうとしているにすぎない。

法は、いうまでもなく規範である。ことに、憲法は規範の中での規範である。したがつて、憲法は、現実あるがままの事実を、社会学的に説明しているのではない。——この点は、デュギイとは理論の立て方が違うが、その吟味にはいまは立ち入らない。——例えば、日本国憲法は、その第二五条で、「すべて国民は、健康で文化的な最低限度の生活を営む権利を有する」と規定している。しかし、現実の日本国民の中には、食糧不足のために栄養失調に陥《おちい》ろうとしている人々もすくなくないであろう。「最低限度」とはどの程度か、むずかしい話しであるが、焼《やけ》トタンの屋根の隙間から秋の月を仰ぐ境涯が、人間たるにふさわしい生活の最低限度をはるかに下廻るものであることは、明らかであろう。衣料もなく、本も買えず、渇望する音楽会の切符も断念せざるを得ない立場が、文化的な生活とはいえないことは、確かであろう。けれども、それだからといつて、憲法が嘘をいつていると責めるわけには行かない。憲法は、人間たるに値する国民生活を保障することが、政治のあるべき姿であると認め、しかも、そのような政治を築き上げて行くことは、アメリカ人でもなく、ソ連人でもない、日本国民自らの責任であるとしているのである。憲法の第一二条が、「この憲法が国民に保障する自由及び権利は、国民の不断の努力によつて、これを保持しなければならない」といつているのは、その意味である。そこに、憲法のいうところの国民の主権がある。それは、憲法の求める政治を実現して行くべき責任であり、政治のあり方の矩《のり》であり、それを国民自らの努力で実現すべきものとする理念である。

このことは、もつと根本的に見て、「憲法を作る力」と解せられた場合の国民の主権についても、同じようにあてはまると思う。

一体、わが国の現行憲法は、いかなる「力」によつて作られたのであろうか。周知の通り、時の幣原〔喜重郎〕内閣が明治憲法とは根本の建前をことにする「憲法改正草案要綱」を発表した際には、大多数の日本国民は事の意外に驚いた。なぜならば、この内閣がすでに終戦の年に準備に着手していた憲法改正の腹案は、内容からいつても、明治憲法と大差のないものと伝えられていたからである。しかし、かようにして国民を驚かせたところの「要綱」は、やがて「帝国憲法改正案」となり、第一次吉田〔茂〕内閣の手によつて第九〇帝国議会に提出され、多少の修正を加えられただけで「日本国憲法」として成立を見るにいたつた。確かに、それは、「正当に選挙された国会」における国民の代表者の多数決によつて成立した憲法である。けれども、単に自然の成行きだけにまかせておいたとするならば、当時のいわゆる虚脱状態にあつた日本国民だけの力で、これだけの民主主義的な憲法を作ることができたかどうかは、はなはだ疑わしいといわざるを得まい。ましていわんや、もしも敗戦という事実がなかつたならば、国民は、このような憲法を作り得るというがごときことは、おそらく夢想だにしなかつたに相違ない。

しかも、憲法の前文によれば、日本国民は「ここに主権が国民に存することを宣言」して、「この憲法を確定」しているのである。これは決して単なる社会学的な事実をいつているのではない。憲法の語る言葉は、ここでも「政治の矩」を伝え、政治のあるべき筋道を示し、社会学的な事実を超えた法の「理念」をゆびさしているのである。敗戦直後の日本国民だけの「力」では、おそらく、これだけの憲法を作ることはできなかつたであろう。しかし、憲法は、国民自らの努力と責任とによつて作らるべきである。なぜか。なぜならば、それが「正しい」憲法を作る筋道だからである。なるほど、憲法の内容については、今日いろいろな不満もあり、不完全なところもあるであろう。しかし、はじめは借りもののように思われた憲法も、やがて日本国民によつて、大体として立派な「われらの憲法」と思われるようになつて来た。よしんば、国民の中にそれをあくまでも排斥しようとする「力」があるにしても、それは国民の小部分にすぎないであろう。なぜか。なぜならば、かようにしてできた憲法の内容が、大体として「正しい」からである。かくて、正しさが数を獲得し、現実の力となり、現実の政治を方向づけて行く。私が「ノモスの主権」と呼んだものも、帰するところ、このようなことにほかならない。

六

主権とは、このように、規範的なものであり、理念的なものである。そうして、そのことは、宮沢教授も認めておられる。

くりかえしていうと、教授のいわれる主権とは、「国家の政治のあり方を最終的にきめる力」である。しかし、教授によると、それは、それにもかかわらず、「政治を現実に動かす力を意味するのではない」(五頁)。それどころか、「ここにいう主権は、ひとつの建前である。あるいは、理念であるといってもよかろう」(同)。例えば、君主主権といっても、何も君主が常に現実に政治の方向を決定しているわけではない。現実に政治を方向づけているものは「金持であったり、軍人であったり、また、ときには大衆であったりしよう」(同)。しかし、「そうした政治の現実の原動力は、ここにいう主権ではない」(同)。君主主権の国では、よしんば君主が「単なるかざり物にすぎないような場合でも、政治の最終的な決定権は君主に存することが、その建前とされ、理念とされるのである」(同以下)。

宮沢教授は、この主権理念論を専ら君主主権の場合について述べておられるが、そうであるとすれば、それと同じことが、国民主権の場合についてもいわれ得るであろう。

すなわち、国民主権とは、国民が国家の政治のあり方を最終的にきめる力をもつていることをいう。しかし、それは、何も国民が政治を常に現実に動かす力をもつているということではない。国民主権の国でも、政治は、現実には、議会の多数党によつて動かされるのが普通であるし、その多数党も、実は土建業者の金力によつて動かされることもあろうし、しばしば少数のボスによつて動かされることもあろうし、場合によつては「わがたたかい」の著者が政治を乗取つてしまうこともあろうし、国民がひとり歩きのできぬ状態においては、外国の力が政治を動かすこともあるであろう。しかし、そうした政治の現実の原動力は、ここにいう主権ではない。「ここにいう主権は、あくまで、ひとつの建前であり、理念である」(五頁)。国民主権の場合には、現実の政治がどのような力によつて動かされていようとも、政治の最終的な決定権は国民に存することが、その建前とされ、理念とされるのである、と。

それでは、そもそも、何故に、君主主権の国では、現実に政治を――おそらくは「最終的」に――決定する力がどうであろうとも、政治を最終的に決定する力は君主にあるべきであるとされるのであろうか。それは、そうあることが正しいと信ぜられているからではないのか。それをそう信じているのは、一体だれであろうか。君主がそう信じたからとて、国民がそう信じなければ、君主主権は一朝にして没落してしまうのではないのか。そうだとすれば、やはり、君主主権を君主主権として支えているものは、国民の「力」なのではないのか。ヒュウムはいつた。「力は常に被治者の側にある」と(Hume: Of the First Principles of Government, Essays, vol. 1, p. 110)。そうであるならば、君主主権の場合にも、政治のあり方を最終的にきめる「社会学的」な力は、君主にはなくて、国民の側にあるのではないか。その意味では、過去の日本の天皇制でも、国民主権が行われていたといつても、あながち詭弁とはいえないのではなかろうか。それにもかかわらず、過去の日本では、社会学的な天皇主権ではなくて、統治はすべて天皇の意志にしたがつて行わるべきであるという「理念」が存在し、それが天皇の主権を意味したとするならば、それは、「天皇の大御心《おおみこころ》」は常に正しいと信ぜられていたためではなかろうか。それは、すなわち、「ノモスの主権」の承認ではないであろうか。

しかし、君主の「人」においてノモスの主権が具象化されるという政治のあり方は、だんだんとすたれて行きつつある。それはなぜだろう。それは、そういう行き方では、理念が宙に浮いてしまうからである。逆にいえば、その理念を強いて現実化させると、折角の理念が落花狼藉《らつかろうぜき》とふみにじられてしまうからである。政治は君主の意志によつて行わるべきであるという理念が、そのままに現実化されると、文字通り君主の専断で政治を行う専制主義になる。かくて、ネロはロオマを焼いた。また、君主の統治は正しいという理念が、君主の側近や重臣の意志によつて利用されると、国民が君主の意志によるものだと信じて仰いでいた政治が、実は国民を悲惨のどん底につき落すことにもなる。かくて、天皇統治の美名は、政治の黒幕に踊る者どもの手によつて、昭和の暗黒政治に切りかえられた。そうであつてはならないというのが、国民主権の「理念」である。

国民主権の場合には、政治の理念が現実化されても、君主主権の場合のような危険の生ずるおそれは、はるかにすくない。否、全く反対に、その理念が現実化されればされるほど、国民すべての福祉にかなつた政治の行われる公算が多くなる。政治は国民の手によつて行わるべきであるといつても、実はその政治が少数の金持やボスの手ににぎられているからこそ、それが民衆の光明とならず、国民一般の不幸を取りのぞき得ないのである。これに反して、理念としての「国民の政治」が、現実にも、なるべく多くの国民の関与する政治になつて行けば行くほど、そういう弊害はすくなくなる。なぜならば、国民は、自分たちの生命を尊ぶし、自分たちの利益を考えるし、自分たちの幸福を思う。そうした国民みんなの気もちが政治に反映し、その中の多数の声が政治を動かす力となつて行くならば、国民の生命を賭する戦争は避けようとするだろうし、社会の繁栄をはかろうと努力するだろうし、結局、国民の福祉が増進し、「国民のための政治」が実現されるであろう。そこに、民主主義の大きな狙いがあるし、その狙いが大体としてははずれないというところに、国民主権が君主主権よりも「正しい」政治のあり方である所以がある。

しかし、国民主権の政治ならば、かならずいまいうような正しい政治が実現されるかというと、もとよりそうは行かない。いかに選挙権を拡大し、いかに国民の大多数が現実の政治に直接・間接に関与するようになつても、もしも、国民が短慮で、浅見で、政治的訓練に欠けているならば、「国民の政治」といえども、「国民のための政治」とはなり得ないであろう。それでも、なお、政治は国民の政治であるべきであるというのは、やはり一つの理念である。ルウソオは、国民の総意は「常に正しい」といつた。なぜならば、国民の総意は、常に共同の福祉を目ざしており、したがつて、決してあやまりを犯すことがないからである(Rousseau: Du Contrat Social, livre II, chap. III)。ルウソオがそう信じていた場合、かれが、常に正しかるべき政治の理念を「国民の総意」の中に見つめていたことは、あまりにも明らかである。そうして、そのような正しい政治の理念たる国民の総意によつて政治のあり方をきめるのが、国民の主権である以上、国民の主権とは結局において「ノモスの主権」の承認であるといわざるを得ない。

だから、主権が国民にあるということは、国民の意志によつて政治を行うべきであるという面と、国民の政治は常にかならず国民のための政治であるべきであるという面と、その二重の意味において「理念」である。この理念は、国民の努力によつてこの二重の意味での理念を現実化して行く責任を、国民自らの双肩に担わしめているのである。実力概念から責任概念に改鋳《かいちゅう》された主権とは、まさしくさようなものである。だから、私は、主体性の面から見た主権の問題は、「何が法であるかを決定する力をもつた人々の心構えの問題」だといつたのである（本書六六頁）。

ところで、宮沢教授の批判はこの点にもふれて、私のいうがごとくんば、ノモスの主権は単なる立法者の心がまえの問題に帰着するから、私がそれには「主体性」がないといつて批判した法主権説よりも、もつと主体性がないといわれる（一一七頁）。

法主権説は、「人の支配」のかわりに「規範の支配」を以てしようとする理論である。それも、やはり一つの主権否定論であるといい得るが、単にそれだけでは、法規範の規律を重んずべきことを説くだけであつて、人間が政治のあり方をきめるという主体性の面がおおいかくされてしまう。私は、私自身の主張がそれと同じ理論に帰着するものではないことを示すために、ノモスの主権とは、現実には人間が法を作るものであることを十分に認めつつ、法を作る立場にある者は不断に正しい法を作るために努力をつづける義務があるという意味で、ノモスを権力の上に位《くらい》せしめることにほかならないと説いた（本書六五頁以下）。これに対して、宮沢教授は、法主権説ならば、結局は、法規範を作る人の支配を認めることになるから、まだしも幾分の「主体性」があるが、ノモスの主権となると、立法者の「心がまえ」を説くだけであるから、単なる言葉だけに終つてしまう危険がはるかに大きい、と戒《いまし》められる（一七頁以下）。

しかし、法の根本原理にしたがつて政治の方向をきめるように国民を義務づけ、ノモスの一般原理にもとづいて法の具体的な内容を定める責任を国民に負荷することが、どうして「単なる言葉」（一八頁）にすぎず、「主体性が全く欠けている」（一七頁）のであろうか。その責任は国民自らが負うべきものである点で、主体性はきわめてはつきりしているのではないか。このような言葉は、おそらく、唯物必然論者や、実力決定主義者や、多くの法実証主義者にとつては、単なる「お題目」にすぎないであろう。けれども、国民の良識の向上と、政治への関心の積極化と、国民の代表者たちの責任感の強化とがともなえば、政治を正しい方向にみちびくことができ、反対の場合には反対の結果になるという、きわめて平凡な真理を認める者にとつては、それは決して「単なる言葉」ではないであろう。

私は前に、私自身、法は結局マイトの動くがままに動かされるか、あるいは、いかなるマイトも法の根本原理によつて方向づけられるものであるか、という、ソフィスト・ソクラテスの対立以来の法哲学上の大問題と取り組んでいるといつた。しかし、この問題は、何千人の法哲学者が何千年かかつて「研究」して見ても、決して解決され得ないであろう。なぜならば、それは「研究」によつて解決できる問題ではないからである。これに反して、この問題は、現実の社会生活をいとなんでいる人々の実践的な「心構え」のいかんによつて、どちらへでも解決できる。多数の人々が「泣く子と地頭には勝てない」とあきらめていれば、その社会では、何千年たつてもマイト・イズ・ライトは真理である。これに反して、人類の中の大多数が、自ら正しいと信ずるところにしたがつて行動し、政治の力を正しく方向づけて行こうと努力してやまないならば、マイトは次第にライトに合致して行くであろう。なぜならば、「力は常に被治者の側にある」からである。それを最も能率的に可能ならしめるものは、民主主義の政治原理であり、その責任は国民自らにありと「心構える」ことが、国民の主権である。それが、国民自身の最も強烈な「主体性の自覚」でなくてなんであろうか。

七

宮沢教授は、私のこの反駁を読んで、私がまたしても、「このあまりに自明な政治の格律を改めてここで説くこと」を不必要とせられるであろう（三〇頁）。私もまた、何人にとっても自明であり、何人もがそれによって行動しているであろう事柄を、たびたびくりかえして説くことのおろかしさをあえてして、物笑いの種になることをのぞむ者ではない。しかし、私の見るところでは、この「自明な政治の格律」が、教授によつては、かならずしも私の考えるような意味では承認せられていないのではないかと疑われる。

事は、多数決原理に関する。

民主政治が多数決原理によつて運用されることは、いうまでもない。民主主義は、「国民の政治」であることそのことによつて、それが同時に、「国民のための政治」であることを期待し、かつ、それを正しいとする。その正しさの規準は、「国民のための政治」である。国民のすべてが自己の才能を伸ばす平等の機会を有し、その才能を自己のためにも他人のためにも十分に活用することによつて、各人に人間の人間たるに値する生存が保障されること、それが民主主義の正しいとする社会生活のあり方である。そのあり方の具体的な内容については、いろいろな問題があり得るが、フィヒテのいうように、各人が安んじて勤労に従事し、それによつて経済的に快適な生活をいとなみ、しかも、仰いで文化の青空を眺める余裕をもつような社会状態が、すべての人々に保障せられることは、何人にとつても異議のない正しい政治の目標であろう。しかし、正しい政治の目標はそうであつても、与えられた社会的歴史的具体条件の下で、その目標に一歩でも近づくためにどうするのが国家の政治の正しいあり方であるかについては、険しい見解の対立が生ずる。しかるに、民主主義は、その中のどれが最も正しい道であるかをあらかじめ絶対的に断定する権利は、だれにもないと見る。したがって、民主主義は、相対主義に立脚する。したがって、また、それは、対立する見解の中のどれを取るかを、多数決によってきめる。かくて、国民の総意による政治は、国民の多数意志による政治として行われる。

ここまでは、民主政治の運用についてのいわば公式論であって、これまた、ほとんど異論のあり得ないところである。しかし、正しい政治の目標にむかってすすむための方法としての多数決原理の意義づけについては、私の考え方と宮沢教授のそれとの間に重要な喰い違いがある。

私の考えによれば、具体的な問題について分岐・対立するいくつかの意見の中には、比較的にいって、ただ一つのいちばん正しい意見があるはずなのである。したがって、多数意見の方が正しい場合も多いだろうが、逆に、少数意見の方が正しいこともすくなくないはずなのである。しかし、人間の力では、そのどれが正しいかをあらかじめ絶対の権威を以て断定することはできない。だから、民主主義は、そのかぎりにおいて相対主義に立脚する。しかも、政治の方針は、対立するいくつかの意見の中のどれか一つによって決定されなければならない。だから、民主主義は多数決を採用するのである。多数意見できめた方針は、ただ一つのいちばん正しい筋道に合致していることもあるであろう。しかし、逆に、それが正しくない場合もあるであろう。だから、もしも民主主義が、正しい政治のあり方を不断に追求しようと努力することなしに、すなわち、「事の理否の如何にかかわらず」、多数のおもむくとところに唯々として追随するならば、その結果は多数の横暴を許すことになる（本書一八二頁以下）。

これに対して、宮沢教授によれば、このような考え方は、「常識的には、多くの人々によつていわれるところであるが、そこには、理論的にいうと、かなり不正確なものが含まれている」（二一九頁）。なぜならば、民主主義は、どの意見が正しいかを客観的に知ることができないから、多数決を採用するのである。二と二で四になるというように、何が正しいかを客観的に知ることができるならば、多数決による必要は毛頭ない。多数がその真理に反対しても、その多数は間ちがつているだけの話しである。否を棄てて理を採つて行けばよいのである。しかるに、政治の方針をどう定めて行くのが正しいかは、それとは違つて客観的に知り得ない。だから、多数決や民主主義が必要になつて来るのである。したがつて、『事の理否の如何にかかわらず』、多数の意見を尊重するという表現は、それ自体、矛盾である」（同）、と。

しかし、民主主義は、何が正しいかを客観的には知り得ないとする立場であろうか。それは、そのような底のない懐疑論であり、不可知主義であろうか。なるほど、民主主義は、対立するいくつかの意見のうち、どれが客観的に正しいかを、あらかじめ断定すべきではないと考える。それ故に、一応は、すべての意見の等価性をみとめて、そこから出発する。民主主義が言論と批判の自由を尊重し、対立するいくつかの政党の間に活潑な論議がたたかわされることを歓迎するのは、そのためである。しかしそれは、何遍《なんべん》議論しても「何が正しいかが客観的には知られえない」事柄について、無駄な議論をしているだけの話しであろうか。それならば、多数決によるよりも、籤引《くじび》きできめる方がよほど手数がかからないのではなかろうか。

　私の理解するところにしたがえば、民主主義が一応は相対主義の立場に立ち、言論の自由を尊重し、対立する意見の間の議論をたたかわせるのは、いまいつたような態度とは正反対に、客観的に正しい政治のあり方を発見するための真剣な努力にほかならないのである。しかし、議論は果てしないし、政治や立法の問題は次々に解決して行かなければならないから、それで多数決によつて議論のけりをつけるのである。それでは、何が正しいかは、結局いつまでもわからないのであろうか。否、それはわかる。それは、多数できめたことを実際にやつて見ればわかる。経験がそれを教えてくれる。民主主義は、事前においては何が正しいかを知り得ないとする態度ですすむが、事後においては何が正しいかを経験によつて知ることができると確信している。経験によつて、多数決の結果が正しかつたことがわかれば、つづいてその方針によつてすすむであろう。逆に、経験によつて、少数意見の方が正しかつたことがわかれば、国民は今度は少数意見の方を多数で支持し、これを多数意見に育て上げることによつて、その方針を試みるであろう。そのような努力を怠《おこた》り、ただ徒《いたず》らに多数のおもむくところに追随するのは、「事の理否の如何にかかわらず」多数の意見を尊重するものといわずして何であろうか。人間の理性が信頼に値するのは、それが判断をあやまらないところにあるのではなく、言論の自由と結びついた経験によつて、そのあやまりを訂正する力をもつている点にあるといつた、ジョン・スチュアアト・ミルの偉大な言葉は（J. S. Mill: On Liberty, People's Edition, pp. 10-12)、民主主義のこの根本態度を明らかにしてあますところがないといわなければならない。

私は、民主主義とはさようなものであると信ずる。だから、理念としての「国民の総意」——それは常に正しかるべきものである——は、現実には「多数の意志」——それは常に正しいとはかぎらない——としてとらえられるけれども、理念と現実との間には常に大なり小なりのへだたりがあり、現実の多数意志を形成する者は、常に理念への接近をはかつて行くべき責任があると信ずる。しかるに、実際には、この責任は決して常に完《まつと》うされているとはかぎらない。反対に、しばしば多数の力によつて少数の支持する真理を圧殺することが行われる。いや、それとはまた全く逆に、少数の狂信者や絶対主義者が、声を怒らし、手をふり上げ、ラウド・スピイカア〔loudspeaker（拡声器）〕を用いて、あたかも多数の声であるかのようによそおい、無理やりに多数を引きずつて行くということが行われる。それ故にこそ、「数によつて行われる現実の政治を、正しいノモスの理念にしたがう『理の政治』に接近せしめるように、不断に努力して行かなければならない」（本書一八三頁）という政治の格律を、国民のすべてがわれとわが心にむかつてくりかえして強調する必要があると信ずる。

つまり、私にいわせれば、ここでまたノモスをもち出す私の態度を、「ところで、ここでもまたノモスが出てくる」（三〇頁）と軽くあしらわれる宮沢教授の立場は、多数のおもむくところを手をこまねいて眺めている諦観《ていかん》者のそれに近いように見える。「このあまりに自明な政治の格律を改めてここで説くことの必要を見出すに苦しむ」（同）といわれる教授自身は、それを説いても説かないでも結局は同じことだと見ておられるように見える。「民主政治における国民の総意は、つまり、多数の意志そのものなのである」（三二頁）とのみいつて、それ以上に、前者の理念性と後者の責任性とに省察を加えようとされない教授の態度は、典型的な法実証主義のそれと共通しているように思われる。

私は、以上に再論したような考えに立脚して、新憲法における「象徴としての天皇」の地位に、国民主権の建前から見て「血の通う」意味を与えようと試みた。宮沢教授は、これに対して、そのような試みが無駄なものであることを私に教えられると同時に（とくに三四頁）、積極的にそのような試みに反対された（同）。私は、この「答え」では、主として法哲学という「わが田」に水を引いて、問題の根本を論じ、天皇制のアポロギヤは第二次的な問題として取りあつかつたのである。すでにかなりの迂余曲折を経て来たことであるし、これ以上に、憲法学の権威者であられる教授のホオム・グラウンド〔home ground〕に足をふみ入れて、教授のいわゆる「たぶんに感情的・前理論的」な饒舌《じょうぜつ》を弄する愚をくりかえすまい。ただ、私の天皇制論と宮沢教授のそれへの批判との間のくいちがいの根柢には、右に述べたような、かなり大きな態度の相違が横たわつていることを、読者諸賢の前に明らかにして置きたいと思つたのである。

第七章　事実としての主権と当為としての主権

一

国民主権と天皇制の問題をめぐつて宮沢〔俊義〕教授と私との間にくりひろげられた論争は、烏鷺《うろ》の争いのように交互に一手ずつ打ちつづけて、もう二年あまりの時を経た。もうこのあたりで終止符を打たないと、御見物の読者諸賢もたいくつせられるであろうと思う。また、学問上の論争は囲碁の争いとはちがうから、何目のちがいでどちらが勝つたというようなことは、見定め得ない。論争のもつ意味は、一つの問題についてちがつた立場からの意見や理論を打ちつけ合うことによつて、共同の真理を見つけ出して行くところにある。そこで、私は、宮沢教授に対しては失礼にあたるかも知れないけれども、論争の形での意見のやり取りはこのくらいにして置いて、二人の間の主権論議によつて、どういう点が明らかにされ得たかという建設的な面を、すこしくふりかえつて見ることとしたい。

烏鷺の争いになぞらえたついでに、二人の間の打ち手を簡単に辿つて見ると、次のようになる。

先番は私で、私の小著『国民主権と天皇制』（昭和二二年一二月）――本書第一章―第五章——が黒の第一石の役わりをつとめた。もっとも、私自身としては、この小著によって宮沢教授に対する「論争」の第一石を投じたつもりはなかったのであるが、その中で、憲法の審議にあたった議会における教授の国体変革論を引用して、そこに私の「ノモス主権論」を展開する一つの手がかりを求めたので、[1]教授はこれを教授の理論に対する私の「批判」として受け取られたのである。[2]

この、黒第一石の構想は、こうである。

新憲法ができ、主権は国民に存するということが宣明《せんめい》され、したがって、在来の天皇の統治という原理は否定されたので、多くの学者や思想家は、それによって日本の国体は根本から変革されたものと見ている。しかし、従来の天皇の統治という原理をただちに天皇の主権と見、天皇が日本の政治を最後的に決定する「力」を有していたというふうに解することには、多くの疑問がある。また、新たに、主権は国民に存するということになったからといって、国民の意志ならば何ごとをもなし得るという万能の「力」を、国民が獲得したのだと考えることも、正しい見方であるとは思えない。およそ現実のいかなる政治上の力といえども、そのような意味で万能である資格はない。政治には、それにしたがって政治の行わるべき「矩《のり》」がある。力には、それにしたがう場合にのみ、その力を正当な権力として意味づけ得るところの根本の筋道がある。それは、法の理念であり、「ノモス」である。ノモスはあらゆる政治上の力の上にある。日本国民は、かつて、天皇の統治という形の中に、実はかようなノモスの実現を待望して来た。今日の国民主権の原理も、国民の意志による国民のための政治こそ、政治を正しい政治ならしめる唯一の方式であるという信念に立脚している。して見れば、天皇統治から国民主権への移行は、政治に対する国民の他力本願の態度をぬぐい去つて、ノモスにしたがう政治の建設を国民自らの双肩にになうという覚悟を表明したものであるという意味で、大きな変化であり、格段の進歩であるには相違ないが、国民精神の歴史的連続性を中断するような荒療治の変革と解せられる必要はないのではないか。

　これに対して白番の宮沢教授の打った第二石は、『国民主権と天皇制とについてのおぼえがき』という論文（昭和二三年六月）となつてあらわれた[3]。

　白による第二手の意味するところは、こうである。

　天皇の主権と国民の主権とが対立し、二者択一の関係に置かれているとき、さらにそれら両者の上に、両者ともどもにそれにしたがうべきノモスという非人格的な理念をもつて来る——故に、これを「ノモスの主権」という——ことは、両者の対立をぼやかして、天皇主権の廃止という冷厳《れいげん》な手術の傷口に繃帯《ほうたい》をほどこそうとする試みである。しかし、そのような試みは、主権の所在の問題を回避しているだけであつて、主権とは何であるか、その主権はどこにあるかということについて、何ごとも答えていない。主権という概念は多義的に用いられているが、ここにいう主権とは、「国家の政治のあり方を最終的にきめる力」をいう。主権は、具体的な政治のあり方を決定する意志であるから、当然に、何人《なんぴと》かをその主体にもたなければならない。君主主権の場合には、主権の主体は君主である。これに反して、国民主権の場合には、国民が——国民の中のだれそれではなく、ましていわんや、君主という特別の資格をもつた人間ではなくて、国民のだれでもが――政治のあり方を最終的にきめる立場にある。だから、君主主権と国民主権とでは、根本の建前がちがう。天皇主権と国民主権とは、互に全く相容れ得ない反対の原理に立脚している。もちろん、だれが主権のにない手になろうとも、その主権を用いるにあたつて、正しいノモスの理念にしたがうように努力しなければならないというのは、きわめて自明な政治の格律である。だが、そのような政治の格率をもち出したところで、いまいつた主権の所在の問題における根本の対立が緩和されたことにはならない。したがつて、主権はノモスにあるということによつて、天皇主権から国民主権への転換の変革的意義にヴェエルをかけようとする試みは、天皇制を国民主権の原理と調和させるための熱意に燃えるあまりの、多分に感情的・前理論的な議論であるといわざるを得ない。

この白のするどい攻め手に対する黒の応手《おうしゅ》は、私の『ノモスの主権について』という論文(昭和二三年一一月)――本書第六章――であつた。[4]

ここでは、黒は、やや立論の重点を動かし、天皇制の受けた打撃の傷口に繃帯をするという政治的意図よりも、現実政治の方向をきめるものは実力か理念かという法哲学的な問題を前面におし出して、その角度から白の布陣への対抗を試みた。この趣旨はこうである。

宮沢教授によれば、主権とは「国家の政治のあり方を最終的にきめる力」をいう。しかし、国民が主権をもつといわれる場合、はたして、国民は政治のあり方を最終的に決定する「実力」を有するか。どこかにそのような実力を有する者があるには相違ないにしても、それは、その国の国民ではない場合もあるだろうし、その国の国民の一部分や少数者であることもすくなくないのではないか。それにもかかわらず、民主主義の憲法が主権は国民にあるというのは、そのような実力がどこにあるかという「事実」に対する社会学的分析を行つているのではない。政治のあり方をきめる社会学的な実力がどこにあるにせよ、主権は国民にあると宣言している以上、そこにいう主権を「政治のあり方を最終的にきめる力」と解することは、もはや適当とはいい得ない。むしろ、いまや、主権を「実力」としてとらえる概念構成は、原理的に否定せらるべき段階に来ているのである。政治のあり方をきめる力が何人の手にある場合にも、その力は、正しい政治の筋道にしたがつて行使されねばならぬ。その筋道を示すものは、法の理念であり、ノモスである。民主主義の国では、国民は、現実の政治がノモスの筋道にしたがつて行われるかどうかを、監視する立場に立つている。そうして、民主主義が正常に行われるようになれば、国民の自由な批判や自由な投票によつて、大まかにではあるが、政治の舵を取つて行くことができる。そのとき、政治のあり方をきめる力が国民の「多数」の手ににぎられたからといつて、多数の力ならば何ごとをもなし得ると見るならば、そのような見方は、ふたたび実力主義への逸脱を犯しているのである。政治のあり方をきめる力が国民の手にあればあるほど、国民は、多数の意見できめたことを、そのもたらす結果と経験とに照らして是正し、現実の政治を正しいノモスの筋道に近づけて行く責任をになつている。それが、国民主権という言葉の真に意味するものである。ギリシャのむかし、ソフィストが、正しいとは強い力をもつ者がきめたことであるといつたとき、ソクラテスは、どんな強い力をもつ者といえどもしたがわなければならない正しさがあるということを説いた。宮沢教授の主権論は、ソフィスト的実力主義ないしは実証主義に近いのではなかろうか。

黒の第三石がこう論じて、局面をやや新たな方向にむかってきりひらいて行こうとしたのに対して、白は依然として最初の布石の筋を手堅くつらぬきつつ、なおかつ、黒の着手に応じて多角的な論陣を展開した。それが、宮沢教授の論文『ノモスの主権とソフィスト』(昭和二四年一二月)である。(5) この白の応手のもつ多角的な意味を要約することは、新聞の囲碁欄の解説よりもむずかしい。しかし、天皇主権と国民主権とは根本からちがうものだという大筋には変りはないから、その点ははぶいて、黒のきりひらこうとした局面に対する白の態度だけを、強いてつづめて見ると、こうなる。

黒は、主権を「力」としてとらえるという意味での主権概念を否定し、これまで主権と呼ばれて来たものは、政治をノモスと合致せしめるべき「責任」と解せられなければならないと主張する。この議論は、べつだん新らしいものではないし、特に異議を申し立てるべき筋あいのものでもない。主権のもち手が、重大な責任をその双肩ににならのは、当然のことである。しかし、主権という言葉を責任という言葉に置きかえて見たところで、その責任をだれがにならかという問題は、依然としてはっきりとした答えを要求する権利をもっている。それは、天皇の責任であるか、国民の責任であるか。このオルタネエティヴ〔alternative〕の一つを取ることは、他の一つを否定することなのである。それは、決してぼかして置くことを許さない原理的な区別なのである。国民主権の立場に立つ場合には、政治の具体的なあり方は、国民の多数意見にもとづいて決せられる。民主主義は、何が正しい政治の方針であるかを、具体的に、かつ客観的に知ることができないと考えるからこそ、多数決原理を採用するのである。しかるに、実力に対するノモスの優越性を固執する黒は、かように説くことをソフィスト的態度であるといつて非難し、何が正しい政治のあり方であるかは、事前には断定され得ないけれども、具体的な方針を多数決できめ、かつ、それを実際にやつて見れば、それが正しかつたかどうかは、経験によつておのずからに明らかになると主張する。そうして、国民の経験と責任とによつて、現実の政治を次第にノモスの筋道に近づけて行くように努力するという立場の中に、ソクラテス的な態度と誇りとを見出そうとする。けれども、何が正しいかは実際にやつて見ればわかるなどと、こともなげにいうのは、はなはだ漫然とした議論であり、科学的な正確さを欠いている。そのような不正確な議論にソクラテスという冠をかぶせて見たところで、その不正確な議論の学問的価値は、すこしも高められたことにはならない。逆に、ノモス主権論を承服しない者の立場にソフィスト的というレッテルをはつて見たところで、科学と真理とに忠であろうとする者は、すこしも動ぜずにノモス主権論を批判しつづけるであろう。要するに、ノモス主権の理論とその批判との対立を、いきなりソクラテスとソフィストとの対立に置きかえることは、無意味であるばかりでなく、はなはだ不当である。

これが、第四番目に打たれた白の応手の大体の意味である。一手一手をこまかく打つて行く囲碁とちがつて、一つの論文で相当に幅のひろい主張をくりひろげる学問上の議論のことだから、この四手ぐらいですでにおおよそ黒白双方の地取りはきまり、これからは「よせ」に入るというところであろう。はじめにいつたように、これからさらに「よせ」を打ちすすめて見たところで、言葉のはしをあげつらうようなことになるおそれがあるだけであるから、宮沢教授さえ同意せられるならば、私としては、この碁をこの辺で打ちかけのままにして置くこととしたい。そうして、これだけの討議が主権の問題の解明のために何をもたらしたかを、ふりかえつて考えて見ることにしようと思う。

ただ、私がソフィスト・ソクラテスの対立ということをもち出したのに対する宮沢教授の抗議については、私として一言釈明して置く必要と責任とがあると考える。

宮沢教授の考え方のうちに、ソフィスト「的」なものが含まれていることには、教授自身もかならずしも反対されない(6)。また、あらゆる力の動きの上に、それらの動きによつて左右されない正しさを認めようとする私の態度が、ソクラテスの範にならうものであることもまた、だれの目にも明らかであろうとおりである。しかし、ソクラテスの真似をして見ることが、それだけでその者の理論の価値を高めるものでも何でもないことは、あまりにも明瞭である。逆に、ソフィストのような立場に近づくことが、学者として恥ずべきことでも何でもなく、むしろ、ソフィストの実証主義や経験主義こそ、社会現象に対する人間の認識を「科学」にまで高めたはじまりであるということ、これまた宮沢教授のいわれるとおりである(7)。私の傾倒するケルゼンやラアドブルッフなどの哲学的立場の中に、言葉の正しい意味におけるソフィスト的なものが多く含まれていることは、多くの識者によつて指摘されている。ケルゼンやラアドブルッフは、ソクラテスやプラトンの亜流気どりで実証主義に非難・攻撃を加えた群小学者にくらべて、比較にならぬほど立派な学者である。のみならず、私自身も、単に法の理念を抽象的に追求するだけでなく、現実の社会学的な力の動きをも、できるだけ忠実にとらえたいと思つている点では、ソフィストにあやかりたいと考えている。宮沢教授もまた、「主権のありかとされるものは、つねに『政治の矩』を守り、『ノモス』にしたがわなくてはならないと固く信じて」おられる点で、[8]まさにソクラテスの嫡系《ちやくけい》であるということができよう。その意味で、どちらもがどちらもの要素をもつている。ただ、同じ真理の高峰をきわめようとする場合、私のえらんだ道にはソクラテスの要素がやや多く、宮沢教授のそれには、言葉の正しい意味でのソフィスト的色彩がやや強いというちがいがあるだけのことなのである。

それでも、黒白の石をにぎつて論争して見ると、そのちがいがこの棋譜に見られるとおりにはつきりとあらわれる。私は、この碁が、私の先手で宮沢教授と本物の碁を打つときのような「ざる碁」ではなかつたことを念ずると同時に、親しい同僚同士の間の論争だからといつて、その中にいささかたりとも「八百長」的な意味は含まれていないことを、――これはいうまでもないことだが――ここに念をおして置くこととしたい。

（1）　尾高・国民主権と天皇制、一一六頁以下――本書三四頁以下――。

（2） 宮沢・国民主権と天皇制とについてのおぼえがき、国家学会雑誌（以下、略して雑誌という）、第六二巻、第六号、三頁以下。「国民主権と天皇制との関係については、私は、まだ、まとまつた見解を公にしたことはない。ただ、新憲法草案が帝国議会で審議されたときの、貴族院での私の質疑のうちには、この点についての私の見解が、部分的かつ断片的ながら、のべられている。尾高教授は、その著書で、右の質疑の内容を全面的に紹介され、その上で、そこにあらわれた見解とは根本的にちがう教授の理論を展開しておられる。したがつて、その著書における教授の理論の展開のうちに、すでに、私の見解に対する批判が含まれていると考えられる。してみれば、いまここで試みようとするcauserie〔おしゃべり〕は、尾高教授の理論に対する批判でもあるが、同時にまた、それへの反批判でもあるといえようかとおもう。」

（3） 雑誌、第六二巻、第六号。

（4） 雑誌、第六二巻、第一一号。

（5） 雑誌、第六三巻、第一〇・一一・一二合併号。この論文は、『ノモスの主権とソクラテス』という表題で発表されたが、宮沢教授がのちに訂正しておられるところによると、これは『ノモスの主権とソフィスト』のあやまりで、しかも、校正のあやまりではなく、教授自身の原稿の書きあやまりなのだそうである。同、第六四巻、第一号、九六頁。

（6） 雑誌、第六三巻、第一〇・一一・一二合併号、二五頁。

（7） 同、二五頁。

（8） 同、一〇頁。

二

宮沢教授との論争をつづけているうちに、すくなくとも私自身にとつてだんだんと明らかになつて来たのは、主権という言葉のもつ「事実」としての意味と、「当為」としての意味との区別である。

宮沢教授にしたがつて、主権とは「国家の政治のあり方を最終的にきめる力」を意味するものとして置いて、さてしからば、その「力」はどこにあるかと探《たず》ねて行くと、そこからいろいろな答えがでて来る。前にもいつたように、或る国の政治のあり方をきめるものは、その国が表むきは独立国であり、主権国家であるとされているにもかかわらず、その国の国民の意志ではなくて、実は特定の「外国」であることもあろう。また、その国の憲法がおごそかに、主権は国民にあると宣言していても、金もちが政治のあり方を左右したり、軍部が政治の実権をにぎつたりしていることもあるであろう。マルクス主義の理論によれば、およそ国家というものは、すべて階級支配の道具であり、したがつて、そこでは、いかに表面では自由・平等だの主権在民だのという奇麗ごとをならべ立てていても、実際には国民の中の「一にぎり」の大資本家が政治を思いどおりに動かして、九十五パアセントの勤労大衆とその家族とを酷使していることになる。さらに、国際的独占金融資本の発達して来ている現段階では、地球上の大部分を占める後進国や半植民地的地域の人民は、一二の大帝国主義国家の中の、猫のひたいのようなビズネス・センタア〔business center〕の意志によつて、働けるだけ働かされているという理窟になる。そういうふうな「主権」の探りあて方をして行けば、「国家の政治のあり方を最終的にきめる力」といつても、どれがどれやらわけがわからなくなり、よしんばそれをつきとめ得たとしても、それは、その国の「国民の力」とはおよそかけはなれたものである場合が、いくらでも出て来る可能性がある。そうなれば、それにもかかわらず憲法に「主権は国民に存す」と書いてあるのは、真赤な嘘か、うわべだけの飾りか、せいぜいのところ、法的なフィクションにすぎないということになってしまうであろう。

だが、「法学」が問題としているのは、そのような社会学的な「事実」としての主権の所在ではない。法学は法を研究対象としている。そうして、法は規範である。中でも、憲法は、規範中の規範なのである。したがって、憲法に「主権は国民に存す」と書いてあるとすれば、それは、「政治のあり方を最終的にきめる力」は国民に存すべきであるという意味に解されなければならない。いいかえると、法学の論ずる主権は、「事実」としての主権ではなくして、「当為」としての主権である。主権の問題は、社会学的な quaestio facti〔事実問題〕ではなくて、規範科学的な quaestio juris〔権利問題〕である。宮沢教授が、主権をば、国家の政治を最終的にきめる力であると定義しつつ、しかも、それは、「政治を現実に動かす力を意味するのではない」といい、「ここにいう主権は、あくまで、ひとつの建前であり、理念である」といっておられるのも、その意味にほかならない[9]。

一体、国家の法制度の中には、事実はかならずしもそうでないこと、または、事実とはいちじるしくちがっていることを、あたかも事実そうであるかのようにかかげたり、標榜《ひょうぼう》したりすることがすくなくない。

たとえば、合議組織の国家機関では、ふつう、多数決によつてその機関の意志を決定する。しかし、事実の問題として考えるならば、多数決によつてきめたことは、その決定を支持しただけの数の「個人」の意志であつて、それ以外の構成員は、決定された方針には反対していたのである。それでも、多数できめたことは全体の意志と見なすという約束があるために、一方の意見を支持した多数の「個人」の意志が、その国家機関の意志として取りあつかわれることになる。もしも、人が、純粋の個人主義の社会観に立脚するならば、そうして、社会に実存するものは多数の個人であり、個人を越えた団体は単なる思惟構成物にすぎないと考えるならば、一つの団体に属するとされる複数の個人の意志をはなれて団体そのものの意志があるということは、事実認識の範囲内では否定せられざるを得ないであろう。まして、全部の半数には達しないけれども、なおかつ相当数の反対があつたのに、多数の意志できめたことをその団体そのものの意志として通用させるのは、実はそうではないことを、そうであるかのごとくに見なすところの、一種のフィクションであるということになるであろう。

こう考えて行くと、多数決というようなごくあたりまえな法的決定の方法の中にも、単なる事実としては説明のつかないフィクティイフ〔fictif〕（擬制的）な要素が含まれていることがわかる。多数の意見をもつて全体の意見とするというのは、一方では、自由な言論による個人の主張の多様性を認めつつ、他方では、そこに生ずる多様と対立とを統一にもちきたらすために考案された、政治運営の技術にほかならないのである。

直接民主制の国だと、年齢とか性別とかによる一定の資格を備えた国民が、直接の投票によつて法律案の可否について意見を表明し、その中の多数の支持するところにしたがつて、政治のあり方をきめて行く。しかし、イニシアティヴやレフェレンダム〔referendum（国民投票）〕にともなう技術上の困難や、国民の素人判断によつて立法を左右することの危険を避けようとすれば、間接民主制を採用せざるを得ない。そうなると、立法部たる議会の構成員が、選挙区での得票の多数によつて定まることと、議会での決定が原則として過半数の賛成によつてできることとの二点で、多数の支持するところにしたがうという原理が大きく物をいうと同時に、別に、議会は国民の全体を「代表」するという形で、国民の手にあるはずの立法権や政治の決定権を、少数の会議体の手中に集中させるという工作が行われる。そうして、国民代表の議会できめたことが、「国民の総意」として通用することになる。

かつて、宮沢教授は、国民代表の概念についてきわめて鋭い検討を加え、この概念の背後には、何らその名に値する法的実体は存在しないこと、したがつて、国民代表とは単なる唯名的な「イデオロギー」にすぎないことを指摘された[10]。

宮沢教授の考察によると、国民を代表すると称せられる機関には、いろいろな種類のものがある。或る場合には、国王が国民の代表者であるとされたこともある。ナチの学者は、ヒトラアのような独裁者を国民全体の代表者であると呼んだ。これらが、名のみの国民代表であつて、何らの実をもともなわないことは、いうまでもない[11]。さらに、明治憲法の下では、帝国議会は国民の法定代表の機関であると説かれていた。だが、帝国議会には公選による衆議院のほかに、公選によらない貴族院があつた。そのような構成をもつ帝国議会が、なおかつ国民を代表するというのは、科学的に根拠のある議論とはとうていいい得ない(12)。のみならず、その当時の宮沢教授によれば、議会が公選された議員のみによつて形づくられている場合にも、議会を国民の代表者と見なすべき実定法上の根拠はない。なぜならばいずれの国でも、有権者の数は国民の一部分にすぎない。多数の者は、実定法上、政治的な無権利者である。しかも、それ以外の有権者たちは、ただ議員を選挙する権能をもつだけである。ひとたび議員を選挙してしまえば、選挙人は議員に対して何らの法律的な統制手段をもたない。その点で、彼らは、他の選挙権のない人々と何らことなるところはないのである。議会は、その思うがままに立法したり、政治上の決定を下したりしているのであつて、それらの行為を国民を代表する行為と見るに足りるだけの意志の連関は、国民と議会との間には決して存在しない。その意味で、いま、かりに政治的無権利者を「奴隷」と呼ぶとするならば、英国人は選挙の瞬間においてのみ自由であつて、それが終れば奴隷となるといつたルウソオの言葉は、正当であるといわなければならない(13)。

かくて、宮沢教授は、国民代表の概念を実定法的に根拠づけようと試みた多くの学者の理論を批判した上で、次のような結論に到達しておられる。

「以上で明らかであるように、近代人の常識となつている国民代表の概念は純然たるイデオロギーであつて、法科学的概念としては成立しえないものである。それを単なる政治常識たるにとどまらしめず、法科学的概念にまで高めようとの努力は、従来数多くの学者によつて試みられたが、いずれも先に見たように失敗に終つている。人が国民の代表者と呼ぶところの者と国民との間には実定法的には何らの関係がない。国民代表の概念はそうした実定法的な関係の不存在を蔽う『名』であるにすぎぬ。(14)」

宮沢教授が、すでに十五年以上も経つた今日、このような考え方をどこまで維持しておられるかは、私の知るところではない。しかし、教授のこの分析はきわめて鋭いものであり、国民代表の概念のもつフィクティイフな性格をはつきりとえぐり出している。間接民主主義の国では、主権は国民に存するといつても、国民は、原則としてその主権を自ら行使することはなく、もつぱらこれを国民代表の議会にゆだねる。しかも、もしもその国民代表ということが、かつて宮沢教授によつて指摘されたように、実定法的な実体を備えた概念ではなく、そのような実体のないことを蔽いかくすためのイデオロギイであり、単なる「名」であるにすぎないならば、国民の主権ということも、実をともなわないところの、単なる「名」であるだけだということにならざるを得ないであろう。それにもかかわらず、議会の決定は国民の総意を代表するというとすれば、それは、議会は、国民を代表し、国民の総意を反映するかのように行動すべきであるという、民主政治の「建前」もしくは「当為」を表明しているのだと解するほかはないであろう。国民代表の概念は、単なるフィクションだといつてしまえば、国民主権ということも、単なるフィクションになつてしまう。これに反して、国民主権ということは、しばしば単なるフィクションに化してしまうおそれがあるが、それをそうさせてはならないのであつて、国民も議会も良識をもつて代表民主制を運用し、それ

ろう。(15)

が、現実に、国民による国民のための政治になるように努力しなければならないといえば、そこに、民主主義における政治の矩《のり》が発見され、ノモスの理念が追求されることになるであろう。(15)

　およそ、国の政治というものは、どんな場合にも少数の政治である。国民の全体が権力をにぎっているといっても、その権力を実際に運用するという段取りになれば、少数の人間が権力行使の衝《しょう》にあたることにならざるを得ない。なぜならば、そうならないかぎり、国民生活の中の多様性だけが幅を利かせることになって、それに統一を与え、それを協力の体制に組織化することは不可能だからである。故に、政治社会の中には、かならずピラミッド型の権力のヒエラルヒイ〔hierarchie〕が発達して来る。

　マッキイヴァアは、その近著『政治組織論』(The Web of Government) の中で、権力のピラミッドを三つの型にわけている。それによると、第一の型は、「階級ピラミッド」(The Caste Pyramid) で、頂点には君主が位《くらい》し、それをささえる幅のせまい貴族層があり、その下に官僚や下級僧侶などの階級が位置し、それらが尨大《ぼうだい》な農民や隷属者の土台の上に載っている。第二の型は、「寡頭ピラミッド」(The Oligarchical Pyramid) で、頂上が尖端的な権力者になっている点は、第一型と変らないが、第二型では、階層の末ひろがりにひろがる形が第一型よりも自然であり、かつ、第一型では不可能な階層間の交流が、ここでは可能になっている。これらにくらべると、第三型の「民主ピラミッド」(The Democratic Pyramid) は、頂点が平らになって、政治指導者や政党の領袖《りょうしゅう》や財界の巨頭などによって占められ、階層間の段落が目立たず、かつ、その間の交流が自由である点などに、著しい特色は認められるが、それが権力のピラミッドであるという本質においては、第三型も第一型・第二型とことならない[16]。民主主義の社会でも、権力は少数者によって行使される。大衆が権力の行使にあたるということは、政治社会の統一を保つ上からいって、現実には考えられ得ないことなのである。

かように、政治社会は、その機能の本質からいって、権力のピラミッドを必要とする。しかも、それと同時に、発達した民主主義の下では、政治社会における主権は国民に存することが要請されている。この要請とかの必要とは、方向が逆をむいているために、それをそのままにして置いたのでは、二つは結びつかない。そこで、それを互に結びつけて、両者をともに生かすための工夫をしなければならない。

その工夫として役立つものが、国民代表の概念であり、多数決の原理である。

すなわち、民主主義の国家では、主権は国民にある。しかし、国民がみんなで主権の行使にあたることは、不可能である。そこで、国民は、自分たちにかわって政治の運用をつかさどる人々をえらぶ。その場合、どういう人を代表者にえらぶかはその人を支持する国民の数によってきめる。そうして、国民の代表者の合議体での決定も、多数決による。合議体の決定を執行する責任者も、同じような方法によって選任する。そうすることによって、ピラミッド型の権力のヒエラルヒイができ上る。一般の国民は、かようにして組織化された権力にしたがわなければならない。しかし、そこにできている権力の組織の中にあって、実際に権力の行使にあたる人々は、国民の代表者であり、それらの人々のもつ職責は、国民がかれらに委任したのである。かれらは、国民の「公僕」である。いいかえると、権力にしたがう国民は、実は権力を行使する人々の「主人」である。故に、いかに権力のヒエラルヒイができ上つても、それによつて、国民主権の建前がくずれてしまう気づかいはない。そこに、政治社会における少数支配の現実と、国民主権の理念との間の調和が求められる。

だから、主権は国民に存するといつても、国民が「政治のあり方を最終的にきめる力」をもつといつても、詮《せん》じつめれば、このような国家構造を、現実の面からではなくて、主として理念の面から眺めていうことにほかならない。かつての宮沢教授のように、かくのごとき理念の世界での消息を、単なるイデオロギイと見なし、科学性をもたない仮面的標榜にすぎないとするならば、そのような主権の担い手が国民であろうと、はたまたそれが、国民の心をもつて心とする君主であるといおうと、実際には何の相違もないことになつてしまうであろう。しかし、規範の世界では、政治上の最終的な決定を下す権力が、国民のすべてにあるか、あるいは、国民とは身分上画然と区別された君主にあるかは、国家構造上の根本のちがいであることを失わない。故に、現在の宮沢教授が、「建前」としての国民主権と、同じく「建前」としての君主主権とは、はつきりと対立したものとして考えられなければならないといわれるのは、あくまでも正しい。いいかえると、もしも私の「ノモス主権論」がこの対立をぼかすような作用をいとなんでいるとすれば、その点で私の理論はまちがつている。

(9) 雑誌、第六二巻、第六号、五頁。
(10) 宮沢教授・国民代表の概念、美濃部教授還暦記念、公法学の諸問題、第二巻、昭和九年。
(11) 前掲書、二九頁以下。五〇頁以下。
(12) 前掲書、四五頁以下。
(13) 前掲書、三八頁。
(14) 前掲書、六二頁。
(15) 十五年前の宮沢教授には、国民代表の概念が、いかなる場合にも単なる擬制であり、単なるイデオロギイにすぎないことを、容赦のない論法でむき出して見せようとする態度が見られる。その意味で、当時の教授の態度は、現在よりもずつと事実認識の方向に徹底していたということができる。これに対して、現在の教授は、国民が主権をもつといつても、事実の問題として国民が一々の政治を左右しているというわけではなく、政治のあり方を最終的にきめる者は国民であるということが、その国の組織の「建前」となつていることを意味する、といわれる。そうして、そういう意味での国民の主権を、憲法学者として承認しておられる。しかるに、間接民主制の国では、国民に代つて政治のあり方をきめるのは、国民を代表する議会であるということが、これまた根本の「建前」になつている。したがつて、国民主権の「建前」を認めることは、同時に、国民代表の「建前」を認めることになる。宮沢教授の方法論は、それだけ、事実認識の方向から規範科学的な方向に動いて来ているということができるであろう。
(16) MacIver: The Web of Government, 1947, pp. 100-107.

三

主権の担い手はだれかという問題は、「政治のあり方を最終的にきめる力」が、事実だれの手に存するかを探《たず》ねることではなくして、事実のいかんにかかわらず、それがだれの手に帰属すべきであるかを問うことである。したがって、「政治のあり方を最終的にきめる力」が特定の身分を有する君主にあるという君主主権の「建前」と、それが、だれかれの区別のないすべての国民にあるという国民主権の「建前」とは、全くちがった原理としてはっきり区別されなければならない。

しかし、それだけならば、事はあまりにも簡単である。明治憲法には、大日本帝国は万世一系の天皇これを統治す、と書いてあった。歴史上の事実としては、天皇が実際の統治作用や政治権力から全く遊離してしまっていたことが、しばしばあった。それにもかかわらず、「建前」としては、日本は常に天皇によって統治せらるべき国だったのである。これに反して、日本国憲法には、主権は国民に存す、と書いてある。占領下においては、国民の意志によって政治を動かすといっても、いろいろな制約がある。講和ができ、それらの制約が取りのぞかれても、現実の政治は大政党のボスによって左右されたり、金権の力で動かされたりするかも知れない。しかし、それはどうでもよい。日本の国は、将来ともに、国民の意志によって政治の方向を決定することを「建前」とすべきである。その意味で、明治憲法と日本国憲法とは根本の「建前」を異にする。そのことは、二つの憲法のそれぞれの第一条を読めばわかる。だが、問題はそれだけで片づいたのであろうか。宮沢教授は、天皇主権と国民主権との原理的相違ということをくりかえして力説されるのであるが、天皇の主権と国民の主権とは「建前」がちがうといつただけで、ここで問題にする主権の意味が、はつきりと見定められ得たことになるであろうか。

私はそうは思わない。私は、むしろ、問題はそこから出発するのだと考える。

たしかに、主権の所在は、社会学的な事実ではなくて、当為の問題であり、建前の問題であり、quaestio juris である。しかし、この建前は常に現実とくいちがつており、この当為はいつも事実によつて裏切られているかというと、決してそうではない。たとえば、明治天皇は、憲法の起草を伊藤博文に命じ、その草案を親閲《しんえつ》して、最終の決定を下した。その時、日本における天皇の主権は、建前であると同時に現実であつた。たとえば、また、現在の天皇は、昭和二十年八月九日から十日にかけての真夜の防空壕内の御前会議で、ポツダム宣言を受諾すべきか否かについて議がわかれ、三対三の対峙のまま動かなかつたとき、鈴木〔貫太郎〕首相の奏請《そうせい》を容れて、受諾の決断を下された。そのとき、日本の政治のあり方を最終的に決定したのは、まさに天皇の意志にほかならなかつたのである。過去の日本において、天皇の統治ということが、いかに事実からかけはなれた理念であり、建前であり、はたまたイデオロギイであつたとしても、それが例外なく常にそうでのみあつたというわけではない。カアル・シュミットはいつた。主権者とは、例外の場合において決定を与える者である、と。[17] そういう意味では、旧日本における天皇の主権も、決して単にノミナル〔nominal（名目だけの）〕なものであつたとはいい得ない。

国民主権の場合には、この問題は、さらにはるかに複雑である。

前にいつたように、国民主権の理念によつて立つ国家も、政治権力のヒエラルヒイを必要とする。したがつて、そこでは、国民代表の制度と多数決の原理とを織りまぜて、主権は国民にあるという建前を崩すことなしに、たくみに権力行使のピラミッドが作り上げられる。代表民主主義がはつきりとした議会中心の政治として運用される場合には、その国の政治の方向を具体的に決定して行くものは、議会での多数決である。しかるに、議会での過半数は、国民の総人口数にくらべれば、何十万分の一という少数にしかならないであろう。そのような少数でも、その意志で法律を作れば、国民はそれによつて租税も納めなければならないし、農地の収用にも応じなければならない。あらゆる政治社会におけると同様に、民主主義の政治社会でも、多数を支配する者は常に少数者である。[18] それにもかかわらず、そのような政治が民主主義であるといわれ得る根拠は、どこにあるか。一体、民主主義とは何であり、どういう場合に民主主義が民主主義でなくなつてしまうのであろうか。

民主主義の政治社会でも、政治権力の運用にあたり、政治のあり方を具体的にきめる立場にある者は、常に少数者である。しかし、このことは、それだけで、その社会の民主主義的性格を否定することにはならない。また、もしもそうなるのであるとすれば、民主主義の社会というものは、名前としてのみ存在するのであつて、実はどこにも存在し得ないということにならざるを得ない。

それでは、問題を逆の方から解きほごすことにして、民主主義とは、多数が支配する政治ではないけれども、多数によつて支持されている政治であると考えて見てはどうか。

たしかに、民主主義は、多くの場合その下に生活する多数の国民によつて支持されている。けれども、多数の国民が支持しているということは、それだけではまだ、民主主義を民主主義たらしめる本質的な性格とはなり得ない。なぜならば、専制政治でも独裁政治でも、それが安定しているときには、しばしば国民の多数によつて支持されているからである。たとえば、み民われ生けるしるしありといつて、臣民の多数が鼓腹《こふく》・讃仰《さんぎょう》している政治は、それにもかかわらず専制政治であつた。憲政の常道にしたがい、議会の多数を占めた政党が交替して政府を組織し、政治の執行にあたるという仕組が行われていても、国民がそのようなジグ・ザグ・コオスの生ぬるい態度にあいそをつかし、矯激《きょうげき》な政治力をもつて脇目もふらずに突進する党派を喜び迎えるようになれば、国民は、まさに多数の支持によつて民主主義を破棄し、独裁主義確立の基盤を提供する。それも、事実の問題としては、国民の意志によつて政治のあり方を最終的にきめたことになるであろう。しかし、それは民主主義の理念に全く相反する政治のあり方であり、したがつて、当為としての国民の主権を現実化させたことにはなり得ないばかりでなく、かえつて国民自らの手でこれにとどめをさすことにほかならない。

これに反して、民主主義が正常に運用されている場合には、現実には少数者が政治のあり方をきめ、権力の行使にあたつても、その政治のあり方に対する国民の批判の口が封ぜられるということはないし、また、そういうことがあつてはならない。なぜならば、政治に対する批判の自由ということは、民主主義の根本の特質であるばかりでなく、民主主義の政治を不断に向上せしめる原動力だからである。およそどんな世の中でも、政治のよしあしを身をもつて体験し得る立場にある者は、まさに国民自身である。故に、国民の批判や反対を許さない政治は、かならず独断におちいり、独善に堕する。

もちろん、政治のよしあしについての国民の体験は、立場立場によつていちじるしくことなるであろう。一方に、自由経済による品物の出まわりを喜ぶ主婦があれば、他方には、同じく自由経済による競争価格の低落に悩む業者があるであろう。しかし、そのいずれの側からの声も自由に発表され、お互の反省や批判によつて、その間に自らな淘汰が行われるにつれて、国民の中に世論と呼ばれるものが次第に形づくられて来る。世論とは、少数の権力担当者の行う政治が、国民生活の地についた経験面につき当り、そこから政治への批判となつて反射して来るところの、国民の声の最大公約数である。したがつて、世論を政治の上に生かすことは、政治のあり方を経験によつて是正し、その方向を「国民のための政治」という目標に近づけて行くための、大まかではあるが、最も確実な方法である。だから、私は、政治のよしあしは、一定の政治方針を実行して見て、その結果が国民生活の上にどうあらわれるかという経験を重ねて行けば、だんだんとわかつて来るといつた[19]。これに対して、宮沢教授は、政治のよしあしは経験によつてわかるという議論は、すこぶる非科学的であると非難しておられるが[20]、世論を重んじて行われる民主政治というものは、そのような経験の尊重と、経験による政治のあり方の是正という原理をはなれては、決して効果的に運用せられるものではないと思う。

もっとも、世論による政治批判は、常にかように建設的な作用をいとなむとはかぎらない。さまざまな立場から表明される国民の声の中には、無責任な反対のための反対もあるし、浮草のような群集心理の動きもあるし、デマゴオグの煽動によってことさらに鳴物入りでかなで立てられる政府攻撃もあるであろう。そうなると、これに対して、しばらく成りゆきを見ようとする落ちついた態度もあらわれて来るし、政府の政策を擁護しようとする動きも活潑化するであろう。したがって、世論そのものが二つにも三つにも分裂することも、決してまれではない。そこで、政治の担当者としても、常に世論の背後にあるものを見きわめ、軽挙盲動《けいきょもうどう》のたぐいを排除して、一度実行した方針の効果が十分にあらわれるまで、じっくりと世評とたたかうだけの覚悟が必要になる。それは、いいかえれば、国民は、世論の力をもってしても、速効的には政治のあり方を動かし得ないということを意味する。しかし、世論が国民の心の中に深く根をおろすようになって来ると、政治の担い手をえらぶ次の機会には、国民の声なき声が投票の数の上にあらわれ、政治の大まかな方向をそれによって左右するという結果になる。そこに、民主主義の政治社会における国民の立場の、否定すべからざる能動性がある。

だから、民主主義の政治といえども少数者の行う政治であることに変りはなく、したがって、国民代表の仕組や多数決の原理によって、巧みに権力のピラミッドが作り上げられることは、前に述べたとおりであるが、そのことは、それにもかかわらず、国民によって政治の舵が取られるということを否定するものではないし、また、それを否定するものであってはならないのである。その場合、国民のなし得ることは、世論により、投票によって、きわめて大まかな政治の舵を取るということにかぎられる。国民には、一々の事柄について具体的に政治の方針を決定する力はない。具体的な問題について政治のあり方をきめるのは、国民を代表する政治権力の担い手の仕事である。しかし、国民は、いかなる場合にも、政治権力の担い手や、かれらのきめた具体的な政治の方針に対して、自らの経験に照らして適不適の批判を下す自由を保留している。もしも国民が多数の力によって絶対主義を支持し、自らすすんでこの自由を放棄するならば、その瞬間に民主主義は死滅する。故に、マッキイヴァアは、民主主義とは、決して多数とか民衆とかの支配を意味するものではないといった。そうして民主主義の本質をば、国民が言論や投票の自由によって、政治の担当者や政治のあり方について、あるいは支持を与え、あるいは批判を下すという活動をいとなむところに求めた。マッキイヴァアのいうとおり、「国民のいとなむこの活動をはなれては、民主主義を他の政治形態から識別する標準はあり得ない」のである。[21]

これで、国民が主権をもつということの意味は、おおよそ明らかにされ得たといってよいであろう。

国民が主権をもつというのは、一々の具体的な政治のあり方について国民が決定権を有するという意味ではない。一々の具体的な政治のあり方は、国民の中からえらばれた少数の政治権力の担い手がきめる。民主主義の約束では、これらの政治権力の担い手は、国民の「代表者」であるということになっている。しかし、かつて宮沢教授の指摘されたように、国民代表の概念には多分にイデオロギイ的な性格が内在している。そればかりでなく、事実の問題としては、国民を代表しているはずの政治権力の担い手が、実は背後にある金権にあやつられたり、外国政府のかいらいになつたりすることもある。それなのに、なおかつ主権は国民にあるというのは、よくいえば、理念であり、当為であり、建前である。それを悪く、そうして極端にいえば、イデオロギイであり、フィクションであり、単なる「名」にすぎない。政治の裏面のからくりから絶縁されたところに置かれ、高税になやまされ、窮迫《きゅうはく》する生活とたたかいながら、憲法の紙の上では主権の担い手に祀《まつ》り上げられている国民の姿は、一種のカリカチュアであるとさえいえばいえぬことはないであろう。

　しかしながら、国民の主権を単にそのようなものとしてのみ受け取ることは、科学的態度というよりも、むしろ、はなはだひがんだ、自己嘲笑的な物の見方である。政治権力の担い手をえらぶ権利が、成年男女のすべてにまでひろめられた今日では、国民が自由な投票によつて示す政治への批判は、非常に大きな力である。国民が政治に対する関心を高め、政治が国民生活のあらゆる分野にどういう影響をおよぼすかを絶えず注視し、経験に立脚した政治に対する識見を養つて行くならば、自由な批判と自由な投票とによつて、政治の方向を是正して行くことは、決して不可能ではない。政治の目標は、いつ、いかなる場合にも、国民共同の利益を増進するにある。そうして、何が国民共同の利益であるかを最もよく知り得る立場にあるものは、国民自らである。故に、国民の意見や判断を政治の上に反映させることによつて、政治を次第に政治の矩《のり》に接近せしめる道が開かれる。いいかえれば、それによつて、当為としての国民の主権を、それだけ現実性を備えたものにして行くことができる。そこに、国民の政治活動の不断の準則が求められなければならない。それは、そういってしまえば、きわめて平凡な格率にすぎないであろう。しかし、その平凡なことを確実に実行して行くところにこそ、民主政治のむずかしさがある。私は、その意味で、主権を「力」としてとらえる在来の概念構成を改め、これを、国民が国民自らのために負うている「責任」と見るべきであると主張した。(22) そうして、宮沢教授も、それ以外の点は別として、「ここにいう主権のもち手であるということが、重大な責任をその双肩に担うことを意味することは、私ももちろん承認したい」といっておられるのである。(23)

要するに、主権を「力」としてとらえたとしても、その力は、決して無為・無自覚の国民の手にあるものではない。国民は、自らの権利を自からの力によって守り、各人の生活を相互の協力によって向上させて行かなければならない。日本国憲法第一二条のいうとおり、「憲法が国民に保障する自由及び権利は、国民の不断の努力によって、これを保持しなければならない」のである。国民の力によって、国民のもつ自由権が十分に守られ、国民の生存権の要求があまねく充《み》たされて行くとすれば、それは、まさにノモスにかなった政治のあり方である。天皇主権であれ、国民主権であれ、政治の矩がそこに存することには、何の変りもない。

しかし、そのようなノモスにかなった政治のあり方は、天皇一個の力では絶対に実現され得る見こみはない。それどころか、もしも天皇の主権とは、「政治のあり方を最終的にきめる力」が天皇一個の意志にあることを意味するならば、そうして、かりに、この「当為」としての主権が「事実」としての主権となる場合があつたとするならば、それは、もつとも極端にまで現実化された専制政治以外の何ものでもあり得ないであろう。だから、天皇主権の場合には、主権の所在についての「当為」と「事実」とは、分離していれば分離しているだけ、それだけ立憲主義的だつたのである。これに反して、国民の主権は、それが単なる「当為」であり、単なる「建前」たるにとどまつているかぎり、真の民主主義の実現を意味することはできない。国民主権の場合には、国民の「心構え」のいかんによつては、「当為」としての主権を単なる当為のみに終らせないで、これに「事実」の裏づけを与えて行くことができる。そうして、その結果として、国民のための政治を国民の力によつて築き上げて行く道が開かれる。われわれは、そこに、天皇主権の原理と国民主権の原理との間に横たわつている実質的に重要な相違点を見出さなければならない。

過去の日本国民は、天皇の統治を仰いでいれば、それによつて国家および国民の「いや栄《さか》」が得られると思つていた。日本国憲法による国民主権主義の宣明《せんめい》は、このような他力本願の態度を払拭し、政治に対する国民の立場の主導性を高く掲げたところに、大きな変革として意味をもつ。天皇主権と国民主権とは、ノモスという同じ高嶺《たかね》の月を見る点では変らないが、一方は天皇のみことのりにしたがうという意識の中にノモスにいたる道を求め、他方は国民のすべての責任と協力とによつてノモスの高嶺に登ろうという心構えを示している点において、全くことなつているのである。そうして、天皇主権と国民主権との差別をこの点においてとらえることは、明治憲法の第一条と日本国憲法の第一条とを見くらべることによつて、ただちに明らかにされ得るような、両者の間の単なる「建前」としての相違を指摘するよりも、はるかに重大なことと思われるのである。

(17) Carl Schmitt: Soziologie des Souveränitätsbegriffes und politische Theologie. Erinnerungsgabe für Max Weber, 2. Bd., S. 5.
(18) マッキイヴァアはいう。「多数者、もしくは人民は、決して支配することはない。——支配するという実際の仕事は常に少数者の手中にある。」MacIver: op. cit., p. 149.
(19) 雑誌、第六二巻、第一一号、二八頁——本書二三三頁——。
(20) 雑誌、第六三巻、第一〇・一一・一二合併号、一九頁以下。
(21) MacIver: op. cit., p. 198.
(22) 雑誌、第六二巻、第一一号、一七頁——本書二一六頁——。
(23) 雑誌、第六三巻、第一〇・一一・一二合併号、一二頁。

解　説　Nomos Basileus ——『国民主権と天皇制』に対する一つの評注

石川健治

It is not he who changes,
but we who change.
(T. S. Eliot)

序　二通の手紙

本解説では、それ自体一個の浩瀚な評伝に値する著者・尾高朝雄の人生を、その生い立ちから辿ることはあえてしない。本書の初版に対して憲法学者・宮澤俊義から論争を挑まれていた一九四八年暮れと、論争に自ら終止符を打って本書の底本（青林書院版）の公刊準備に向かっていた一九五三年夏の、二通の手紙を訳出することで、著者の共同世界（Mitwelt）と周囲世界（Umwelt）のありようを直截に示すにとどめる。

一九四八年一二月二〇日

親愛なる尾高教授

ついに見つけることができたぞ、君の居場所を！　たまたまアメリカの軍政府(Military-Government) に勤めているローリク博士から情報提供があったのだが、(1)これをきっかけに僕らが連絡を取り合うことができるのだとしたら、彼にはひたすら感謝だ。レターヘッドからわかるように、僕はいまルイジアナ州立大学で教えている。ナチがオーストリアに入ってきた一九三八年に、僕はウィーン大学を辞め、すぐさま国外に出なくてはならなかった。もっと不愉快なことを回避するためにだ。それ以降、僕はずっとアメリカにいる。……

その間、何があったんだい？　最後に聞いた君の職場は、京城大学だったね。君はまだ、現象学を用いた理論研究を続けているのか？

僕らの共通の友人シュッツは、ニュー・ヨークでビジネスマンだ。(2)ヴィンターニッツは、ニュー・ヨークのメトロポリタン美術館で楽器の管理をしている。(3)フリッツ・シュライヤーはフィラデルフィアで心理学者。(4)フェリックス・カウフマンは、ニュー・ヨークのニュー・スクール・オブ・ソーシャル・リサーチで哲学教授。(5)ケルゼンは、君もきっと知っているように、カリフォルニア大学バークレー校の教授だ。(6)

もし時間が許すなら、連絡をくれないか。ドイツ語の手紙か英語の手紙か、君がどちらを好むのかはわからないが、僕は英語の手紙が習い性となったよ。

衷心よりご多幸を祈る。

エリック・フェーゲリン(7)

一九五三年七月二五日

＊

親愛なるシュッツ博士

在東京イスラエル公使館のロナル博士(8)が、僕の現状を君に知らせるとともに、君のことを僕に知らせるために、わざわざ連絡の労をとってくださいました。ロナル夫妻と僕が、彼らの住むホテルで面会したのは、昨日のこと。君の高潔な人柄、学問研究における君の真摯な態度、熱烈だが論理的な君の教育方法。それらについて語るロナル夫人の言葉は、賞賛に満ち満ちていて、強い印象を与えました。僕はすぐさま決意しました。とにもかくにも君に手紙を書こう。多くの不幸な世界的出来事が惹き起こした永い空白の期間においても、僕の魂のなかで常に鮮やかに生き続けてきた君との友情を、再び、ここから始めるために。

ウィーンで僕が君と出会った二四年前と全く変わらず、学問に実務に君が精力的に取り組んでおられることを知り、とても嬉しく思います。君の細君――あの知的で優雅なウィーンの淑女！　――もまた、すこぶるお元気の由、とても「悧発（begabt）」そうな二人のお子さんの母になられたと伺い、喜ばしい限りです。僕はロナル夫人に、ヴィンターニッツ博士をご存知ではないですか、と尋ねてみましたよ。音楽家で、いまはニユー・ヨークの美術館の音楽部門に勤めている、ヴィンターニッツという名前の人なら知っている、と彼女は教えてくれました。法律家である以上に卓越した音楽家として僕が記憶している、あのウィーンのヴィンターニッツ博士かもしれない、と思っています。

一九四四年、太平洋戦争のさなかに、法哲学教授としての職場を、……京城大学から東京大学に移しました。戦争で僕が被った損害は、相当程度にのぼりましたが、甚大というほどではありません。僕は日本語の本をたくさん書きました。『法哲学（Introduction to the Philosophy of Law）』、『国家構造論（The Structure of the State）』、『実定法秩序論（On the Positive Legal Order）』、『法の窮極に在るもの（The Ultimate Foundation of Law）』、『ラアドブルッフの法哲学（The Legal Philosophy of Gustav Radbruch）』、『法と事実（Law and Factum）』、『自由論（On Liberty）』、等々。終戦後は、ユネスコ総会に参加するため、二度訪欧しました。昨年の一二月には、第七回ユネスコ総会でパリに滞在中、オーストリアの放送局の若い人に頼まれて、ウィーンの人たちに向けた電波で、講演をすることになりました。一応やるにはやったのですが、ドイツ語力がすっかり「なまって（ausser Übung）」しまっていたのは遺憾です。帰国の途次、ドイツに立ち寄りました（ベルリン、ボン、ケルン、フランクフルト）。この四月からは東京大学の法学部長を務めています。

私の妻と二人の娘のことは、覚えておられるでしょうが、みな元気にしています。[9] 長女は東京大学助教授の原子物理学者と結婚しました。次女都茂子は、うちの大学の法学部を卒業し――女性としては、日本では戦後においてさえ、めったにないことなのですが――大学院に進学して、かなり集中的に法律学を研究している最中です。

今度外国に行く機会に恵まれて、わが恩師ケルゼン教授だけでなく、わがウィーン時代の親友たちの多くがいる、アメリカ合衆国を訪問する日があることを念願しています。世界俗世のことどもが、かくも無慈悲に引き離せし総てのものを、再びひとつに結び合わせる、そは学問なり！（Es ist die Wissenschaft, die alle wieder bindet, die die weltlichen Angelegenheiten so herzenlos getrennt haben!）[10]

ご多幸を衷心よりお祈りしつつ

東京大学法学部長
尾高朝雄[11]

彼らウィーンの友人たちの間には、「尾高プロブレム」と呼ばれる主題が存在していた。たとえば、尾高がフライブルクで、ハイデッガー『存在と時間』とフッサール『形式的論理学と超越的論理学』（いわゆる『論理学』）を立て続けに読破していた頃[12]、ウィーンのシュッツがカウフマンに出した一九三〇年八月二七日の書簡をみよう[13]。シュッツは、最近集中的に読んだフッサールの『イデーン』に触発されて、いろんな問題が疑わしくなってきた、と訴えており、そこに書き出された主題の一つに、「『領域的存在論』の原理的可能性（Otaka-Problem）」があった[14]。その上で彼は、フッサール『論理学』によって解決済みだと思っていた現象学的立場の変遷について、一度君と議論したいと、カウフマンに申し込んでいる。

シュッツ社会学に特徴的な、こみ入った現象学的構成が形成されるにあたり、尾高プロブレムが重要な触媒となっていたことを示すエピソードである。

後に尾高の独文著書に対する書評のなかで、カウフマンが尾高はフッサール『論理学』に依拠していると評したのに対して、シュッツが尾高は『論理学』を読めていないと評価するに至った消息が、そこには垣間みえる。カウフマンは、「エドムント・フッサールが近著『形式的論理学と超越論的論理学』で追求した、精神的対象の本質に関する原理的考察に、尾高は依拠することができた」、と断言した[15]。実際、尾高の手沢本が示す通り、彼は留学中に二度『論理学』を完読しており、特に二度目はフッサール自身の指導のもとで読んだのであって、カウフマンはそのことを知っていたに相違ない。しかし、完成まで五年を要したシュッツの書評論文における評価は対照的で、『論理学』でフッサールが成し遂げた現象学(Phänomenologie) から構成分析 (Konstitutionsanalyse) への転回を——尾高プロブレムの解明のためにラディカルな帰結をもたらしうるはずであるにもかかわらず——尾高が全く顧慮していないことを強く批判している[16]。

シュッツ論文の抜刷が尾高の許に届けられたのは、日中戦争開戦後の京城であり、尾高はこれを精読し如上の指摘には丸印をつけて注目しているが、これを深めるだけの身辺の余裕は残されていなかった。しかし、敗戦後の東京で、突然かつての現象学サークルとの交流が復活したことによって、焼けぼっくいに火がついた状態になった。「日本国」や「日本国民」といった精神的対象が実在するのでなければ、それを象徴する天皇の居場所もなくなってしまう。そうした問題意識のなかで本書は書かれたことを、忘れてはならない。

一　尾高プロブレム

そもそも尾高プロブレムとは何か。帰国後の一九三四年一一月一五日に、京城帝国大学法文学部大集会室で開催された「国家研究会」で、尾高自身がこう語っている。――「恰も、空の交通機関として一個の航空機が発明製作された時、それと共に同様の構造の下に同様の機能を発揮する航空機一般が存在するに到った、と考えられ得るが如く、歴史上の国家の発達は、個別国家の発達であったと同時に国家制度一般の発達でもあったのである。一般国家学はかくの如き実在する国家制度一般の学であり、その意味で特殊国家学とは自らに研究の方向をことにした実在科学として成立し得るのである[17]」。

ある具体的対象の本質は、一切の質料とかかわらない純粋形式（本質形式 Wesensform）に比べれば、その限りで実質的内容をもつ「実質的本質（materiales Wesen）」であって、形相としての一般性をもつと同時に、高次の一般者からみればなお特殊な具体者である、という性質をもつ。このように、一般性と具体性の双方によって、一定の対象の領域（Region）を区画する実質的本質のことを、この意味で「領域的本質」と呼び、かかる実質的本質の、ある定まった存在領域を研究する本質学を「領域的存在論（regionale Ontologie）」という[18]。「国家一般の実在」という主題も、その一環である。

「国家一般」のような領域的本質は、あくまで「意味的直観」によって賦与された、「意味」として存立している。しかし、それは中間的な身分をもっているため、同時に「感性知覚」が捉えた「事実」によって、底礎されてもいる。その限りで、「意味」としての領域的本質は、充分に「実在」としての資格を有している。他方で、「意味」が底礎する「事実」が喪われたとしても、直ちに「意味」がなくなってしまうのではないから、非現実的な「意味」であったとしても、それが意味的統一性を有する限り、なお精神的対象として存続する。これは、オーストリアのグラーツ大学教授だった、アレクシウス・マイノングが開拓した論点であるが（いわゆる「対象論」）、尾高の場合は、もっぱらフッサールを通して、そこに到達した。

「尾高プロブレム」の現象学的基礎を説明するには、不十分ながら、フッサール現象学を特徴づける二段階の還元手続に言及せざるを得ない。第一段階は、超越論的還元である。出来合いの学問による——たとえば〈主観・対・客観〉図式での——裁断から、いったん生活世界を解放するために、見られる対象もそれを見る作用も、分け隔てすることなく、ともに意識の単一面に投影して考えるのである。そのなかで、さらに、いかなる意識の事実にも必ず認められる「形相」と、個別偶然の要素とを仕分けして純粋意識に迫るのが、第二段階の形相的還元である。意識は本来的に志向性（Intentionalität）を有するので、志向的側面であるノエシス（noesis）と、志向される対象としてのノエマ（noema）とが、意識現象の構造を支える基本要素になる。単なる意識現象の学から純粋意識の学へと到達した現象学は、ノエシスとノエマを仕分けしながら、実在や真理の意味を求めて最終的根拠を追い詰めてゆく純粋意識の本質学として理解される。

これらのうち、超越論的還元を行わないまま形相的還元を行えば、それはもはや厳密には現象学とは呼び得ない。しかし、ノエシス・ノエマ的な意識構造の理解を準用し、範疇的直観が捉える対象の本質や本質法則を明らかにする「本質学（本質科学 Wesenswissenschaft）」が、単なる経験科学とは一線を画する形で、そこには成立するのではないか。フッサール『イデーンI』は、その可能性を承認しているとみられた[19]。そこで、当初の尾高構想では、社会科学の対象領域の存立を支える「領域的存在論」を、この本質学によって基礎づけようとした形跡がある[20]。

しかし、「本質」ではなく現存在に照準するハイデッガーの現象学は、折に触れて尾高の設問そのものを攪拌させた[21]。結局、尾高は、本質学を離れて現象学に復帰し、社会の「本質」ではなく歴史的社会的制約のもとにある「実在」を捉える、一個の実在科学の可能性を追求することにした。その際、フライブルクに持参して併行して読んでいた、山内得立『現象学序説』（一九三〇年八月二七日読了）が助けになった[22]。

範疇的直観とは、感性的知覚によって捉えられる事実をあくまで基礎としつつ、そのうえに発生する観念的対象としての「意味」を直観するノエシスの作用であり、それは「意味的直観」といい得るノエシス的直接経験である。この意味的直観によって構成される「意味の世界」は、事実によって底礎されており、「経験」や「実在」に属するといってよい。この、事実に底礎された、しかしあくまで「意味の世界」に属する、「社会」という単位を対象領域とする実在科学として、尾高の社会学は定義されることになった。

ここに研究の対象領域としての「社会」を確実に把捉したと考えた尾高は、〈社会的体験（Erlebnis）→その表現（Ausdruck）→その理解（Verstehen）〉の連鎖からなる社会関係について、体験の内容における〈親和（harmonisch）と闘争（disharmonisch）〉〈合理

（rational）と不合理（irrational）〉、表現と理解における〈率直（direkt）と歪曲（abgelenkt）〉、という三方向から整理を加える。そのうえで、社会団体の基礎となり得る社会関係としては、〈不合理・率直の親和関係（irrational-direkt-harmonische Beziehung）〉としての共同社会関係（Vergemeinschaftung）と〈合理・歪曲の親和関係（rational-abgelenkt-harmonische Beziehung）〉の利益社会関係（Vergesellschaftung）、という二つの候補を抽出する。

さらに、それらを実在的底礎とする社会団体の基礎には、必ず〈全体〉と〈部分〉の意味連関がある。団体の観念性・統一性・自己同一性の中心は常に〈全体〉におかれるが（意味的全体性）、団体の事実性・多様性・可変性の中心はあくまで〈部分〉である。個人は、団体と無関係な個人として生きることもできるが、〈全体〉としての団体の構成に参加するためには、その〈部分〉としての個人、という意味づけを介在させる必要がある。

団体は〈全体〉と〈部分〉の組織的綜合態である以上、その実在性の中心については、〈全体〉におかれる場合と〈部分〉におかれる場合とが出てくる。団体の実在性の中心が〈全体〉に偏ると、〈部分〉としての個人の実在性は希薄となり（共同社会団体Gemeinschaft）、実在性の中心が〈部分〉に偏ると、〈全体〉としての団体の実在性が希薄になる（利益社会団体Gesellschaft）。しかし、両者を綜合し、個人が団体において実在し団体は個人を通じて実在するような超越的な価値によって導かれた、最も調和した団体も構想し得るであろう（協成社会団体Körperschaft）。社会団体が協成社会団体に至る経路としては、全体中心の共同社会関係に底礎された共同社会団体を経由する場合と、個人中心の利

益社会関係に底礎された利益社会団体を経由する場合とが考えられ得る。(23)

このようにして「社会」的団体の構造を明らかにした尾高は、帰国後、同じ手法で「国家」的団体を解明した『国家構造論』を発表する。共同社会団体圏を中心とする国家が、利益社会団体の契機を取り入れて協成社会団体に向かうパターンが立憲君主制であり、利益社会団体国家が、利益社会化の極点に達し、逆に全体への統合を希求して協成社会団体に向かうパターンが現代ファシズムではないか、という見透しが示される。

二　矩と信

ただし、そうした社会学が国家学としても成立するためには、社会団体の理論には欠けていた「法と政治」の関係の解明が先行していなくてはならなかった。その作業を行った一九三四年の論文「国家に於ける法と政治」は、同僚の戸澤鉄彦が主催する国家研究会の研究成果として発表された。(24)ここで注目されるのは、「法の窮極に在るもの」に早くも言及されている、ということである。曰く、「国家の最高契機」は、単なる政治的な力ではなく、「力を伴う所の理念」すなわち「実践的理念」である。国家の静態としての法と、国家の動態としての政治とは、ともにこの「国家存立の基礎たる実践的理念」を出発点とし、「此の共通根源から分岐して、実在国家の二大分野を形成して居る」。

この論文が公表された時点で、京城帝国大学法学会叢刊の刊行予定リストのなかには、尾高朝雄『法と正義』があった。「力を伴う所の理念」という観念を語るとき、尾高の脳裡には、公平の理念を高く掲げて一方の手には天秤を、しかしもう一方の手には剣を握る、法の女神ユスティティアの姿が浮かんでいたことを、その題名がよく示している。満洲事変を機に、満洲国建国、五・一五事件、リットン調査団報告書と歴史の岐路となる事件が続き、国際連盟脱退に向けて日本が孤立の色を深めつつあった一九三二年一一月一九日、京城府社会館で開催された京城帝国大学法文学会公開講演会で、「正義の本質」と題する講演を行っていて、そこから『法と正義』の構想を読み取ることができる。

第一に、道徳上の善と法律上の正義を区別し、後者には剣の力が伴うこと。第二に、正義の形はア・プリオリではなく社会団体の類型に対応しており、個人本位の正義観から社会本位さらには団体本位の正義観への変遷が認められること。第三に、終局的には世界団体本位の正義に至るにしても、それを貫徹するには国家の力が必要であり、世界団体の正義が国家を通じて自己を実現すべく、国際主義と国家主義の結合が求められていること。それらはすべて普遍妥当的なイディオムで語られてはいるが、そこには、ジュネーヴ中心の世界秩序を離れ、日本の武力が支える自給自足的な経済ブロック（つまりは大東亜共栄圏）に向かおうとする、時局がじわりと滲む内容になっている。

京城帝国大学法学会叢刊から実際に刊行されたのは、八年後の『実定法秩序論』であったが[25]、この頃になると、かつての「実践的理念」は、「道徳と正義との両々相俟つ状態」としての「道義」として語られ、しかもそれが、ヘーゲルの Sittlichkeit（現在は「人倫」と訳される）の訳語である以上に、「肇国の精神」という特殊日本的なイディオムに全面的に依拠して語られるようになっている。

もちろん、「力は法或いは正義を実現するための力でなければならぬ」のであって、「国家の力は絶えず法の示す軌道に則って行使されなければならぬ」ということが力説されるが、そこにいう「法或いは正義」は、いまや神武東征以来の「和御魂と荒御魂との綜合理念」として顕彰され、かかる「肇国と共に古き道義」の実現のために、天皇中心の「祭政一致」[26]、「信仰の政治」の優位性が強調され、「実力中心の覇道精神」や「闘争の原理」は排除される[27]。

しかし、その一方で、一九四三年の論文「法における政治の契機」では、法に対する政治の優位の主張に対して、法および法学の自主性を確保しようと、懸命の論陣を張っている。ここに登場するのが、政治が決して外れてはならない軌道を示す、「政治の矩」の観念である。

「国家の政治が理念として国民の精神を統合し、国民の団結によって国家の統一を確保する力を発揮する」という課題の設定に、戦時中の言説であることの一斑が現れてはいるが、「その政治がその国・その時代の具体事情に応じて国家の諸目的を均衡・調和せしめ、国民共同体内部の秩序の要求を満たすだけの適格性を有する」政治が「正しい政治」であり、「正しいということは、政治の則るべき矩である」、という定式化は、超時間的な論調になっている[28]。

ただし、内容の可変的な「政治の矩」に関連して、「一つの国家において、政治の中心が永遠に不動であるべきものであると定められている場合には、いやしくもその政治の中心に変動を生ぜしめようとするがごとき政治動向は、政治の矩としての法によって絶対に否定せられなければならぬ」と述べられているのは、日本の国体のことである。「かかる国家の根本の法は、その点に関しては永遠に変わらぬ内容をもっているのである」と。

ここで、根本の法から政治を媒介として派生した「派生法」と、そうした政治の動向を規正する「根本法」とを区別すると、「政治の矩」は根本法に分類される。根本法については、実定法秩序の中心に位置する「根本規範」と同一なのか（それ自体もまた実定法なのか一種の自然法か）、それとも、法の目的論的解釈の準則あるいは「条理」なのか、については確答を避けている。また、国際法秩序における根本法についても検討を留保している。

ただし、戦争終了後の体制変動を予感してのことであろうか、「政治の矩」が前面に出てくるのはもっぱら体制変動期であることが強調され、思考実験が展開される。「法の破砕は法にとっての大きな不祥事」であるとして、「政治の矩」の観点から否定的な評価が与えられ、とりわけ明治憲法体制を想定した思考実験では、憲法変動は、憲法自体に盛り込まれた「政治の矩」に従って行われるべきだ、という予防線が引かれていることは注目に値する。

実際、この議論は、敗戦後直ちに反復された。天皇の人間宣言以前に完成されたことが確実な、二回完結の論文「法の窮極に在るもの」では、「政治の矩は、国家存立の根本義であり、法も政治もこの矩に合致することによってのみ、正当の法、正当の政治たり得る」と断じて、「政治の矩」こそが、かつての「実践的理念」に相当する観念であることを示している。そこでは、以前よりも踏み込んで、「根本規範にして根本事実」と述べられている。そして、「政治による法の破砕が許されるのは、政治の矩に適った力が、最後の手段として腐朽した法を破る場合にかぎられる[29]」。

ここに突如として現れた「矩」という観念であるが、尾高朝雄にとって、「信」と並んで社会の秩序を考える上でのキー・コンセプトであった、ということを指摘しておく必要がある。

時は大正年間に遡る。彼は、一九二一年二月三日に読了した田邉元『科学概論』に感銘を受けたことなどから、京都学派の門を敲くことを決意し、二二年に東京帝国大学法学部を卒業した後、京都帝国大学文学部の哲学科を経て、二六年に同大学院に進学した。米田庄太郎の許で社会学を専攻したが、米田が退官した後は、西田幾多郎が指導教授を引き受けた。ここでは、若き尾高の事実上の処女論文「原始信仰の社会統制作用」（未公刊、謄写版刷、筑波大学附属図書館所蔵）をとりあげよう。表紙に「大正十三年十月刷」とあるから、文学部学生時代のものと思われるが、修士論文相当の本格的論文である。[30] 当時の尾高は、注記されているように、米田庄太郎の社会学普通講義（未公刊）と、親戚でもある法理学者・穂積陳重の論文『「タブー」と法律』の影響を強く受けていた。[31]

第一に注目すべきは、原始社会におけるトーテミズム、タブー、呪禁信仰の現象を素材とする本書は、いかにもジグムント・フロイトの名著『トーテムとタブー』を彷彿とさせるが、そうではない、ということである。フロイトの手法は、方法的に吟味したうえで、否定されている。ヴィルヘルム・ヴントの民族心理学やエドワード・ウェスターマークの人類学なども利用しているが、尾高が最も高く評価したのはデュルケームの『宗教生活の原初形態』であった。

第二に、それゆえ、この時点での尾高はデュルケーム流の方法的社会主義者であった、ということである。予め悟性に内蔵されているア・プリオリな（経験に依存しない）概念を探りあてようとする、カントのアプローチをデュルケームは批判し、一見ア・プリオリに見える概念も、常に所属する社会関係や社会集団によって規定されていることを強調した。

一般的なイメージに反して、若き尾高の思想遍歴のなかに、ケルゼンの名前はない。新カント派全盛の時代に、尾高がカント批判から入ったという消息は、きわめて重要である。その後も、内的に必然性のある仕方で、デュルケームの外在的なカント批判から、ルドルフ・シュタムラーの内在的なカント批判に移動する。さらに、彼の批判的自己省察の方法とフッサール現象学の形相的還元の方法の類似性に着目して、より方法的に洗練されたフッサールのサークルに入ってゆく。しかし、デュルケーム的問題意識は、その間もかたちを変えて温存されており、正義は社会関係や社会団体の類型によって規定される、という視角として生き続けているのである。

そのようにして、一見すると「転向」に見えかねない局面でも、内的なコンシステンシーを維持しようと努めるのが、尾高の思想家としての矜持であり、本書もそうした観点から内在的に読まれるべき書物であることを強調しておきたい。

第三に、「規範と社会」と題する緒論、および「信仰と社会」と題する結論には、若き尾高の学問的マニフェストが記されており、規範と信仰を楕円の中心とするスケールの大きな社会学が構想されている、ということである。彼が着目するのは、比較的わかりやすい「社会力（社会統合の積極的紐帯）」よりも、目立たない「社会統制作用（社会存立を消極的に保全する仕組み）」であって、両者が相俟つことではじめて、社会本能の動揺によっても、少数者の反社会的行動によっても、社会はびくともせず、むしろ異質者を包容してますます分業社会化を進めるとともに、文化的建築を積み重ねることができる、というのである。社会統制作用は、主として、「規範」によって具象化され硬化された社会意識の強制作用であるが、これに対する「信仰」の働きについてみると、原始未開社会と文化的社会との間には何らの差異も認め得ない、というのが尾高の結論である。

第四に、かくして、結語は次のようなものになる。「信仰は社会の経であり規範は社会の緯である。故に信仰と規範とを除去し、社会本能のみによって宏壮なる文化を支持せんとする試みのもし為されるならば、それは膠と糊とによって近代的大建築を支えんとするの愚にも等しいであろう。……然るに現代は正しく規範打破の時代であり、又信仰への背反時代である。……従って真摯なる青年は行路の指針を失い、只消極的に個我の牙城を護るのみであり、新しき世代にすら此の機運を転換すべき集団的空気を求めることができなくなった。……やがて社会力の狂瀾は此の個我の牙城を粉砕し、人々の真の内面的要求すら個々の殻を捨て・協力して共同の土台の上に共同の城塞を築くべき時が来るであろう。而して分散の時代・反省の時代に得た尊い自覚から出発して普遍的理想の下に統括され、硬化性と柔軟性との調和せる規範によってその社会生活を律する時代が来るであろう。而して歴史は信と矩とを経緯とする堅確なる社会態容の裡に、その歩みを進めるであろう。正しき文化の建設は、その時代に於てのみ期待し得べきである」。

かくみてくれば、後に尾高の代名詞のひとつになる「政治の矩」は、暗黙のうちに、「政治の信」と呼応するものとして構想されていた、ということが諒解されよう。そして、日本社会において「信と矩」とをもろともに体現する存在として、尾高の脳裡に当初から天皇が浮かんでいたとしても、不自然ではないであろう。

そして、件の「実践的理念」に戻れば、「国家の政治が理念として国民の精神を統合し、国民の団結によって国家の統一を確保する力を発揮する」ために、軍服の大元帥としての天皇が、同時にその一身において「信と矩」を結合させていたことの威力は、絶大であった。そのことへの反省にたって、神道指令と人間宣言が「信」の部分を、象徴天皇制と憲法九条が「力」の部分を統治システムから切り離したのであって、戦後の天皇が象徴すべき理念はもっぱら「矩」にとどまる、というのが本書の立場だということになる。

三　特殊性と普遍性

デュルケーム、フロイト、ヴント、ウェスターマークらの名前を、『国家構造論』の人名索引で検索すれば、本書の読者は、現象学的社会学の洗練された様式のなかに、トーテミズムやタブーの問題が巧みに織り込まれていることに気がつかれるであろう。しかし、「信と矩」というコンセプトは、フッサールと彼の現象学年報を舞台とする現象学運動への没入によって、尾高のテクストの表層からは、いったん姿を消した。

もちろん、人間と経験とのかかわりにおいて、およそ規範のありそうにないところに、経験が逸脱することのできない規則構造を発見するのが現象学の営為である以上、これと格闘する過程で、およそ規範のなさそうな政治的決定の背後にも「矩」を発見するという思考の粘り強さが、尾高のなかで養われていた可能性は否定できない。だが、当面の研究プログラムの上で、「矩」は「信」とともに、もはや過去のテーマになっていたはずである。

ところが、同書が上梓された頃、京城帝国大学にとっては庇護者的存在だった宇垣一成総督が去り、南次郎が朝鮮総督として赴任する。日中戦争の泥沼化と連動して、朝鮮総督府統治の方針が大きく転換されることになった。後世の歴史家は、それを「文化政治」期から「皇民化運動」期への移行として整理をしているが、尾高を含む大学人の同時代的実感であったであろう。南総督の下で辣腕をふるった塩原時三郎学務局長の新政策――大学サイドからは「城大征伐」と呼ばれた――によって、「協成社会団体」の理想に近い状態だった城大の学問共同体は、散々に荒らされることになった。

看板教授たる尾高の選択は、こうであった。「自分は二・二六事件のニュースをラヂオで聞きつつ大學の危機を痛感、如何にしてもこれを克服し、非常時における大學の任務を遂行すべきかを考へた。そして我々はひいて守るよりも、進んで危機を克服し、大學の存在を認識せしむべく決意した。内在的超越こそ眞の克服である……」[32]。彼は、現象学的社会学の理論的彫琢の作業を脇におき、素朴な意味で「事象そのものへ」体当たりの取り組みを始める。考察の重心が、再び「矩」と「信」へと移動したのは、その結果である。

そのようにして、理論が理論の立場を離れて政治的実践と化する危険のなか[33]、認識面で得られた所産が、国内法については名著『実定法秩序論』(岩波書店、一九四二年)、国際法については論文「大東亜共栄圏の文化理念」京城帝国大学大陸文化研究会編『続大陸文化研究』(岩波書店、一九四三年)一頁以下、である。普通には「正当化」と訳されるRechtfertigungを、「認識」との対比で「認証」と訳すのが、当時の流儀であったが、その「認証」面での所産としては、論文「国家哲学」(岩波講座『倫理学第七冊』一九四一年)が決定版である。さらに、それらを踏まえた実践面での所産が、百済の故地・扶余で開かれた一大イベントでの講演録、『国体の本義と内鮮一体』(国民総力朝鮮連盟防衛指導部、一九四一年)であろう。これらは、相互に切り離すことができない、ある一体をなした作品群である。朝鮮半島における思想戦の「隊長」として時代と格闘するなかで産み出された government speech という苦い記憶を伴うテクストであるところに、共通の特徴がある。

そもそも、government は、自身の「口」をもたないために、そのメッセージを伝えるためには、必ずメッセンジャーとしての agent を必要とする。しかし、agent といえども、あくまで固有の信条や信仰を抱く、生身の人間である。自らが媒体(medium)となって伝えるべき政府の言論と、これに加担することを禁ずる自らの良心の声との間で、内的な葛藤や義務の衝突を抱え込まざるを得ない。この点、日中戦争の開始とともに、「朝鮮」、「鮮人」に替えて用いられるようになった、「半島」、「半島人」という表現は、差別語の禁止というプラス面を伴いつつ、より多く、朝鮮総督府の統治への加担を強いる表現でもあった。[34]「半島」という表象が抱える表現の二重性と内的葛藤に着目して、「半島」支配への加担という特質をもった知的営為を、本稿筆者は「半島知」と呼んだことがあるが[35]、如上の一群の著作は「半島知」として相互に深く連関している。そして、本書にみられる内的葛藤の表現もまた、「半島知」の所産であることに、読者の注意を促しておきたいのである。

発売時には東大正門前の有斐閣書店に行列ができたという『実定法秩序論』は、もちろん、独立の学問的著作として読むことのできる名著である。しかし、それを、『国家構造論』と同様の、現象学的に洗練された著作として読もうとしても、そこには一種名状し難い、肌合いの違いが感じられるはずである。それは、『法の窮極に在るもの』という戦後のベストセラー作品についても、同様であろう。一九四六年のクリスマスの日付で書かれた「はしがき」において、「何とかして法および法学の確乎たる自主性を基礎づける道」が「昼夜をとわず著者の脳裡から離れない主題であった」と告白する「この数年間」が、どれほど苦しい日々であったのか。「去るに忍びぬ朝鮮」や「職場に対する断ち切り難い愛着」で想起される「過去一六年間」とは、いったい何だったのか。それらの行間に埋め込まれた著者の苦衷は、本書『国民主権と天皇制』に直接流れ込んでいる。それらを素通りして、本書の主題に肉薄することは、実際不可能である。紙幅の関係で、ここでは、ヒントとなりそうな文章を三つ呈示しておこう。

第一に、『国家哲学』の一節を引用する（九八頁以下）。

「国家によって実現されるところの道義は、単一個別の国家の立場を超越する普遍的の理念である。国家は、普遍的なる道義の実現を目指して、世界史の狂瀾怒濤を乗り越えて進む、巨大な「作業共同体」でなければならぬ。此の普遍的な理念と、此の雄渾な作業の共同性とが、異質国民の間にも自らにして一体の結合を完成するのである。ドイツ民族社会主義の理論は、民族を名づけて「運命共同体」(Schicksalsgemeinschaft) と称する。けれども、「運命」という言葉は、受動的であり、消極的である。……これに対して、「作業」の概念は、積極的であり、建設的である。……国家の作業目標の高貴さと作業活動の強靱さとが、不断に新たな人間共同体の型を創造する。その人間創造の過程の裡に、すでに作業国家の道義性が顕現しているのである」。

第二に、『国体の本義と内鮮一体』の一節を引用する（一頁以下）。

「……本日は内鮮一体の聖域たるこの扶余の地に於きまして、全鮮からお集りになりました官民各方面の練達なる指導者各位の前に、朝鮮統治の根本方針についての所見を申上げる機会を与えられましたことは、私の衷心からの欣栄とするところでございます。……内鮮一体ということは国体の本義に立脚するところの大理念であるのでありますが、……その第一の前提は半島民衆の完全な皇国臣民化ということであります。……次に第二の前提は、内地人、朝鮮人共にこの理念を目標として協力邁進することである。……これら二つの前提が本当に具備されるに至った暁こそ……内地人、朝鮮人の別を超絶する一君万民の国体が半島の天地に具現するのであります。……国家の根本組織という意味で国体という言葉を用いますならば、……イギリスにもイギリスの国体があり、ドイツにもドイツの国体があるということが出来る。そういう諸外国の根本組織と対比した場合に、日本の国体の独自性はどういう点に見出されるか。……斯様な話の順序を踏みますのは、こういう考え方で国体の本義を説くことが朝鮮では特に必要であると思うからであります。日本精神、日本の国体というものを始めから真向に掲げて、日本にしかない深い含蓄ある意味での国体を説こうとすると、……二千六百年の歴史を有するところの内地人ならば理屈を超越して会得出来るのでありますが、これを朝鮮の方々の立場から見ると多少事情が違うと思うのであります。心で会得するだけでなく理屈でも納得したいというところがあるのであります。理屈で分るところが摑みたい。先ずそこからはいって行くことが順序であると考えます。そこで、私は、古典や国史で国体を説く代りに、……広い世界的な展望の上に立って国体の何たるかを申述べさせて戴きたいのであります」。

第三に、論文「法の窮極に在るもの（二・完）」の一節を引用する（一一八頁以下）。「いかに普遍の意味を持つ政治思想や政治組織といえども、それが或る特殊国家の政治原理として採用された場合には、自らにして特殊の性格によって彩られ、その国家ならでは見ることのできないような色調を佩びて来るのである。かように普遍なるものを特殊化する能力のない政治社会は、もはや創造的生命の主体ではあり得ない。……国民精神の特殊性の自覚といえども、決して単なる特殊性のみに跼蹐することによって得られるものではない。特殊の精神は、普遍なる世界に衝き当って、そこからふたたび自己自身の本質に立ち戻るときに始めて、特殊性の自覚を確立することができるのである。その意味で、特殊の自覚は、世界における特殊性の自覚であり、特殊を通じての世界の自覚でなければならぬ。……政治は、常に特殊と普遍のかような相関関係の裡に進展する。したがって、政治によって生み出される法もまた、国民生活の特殊性を反映する具体秩序としての面と、道徳・経済・技術、問うの一般化の傾向を表現する普遍秩序としての面とを、併せ備えているのである」（傍点は尾高）。

「作業共同体論」とは、『国家構造論』には存在しなかった、多民族帝国仕様の国家理論であり、ウィーン大学の経済学者フリートリヒ・ヴィーザーの議論を参考に、『実定法秩序論』で完成された。血縁共同体、運命共同体、日鮮同祖論、単一民族神話、民族浄化等々、外地に対する想像力を欠いた内地人が考えがちな帝国構想を、作業共同体論はシャットアウトしようとする。そのぶん負荷が余計にかかるのが、特殊な「国体の本義」との連絡をつけることが必須だった普遍的な理念（ノモス）の構想と、その体現者としての天皇である。この構図がそのまま本書にも受け継がれている。普遍と特殊が章ごとに交錯する本書の構成を、是非読み飛ばさないようにしていただきたい。

四　ノモスはどこから来たのか

本書において最も多義的で読者を同床異夢に誘ってきたのが、「ノモス」という触発力ある観念である。nomosというギリシア語は、「区分する」あるいは「配分する」という意味のnemeinという動詞に由来する。本書に遅れて一九五〇年に『大地のノモス（*Nomos der Erde*）』を発表したドイツのカール・シュミットは、前者の「区分する」、「空間を画する」という意味でノモスを理解し、そこから空間秩序論を構想した。これに対して、尾高朝雄は、後者の「富を配分する」という意味でノモスを理解したため、一九五〇年の『法思想史序説』（弘文堂）では、配分秩序論に展開した。つまりノモス主権にいうノモスは、ほぼ「公共の福祉」と同義になる。「政治の矩」は、まずもって、富の配分秩序であったわけである。このことの意味は、戦前からの尾高法哲学の展開のなかで、はじめて理解される。

すでに述べたように、ノモスの前身たる「国家存立の根本義としての政治の矩」は、元来「国家存立の基礎たる実践的理念」であったのであり、尾高の国家哲学は、かかる帝国の「実践的理念」の内実について、考え続けたのであった。その結果は、ジュネーヴ中心の国際連盟体制の下敷きになったカントの永遠平和論でも、カントを批判して戦争の不可避性を肯定するヘーゲルの権力政治論でもない、その中間にある第三の道であった。それが、人間らしい快適（angenehm）な生活と永遠平和のための理論として構想された、フィヒテの封鎖商業国家論である。尾高の書き込みのあるフィヒテは、このほど国立ソウル大学校中央図書館古文献資料室所蔵の京城帝国大学旧蔵書のなかから発見された。基本的に本は自分で買う彼にしては珍しく、これを図書館の本で勉強していたのである。尾高朝雄が引用するフィヒテは、もっぱらこの本に尽きており、彼が好んで言及する、「人間はすべて文化の蒼空を仰いで（sein Auge um Himmel zu erheben）心の教養を高める（zu dessen Anblick er gebildet ist）べきである」という表現も、[36]封鎖商業国家論の一節である。[37]フィヒテの原文は「天（Himmel）」を仰ぐとしか述べていないが、この「天」は「精神の蒼空」、「文化の教養」を意味するので「文化の蒼空」と意訳されている。

自然によって生命を授かったすべての人が、「可能な限り快適に生きる」権利を平等に保障され、共存共栄できなくてはならない。[38]人間はただ家畜のように生かされているのではなく、何らの生活の不安もなく、すべて喜びをもって勤労に従事すべきであり、自らの精神と眼をあげて、天を見つめ、天を仰いで教養形成する時間を残しておくべきである。[39]フィヒテによれば、[40]そのようにして、「各人に各人のものを」配分しすべての国民に正しい人間的生活を保障する理性国家（Vernunftsstaat）には、二つの条件がある。第一に、国民生活を維持するための物資を生産するために自ずから必要な領土であり、フィヒテはこれを「国家の自然的限界」と呼ぶ。それは、しばしば現実の国境とは違うため、国境変更が必要となる。第二に、理性国家内部における配分の公平を保ち、国内的な均衡状態を保障するとともに、国際紛争を防いで永遠平和を確立するため、外国との自由貿易を封鎖することである。この着想が、後にフリードリヒ・リストが主導したドイツ関税同盟や、「国民経済」の観念の濫觴になった。

これを踏まえていえば、理性国家としての帝国に要請される「実践的理念」は、公平な財の配分によって、健康で文化的な最低限度の生活を国民に保障することであり、そのための方策は、第一に、現状の国境を変更して、生活を保障するために必要な「自然的限界」まで領土を拡大することと、第二に、新しい国境を堅持して、対外戦争を行わないことである。ただし、現在の多角化した社会経済においては、フィヒテが理想とした、一国限りでの自給自足体制は現実的でないので、数国家によって地域的な国家連合をつくり、一つの指導的国家を中心に自給自足可能な圏域を、他地域からの干渉を排除して確立することが、人間に値する生存を保障するとともに、極東に永遠平和を確立するための唯一の道だということになる。こうした普遍的道義が、〈特殊を通じて普遍へ〉〈普遍のなかに特殊を〉という思考回路のなかで、「国体の本義」や「肇国の思想」という特殊日本的文脈との内在的な連絡をつけた上で提供されたのが、「内在的超越」の思想としての尾高・国家哲学であった。

つまり、尾高が想定した帝国のノモスの実質は、対内的には、再配分路線であり、日本国憲法二五条的な修正資本主義であった。それゆえ、尾高法哲学は、戦前から社会民主主義とりわけフェビアン社会主義の文献に親しんでいた。イギリスの「世論」が、古トーリー主義からベンサム主義を経て集産主義へ移動し、統治システムもそれにあわせて保守党・自由党の二大政党制から保守党・労働党の二大政党制へと移行するさまを、思想史および経済史の観点から跡づけたのは、イギリスの憲法学者A・V・ダイシーであったが、彼の名著『法と世論』は、尾高にとって、社会内在的なノモスの変遷を跡づけた、あるべき「法思想史」学の雛形を示した著作であった(41)。

それが戦後は、資本主義とも社会主義とも異なる第三の道としての、「協同主義」へのコミットメントにつながる。戦後、京城時代に兄事していたローマ法学者の船田享二が政治家となり(42)、国民協同党のリーダーとして、右派主導の社会党や芦田均の民主党と連立して「中道政権」を形成すると、尾高は船田を側面から理論的に援護したのである。日本国憲法制定をリードしたGHQ民政局が支援し、その意味では憲法に最も適合的だったはずの、この中道政治路線は、昭和電工事件によって挫折することになったが、尾高は五五年体制が成立した後においても、なお中道政治の再建に期待をかけて、次のように述べている。――「いまでのような政党のあり方では、保守・革新両派の間の政権の授受・交替ということは、日本をひじょうに妙な立場に追いこむ覚悟がないかぎり、考えられないのではないか。いいかえると、日本の議会政治を軌道の上にのせるためには、保守・革新両陣営の間に、国政の連続性を破壊しないだけの最大公約数を発見し、そこへむかって双方から歩みよることが、ぜひとも必要です(43)」。

本書を卒然と読むと保守・右翼の印象をもたれるかもしれず、実際、天皇制の擁護を行う一方で、マルクス主義を激しく批判したせいもあって、同時代的には「尾高シューレはやや右寄り」とみられることが多かった(44)。けれども、尾高が実際にめざしたのは、戦前・戦後を一貫して、中道路線であったし、日本的デモクラシーの特殊性に鑑みて、象徴天皇にその体現者としての役割を期待したノモスも、その中味は「協同主義」であったことには、充分留意しておく必要がある。本書第三章第一節で、船田のローマ元首政研究を戦後日本に投影している背景には、そうした事情もあることは知っておいてよいであろう。[45]

しかし、ノモスの対外的な側面は、大東亜共栄圏の確立であった。[46] ロバート・オーウェンらが始めた協同（組合）主義の着想は、ファシズムとの親和性が高く、[47] 一部は確実に大東亜共栄圏論に流れ込んでいる。これについては、「人類の全体に対する配分の構成を図るという理念と、世界永遠の平和の保障を確立するという理念とを」めざしたものではあったけれども、それを実現するためには、「まず、自然的限界に達しない小国家を整理・統合して、すべての国家の大きさを或る程度まで揃えることが必要になって来る」のであり、「これを無理に実行しようとすれば、どうしても戦争にならざるを得ない」、という。日本の大アジア主義も含めて、「正にそれが第二次世界大戦勃発の原因となった」のであって、「その覆轍をくりかえす危険がある以上、ふたたびフィヒテのような考え方に近づくことは、国際政治にとっての犯すべからざるタブウとされなければならぬ」として、戦前・戦中のノモスの対外的側面は封印された。かくして、国際関係の現状の変更が許されぬ以上、国家を単位とする国際政治と国境を越えた世界経済の調和という新たな課題が提示される。[48]

こうした配分秩序としての「実践的理念」、「政治の矩」、「根本法」に対して、「ノモス」という表象を与えようとする着想の源泉は、どこにあったのだろうか。この点、本稿筆者は、著者尾高朝雄がいわゆる現象学的社会学の除幕者であることに鑑み、彼にとっては学問上の甥っ子にあたる、ピーター・バーガー／トーマス・ルックマンと連絡をつけ、彼らのノモス論の文脈で尾高のノモス主権論を読み直そうとしたことがある。そうすれば、彼らの仕事に触発されたロバート・カヴァーの論文「ノモスと物語」との脈絡をつけることができ、同論文を大学院演習の教材としたことを契機に自己流の「物語」論に手を染め、それを日本の憲法学に持ち込むのみならず、九〇年代末からの日本の行政改革や司法改革の示導動機にまで仕立て上げた佐藤幸治学説に至るナラティヴを綴ることが可能になる。(49) この読み方は間違っているとは思わないし、「原始社会の社会統制作用」論文の発見によって明らかになった、『聖なる天蓋』の著者と若き尾高との想像以上の同型性は、この読み方のアクチュアリティーを、むしろ後押ししてくれてもいる。著者は死後も成長するのである。

ただし、この読解を支える媒介として、エミール・デュルケームの『自殺論』を尾高が読んでいた、という事実が証明されることが望ましい。バーガー＝ルックマンは、デュルケームが自殺の原因の一つとして指摘した「アノミー（anomy）」つまり「無ノモス状態」という観念から、彼らの「ノモス（nomos）」論の文脈を導出したのだからである。この点、すでに述べた通り、尾高は若い頃にはデュルケームの徒であったわけで、社会学徒としては既刊の『自殺論』を読んでいて当然であるし、社会科学の布置連関からいえば、彼の学問は『自殺論』を読んでいなくてはならない――読んでいてこそ意味のある――学問なのであって、現実の尾高が『自殺論』を読んでいたかどうかは、むしろどうでも良いことだといえる。しかし、尾高が急逝した際に東大法学部研究室の書架にあった本のなかにも（東大教養学部尾高文庫）、彼が奉職した京城帝国大学図書館の旧蔵書にも、『自殺論』の姿を見つけることはできなかった。東京大学の図書館蔵書にも、現在のところ読書の痕跡は発見されていない。一九四五年三月、東京大空襲で自宅が全焼した際に『自殺論』が焼失した可能性は排除されないものの、率直にいって尾高の周辺に『自殺論』の匂いがしないのである。

代わりに発見されたのが、カール・シュミットであった。もちろん、先後関係からいって、誰もが想像する『大地のノモス』（一九五〇年）ではあり得ない。尾高がノモス主権のアイディアを得たのは、どうやら一九三四年刊の『法学的思惟の三類型』かららしい、というのが現時点での文庫研究から得た結論である。[50]

同書によれば、法学には規範主義・決断主義・具体的秩序＝形成思考の三種があるとされる。一般には決断主義者とみられてきたシュミットが、規範主義のみならず決断主義をも批判して、実は具体的秩序＝決断思考を支持していることが明らかにされた本である。そのうち、規範主義を論ずる文脈で、ギリシアの詩人ピンダロス（ピンダー）の断片から、「ノモスは王である（Nomos basileus）」という名句が引用される。尾高はここに、「Pindar(os), grösster grch. Lyriker 522 v. Ch. t nach 446」（ピンダー［ピンダロス］、最も偉大なギリシア詩人、紀元前五二二年生、同四四六年以降に没）、「法ハ全テノ人間ト神々トノ王ナリ」、「basilicus, königlich」（バシリクス、国王の）と欄外にメモしているのである。

実は、このピンダロスの断片一六九は、複数の著者による引用を通じて伝わっているもので、一番有名なヘロドトスの『歴史』には、「慣習法」としか訳せない文脈で「ノモスは王である」の引用があり、プラトンの『ゴルギアス』では、勝てば官軍（マイト・イズ・ライト）という文脈で引用されている。[51] この点、シュミットは、両者の解釈を意図的に退け、彼が愛読するヘルダーリンのピンダロス解釈を採用している。その結果、ピンダロスは規範主義の代表者として引用されることになる。

もちろん、シュミットの叙述は、そこで終わっていない。むしろ、ストア派の哲学者クリシッポスの方が大きく採り上げられている。彼の『法論』のなかでは、ピンダロス定式が「法は、道徳・不道徳、法・不法についての王であり、監督者であり、支配者であり、命令者である」というふうに内容を敷衍されており、シュミットはこれにも言及しているのである。

この点、尾高は、シュミットが「ノモスは王である」としか説明をつけていないピンダロスについて、田中秀央・落合太郎編著『ギリシア・ラテン引用語辞典』（岩波書店、一九三七年）を調べて、その訳文（実は断片番号にずれがある）をメモしたのであるが、ヘルダーリンを参照した形跡はない。それどころか、クリシッポスにも「Chrysippos（280−206）grch. Philosoph（Stoiker）」と欄外に記入しており、むしろこちらのメモの方が重要である。人の支配ではなく法の支配という、二千年に及ぶストア的伝統の代表は、むしろクリシッポスである。

かくして尾高の場合は、ピンダロスの定式がかくも長期間にわたって、しかもヘロドトスやプラトンではない仕方（すなわち法の主権の定式）で流布した後、そのままストア派の伝統に流れ込んだ、という系譜学的興味の方が優先しているようである。ルソーについて、その流れを汲む形で解釈しようとしているのが、本書第三章特に三節である。実はロックについても、尾高はノモス主権的解釈を試みている。尾高手沢本の『市民政府二論』の第一六章一九五節には、全文下線が引かれている上に、欄外に重要な内容であることを示す丸印と「Nomos ノ支配」という書きつけがある。せっかくのノモス主権論が、いくら違うと抗議しても、オランダ自然法論の流れを汲む法学者クラッベの法主権論と同視されてしまうことに苛立っていた尾高は、[54] 自説をもっと広い文脈のなかに位置づけるべく、あれこれ腐心していたに違いない。

五　尾高プロブレム再び

時計の針を少しだけ巻き戻そう。一九四四年、宮澤俊義の奔走が功を奏して、尾高は、同学部としては史上初めての、外部からのスカウト人事として、東京帝国大学法学部に移籍する。思想戦の隊長役から解放された彼は、あるとき法学部図書室に一冊の本を見つけた。それが、フッサールの『デカルト的省察』フランス語版である[55]。フライブルクでの修業時代、フッサールや弟子のオイゲン・フィンクから、直にドイツ語版が出ると、きかされていたからであろう。尾高は、フランス語版を購入せずに帰国したようである。その後、よく知られている経緯でユダヤ人のフッサールは本が出せなくなってしまい、とうとう生前にはドイツ語版が出版されなかった。京城帝国大学の図書館にも所蔵されていなかったため、そのままになっていたものと思われる。

尾高は、この本を借り出し、猛然と精読を開始した。その様子は、ごく最近になって法学部図書室から発見された手沢本の筆跡から伺われる。成果は、ただちに、目に見える形で現れた[56]。まず、尾高の現象学解説には従来欠けていた「ホリツォント（地平）」――ノエシス的直接経験の範囲を示す――の概念（一九節）や、「現象学的間主観性」――他者性や共同性・社会性を論ずるのに有効――の概念（たとえば四九節）が登場して、現実世界の構成分析が急激に整備され始める。また、後の危機書（フッサール『ヨーロッパ諸学の危機と超越論的現象学』）における生活世界（Lebenswelt）を思わせる、「われわれの住む常識的世界の構造」という触発力ある定式も（なお五八節）、印象的である。

さらに、われわれの住む精神の世界、文化の世界が、無数・無限の個人精神の協同作業がノエマ的「共同財」として客観化された「意味の世界」として把握されている。これは、尾高流の制度理論の伏線になっているのであり、次第に制度理論のイディオムが浸透し始める。まず、「客観的意味」を理解した人々は、それにあわせて社会的行為を定型化させるようになり、そうした定型は一括りにされて「制度」を形成する。物質を材料とする「道具の世界」とは異なり、「制度の世界」は、人間の社会的行為を素材とする、定型化された社会組織や社会関係である。規範意味はかかる制度にこそ宿る。客観的意味の複合体としての制度は、あらためて人々の行為を定型化させる方向に働く。この頃から、直接引用こそされなかったが、尾高は、カトリック色の濃厚なジョルジュ・ルナールの大著にも、熱心に取り組むようになっている[57]。

「制度としての国家は、法規範意味の大規模な複合体であり、法の組織を通じて法を作りつつある、巨大な法の生産工場である[58]」。日本国憲法は、巨大な客観的意味の複合体である──尾高プロブレムはさらに進化の兆しをみせていた。このタイミングで、冒頭に述べた通り、ウィーンの青春が帰ってきたのである。これは、シュッツたちにとっても同様で、トーマス・ルックマンに師事した『生活世界の構造』の監訳者・那須壽教授によれば、シュッツは尾高のことをルックマンら弟子たちに語ってきかせていたようである。尾高にとって学問上の甥にあたる、ピーター・バーガーやトーマス・ルックマンのノモス論や宗教論（『聖なる天蓋」）と地続きのものとして本書を読む仕方は、充分に必然性があったと思われる。

自然的素材によって直接底礎された精神的文化的対象を、さらに底礎の地盤とする「高次」の意味的な対象が築かれ、それを底礎の地盤として一層「高次」の意味的な対象が築かれてゆくことによって、高次の客観精神の世界に「そそり立っている」意味を「理念」と名づけた。そのようにして、法の「理念」や「目的」という『実定法秩序論』で多用された素朴な定式にも、こうした世界の意味構造による裏付けが与えられた。法をつくるのは政治であることを承認しつつも、その政治と力の背後に規範的構造を発見するノモス主権は、一方では、特殊な日本的現実にもみくちゃにされながらの試行錯誤の所産ではあるが、他方では、現象学的思惟の強靱さがあればこそ支えられた、執拗な思索の成果である。

こうした「意味に満たされた世界」に生きる人間を、ハイデッガーの「道具（Zeug）」概念を逆手に取って、[59]「世界を作りつつある存在（Welt-erzeugend-sein）」と呼んだ。[60]さらに、かつて、「人は世界の中に存在する。人の存在は世界の中での存在である……」という書き出しで、『法哲学』を講じ始めた尾高が、いまやハイデッガーの「世界内存在（In-der-Welt-sein）」の向こうを張ろうというのだから、その精神の高揚ぶりが伺われる。かくして、『自由論』では、次のように定義される。

われわれの世界認識は、結局は「世界の意味構造」の認識にほかならないのである。世界を間主観的に構成された意味複合体として認識しているということは、人間の特性であり、人間の特権である。[61]

かつての現象学サークルとの交流の復活によって、このように活性化した問題意識のなかで、本書は書かれ論争が戦わされたことを、忘れてはならない。ともあれ、「日本国」であれ「日本国民」であれ、実在国家に「領域的本質」としての「客観的意味」が成立しない限り、その「象徴」のしようもなく、全体と部分の構造連関も発生しない。本書の主張は、理論的にはむしろ、「尾高プロブレム」の成否にかかっていたともいえる。

六　ノモス・主権・責任

問題は、戦前からの連続性においてノモスの支配を主張するとしても、かかるノモスの支配の伝統を紹介するシュミットが、それを規範主義として厳しく批判している、ということである。この批判をどのように咀嚼するかで、規範主義の典型たる法主権説と、ノモス主権説との距離が決まってくるわけである。ノモス主権説が、規範主義と誤解されることを嫌うとしたら、それがマイト・イズ・ライトの決断主義ではない以上、シュミットの三類型が正しいのなら、自動的に具体的秩序＝形成思考へと誘導されることになる。これは、自然法論と一線を画し、あくまで実在的な社会団体としての国家について、団体内在的な「理念」やノモスを主題化する以上は、ある意味好都合な枠組みである。

しかし、尾高のノモスは、具体的秩序であると同時に、普遍性に開かれたものでなければならない。論文「法の窮極に在るもの（二・完）」は、一九四六年元旦の「人間宣言」を未だ知らず、ノモス主権論にも到達していない段階の文章であるが、すでに「国家存立の根本義」として「政治の矩」は、カール・シュミットのいう「具体的秩序」の思想に近いが、あくまで「特殊を媒介とする普遍なる者の自己実現」でなくてはならず、したがって、「あくまでも特殊な性格を有しながら、普遍の立場からも広く認証せらるべき価値を持つ」「正義の理念」である必要がある、とされていた[62]（以上、傍点は尾高）。協成社会団体の「文法」が、忠実に再現されていることに注意されたい。

ここには、未だ天皇の語は一言も用いられていないが、本書の思想がすでに十全に表現されている。それを、実際に成立した日本国憲法にあてはめて、「移行期の民主政(democracy in transition)」を考え抜いたのが、本書である[63]。思想態度を一貫させることで、これまでも激動の時代を——少なくとも主観的には——コンシステントに乗り切ろうと努めてきた著者が、今度の荒波にはどのように対処しようとしたのか。著者のテクストに対しては、それ相応の粘り強い読解方法が求められる。

尾高からすれば、耳目を集めた天皇の処遇については、大騒ぎするような変化は生じていない。天皇の居場所は、もともと帝国の「意味的全体性」の「体現者」の地位でしかなかったので、日本国憲法のもとでも引き続き「ノモス」の「象徴」として、「意味」としての「全体」を演出し続けるだけのことである。大変化が生じたのは、むしろ、社会団体としての日本国家を支える「全体」と「部分」の意味連関である。「部分」としての国民の「地位」の変化を、尾高はG・イェリネックの公権論に倣って、「受動・消極の地位から、能動・積極の態度へ」の大転換として説明した（本書一五四頁）。それに応じて、当然のことながら、「部分」のもつ「責任」が重たくなったのである。「国民主権」の採用が、国家の意味的構造連関に惹起した変化は、それである。かかる変化を通じてはじめて、規範の実在化に「責任」を負う、生身の人間の主体性がクローズアップされる。

それゆえ、尾高は、戦後の職業憲法学者が「訓示規定」として考慮の外においてしまった、憲法一二条に注目する。同条の「不断の努力」に示されたのは、「憲法の求める政治を実現して行くべき責任」・「政治のあり方の矩」・「それを国民自らの努力で実現すべきものとする理念」である。「国民」主権とは、フィヒテとの連関を念頭に語られる「人間たるに値する国民生活」を保障する政治を築き上げるのは「アメリカ人でもなく、ソ連人でもない、日本国民自らの責任である」、ということである（以上、本書二一〇頁）。

とりわけ、本書で印象的なのは、次の文章である。「天皇の統治を絶対的に尊崇するのは、国民自らの求める理念を、自己の外に疎外する態度である。そこから政治に対する国民の他力本願・他者依存の弊風が生まれた」（二五四頁）。この論旨を補強する文章を、別の機会に尾高は書いている——「われわれは、廃墟の上に無階級、無搾取の理想社会をお伽の国のように築き上げる魔法を信じてはならない。日本国民はかつて太平洋戦争必勝の信念に踊らされて、破壊への暴挙に突入した。われわれは、ふたたび他力本願的な赤色革命必勝の信念に踊らされてはならない。日本の歴史はわれわれが作る。よりよい社会を築くための前提条件は、われわれの意志と努力と、われわれ自身の自頼の精神とである。国民の大部分を占める勤労者がその自覚をしっかりと身につけること、そこに社会民主主義への道がある」(64)。

そうした「天皇統治にまつわる過去の弊風を一掃するに足りるところの、きわめて革新的な変革」を承けて、「国民の自力本願・自己責任の努力によって正しく再建されて行く日本国の姿が、改めて天皇によって象徴せられるという」憲法の制度設計については、もちろん議論の余地は在るであろう。しかし、「これ以上に国体の論議を無用に紛糾せしめることなく、新憲法における国民主権と天皇制との調和にむかって、建設的な考察をすすめて行ってしかるべきであろう」という、尾高法哲学に一貫した「綜合調和」の思想が説かれている（同書一五四頁）。

ところが、本書は憲法学者・宮澤俊義との論争を惹き起こした。詳細は、本書第七章の、論争当事者による迫真のドキュメントに明らかであるが、国体論争としては、憲法学者の佐々木惣一と哲学者の和辻哲郎の論争に引き続くものである[65]。国体の変更を「八月革命説」によって論証した宮澤についての分析は別稿に委ねるとして[66]、ここでは以下の点を指摘しておきたい。

第一に、朝鮮半島のナショナリズムを肌で感じていた尾高が、「日本人がよほどの軽薄な国民でないかぎり」、二千年来の伝統と考えられている国体の変更に対して「無言の反発」を抱いているはずだ、とみたのが本書の執筆動機だ、という点に注意を促しておきたい（本書一八八頁）。結果的には「悲痛な民族精神の反噬」は全く起こらず、日本人の「軽薄な」国民性があらわになった格好であるが、本書の基礎にある国家＝作業共同体論には、ナショナリズムをめぐる本質的な問題提起が含まれている[67]。

内地の憲法教授であった宮澤に見えていた「根本建前」よりも、もっと高次の「実践的理念」、「政治の矩」、「具体的秩序」を繰り出す尾高の「帝国」的構成により、追い詰められていたのは、実は宮澤の方であった。政治的に尾高には敗れるわけにゆかなかった彼は、苦し紛れに「国民」＝憲法制定権力の決断主義に活路を求めて、その場を凌いだ。だが、尾高が忽然とこの世を去った後の一九六〇年、安保国会を取り囲む「国民」のナショナルなエネルギーの実態を目の当たりにして、宮澤は当惑することになる。(68)

第二に、尾高が提起したのは、〈設問としての主権〉の要否、という最も基本的な問題だった。

一六世紀のフランスにおいて、封建制のしがらみを断って近代化をなしとげるために、絶対的権力＝「主権」の樹立は必要不可欠であったかもしれない。既存の権威や法に縛られない主権者をなのることによって、君主には、旧来の貴族の既得権の体系というしがらみを、断つことが可能になった。また、一八世紀末のフランスでは、革命を主導した一部の市民や都市民衆が「国民」をなのり、「主権」の旗印を掲げることによって、バスティーユの監獄を攻撃する乱暴狼藉も、不法行為としての評価を免れたのである。

しかし、安定したデモクラシーにおいて、政治社会は絶対権力を必要とするのか否か。それが、筆者のいう〈設問としての主権〉である。そこには〈主権論＝絶対デモクラシー〉・対・〈反主権論＝立憲デモクラシー〉の対立がある。宮澤・尾高論争当時の読者には、まるで見えなかった図式であるが、主権論はもう古いと述べて尾高が熱烈に支持するのが、後者の立憲デモクラシーであることに気がつけば、本書は俄然アクチュアリティーを佩びてくるであろう。

主権論が演出する絶対デモクラシーは、多数者の専制にならざるを得ないし、多数者に支持された独裁者を生んでしまう。そうした数の力に導かれた「数の政治」に、尾高が対置させるのは、ノモスに導かれた「理の政治」である。「数の政治」にならざるを得ない国会に対して、「理の政治」の体現者を天皇に期待する本書の憲法解釈は、実は「平成デモクラシー」を読み解くための鍵になっているのではないか[69]。ただし、「数の政治」と「理の政治」の綜合調和をめざす尾高構想の鍵を握るのは、現実政治による天皇統治の理念の悪用を防ぐ、国民の「政治的自覚」と国民の「責任」である[70](本書一五二頁)。

第三に、本書にみられるような「意味的全体性」の体現者として合理化された天皇論は[71]、論戦の外観の上では和辻・尾高と二連敗の様相であったが、それを拾い上げて通説に仕立て上げたのは、京城時代の畏友、憲法学者・清宮四郎であった。尾高『国家哲学』によって戦前の天皇論を構築していた清宮は、それを戦後に弊履のごとく覆すことをよしとはせず、尾高同様にコンシステンシーを保とうと試みた[72]。

それが、憲法一条から導かれる「象徴的地位」論であり、それに基づく「象徴としての行為」(象徴的行為、公的行為)の主題化であった。しかし、慎重な清宮はこれらを野放しにはせず、憲法三条の解釈により、「象徴としての行為」に対しても「助言と承認」が必要だとして、歯止めをかけた。そこにいう象徴的地位とは、あの京城で切磋琢磨した尾高説、すなわち「意味的全体性の体現者」の地位にほかならない。

この清宮説が、天皇を「国事行為のみを行う国家機関」として捉える戦後版・天皇機関説を唱えた宮澤俊義を打ち破り、通説になった[73]。和辻や尾高の仇をとった格好であり、宮内庁をも支配して、天皇の「象徴的地位」とそれに基づく「象徴としての行為」を定位するのに成功した。先の天皇退位を決定づけた二〇一六年八月八日の「おことば」は、清宮説を咀嚼

して書き下ろされたものである。(74)

その背景に見え隠れする尾高説を視野に入れて、この事態を読み解けば、まさに日本国憲法が用意した統治システムの実相が浮かび上がってくる。このように、かつて「天皇制のアポロギヤ」としてのみ受容された本書は、著者の死後六〇数年を閲した今日、新たな潜勢力をもって読者公衆の前に立ち現われる必然性を有している。本書のなかで、尾高は、「力は常に被治者の側にある」というヒュームの言を引用しているが（二一三頁）、書物の力もまた、それを受容する読者によって、つくられるのである。

跋　二つの初心

最後に、尾高朝雄の初心を示す、二つの文章をみておきたい。

科学の任務は複雑多岐な諸現象を最少限度の要素と原理とより説明するにあると同時に、説明の明確にして多様なる事実の解釈に適合し得ることも、亦その必要な一と云はなければならない。例えば化学的現象を単一な物理学的原理から説明することは学の理想である。然し、今日に於ては、八十三種の元素から出発して之を説明する化学は遥かに我々の学的要求と実際的必要とに適合する。（尾高朝雄『原始信仰の社会統制作用』［一九二四年一〇月、謄写版刷］一三頁）

消極的に云へば——法理学は経験的歴史的の法律制度と対立して実在すると看做さるゝ

理想的法秩序、即ち、自然法の学ではない。積極的に云へば――法理学とは、一方法律学が拠って立つ所の根本原理を明かにし、法律の最高目的を確立すると同時に、他方、法秩序の各領域に亘ってその本質的属性及び法則を究むる所の哲学的科学である。（尾高朝雄述『京城帝国大学講義案（昭和三年度）・法理学概論』［不明、謄写版刷］八頁、傍線は尾高）

そこにみられる演繹的論理への懐疑。経験界の彼岸に措かれた自然法の拒絶。そのように、瑞々しく自らの方法的選好を表明した一人の若者が、およそ二〇年の後にものした作品として、この『国民主権と天皇制』は読まれるべきである。この種の思考の構えは、学者人生を通して、存外変わらない。

とりわけ本書が提示するノモス主権論は、それとは反対の像――規範論理主義、自然法論、理性主権――を結びやすい。しかし、物事を単一原理のみから演繹しようとする、分析的知性による尾高解説は、基本的に間違っている。[75] 尾高の学問を「綜合法学」[76]と評したのは清宮四郎であるが、さすが莫逆の友ならではの、肯綮に中った評言であった。本解説もまた、及ばずながら、綜合の人・尾高朝雄の像を立体化させるために、贅言を弄したものにほかならない。

（1）George F. Rohrlich. ジョージ・ローリク（ゲオルク・ローアリヒ）。ウィーン大学出身。ILO勤務などを経て、テンプル大学教授（経済学、社会政策）。GHQには三年勤務していた。

（2）Alfred Schütz. アルフレッド・シュッツ（アルフレート・シュッツ）。後にも言及されるように、現象学的社会学の創始者であり、贅言を要しない。参照、森元孝『アルフレート・シュッツのウィーン』（新評論、一九九五年）。

（3）Emanuel Winternitz. エマニュエル・ウィンターニッツ（エマヌエル・ヴィンターニッツ）。『楽器の歴史』（皆川達夫・礒山雅訳、ＰＡＲＣＯ出版、一九七七年）、『音楽家レオナルド・ダ・ヴィンチ』（金沢正剛訳、音楽之友社、一九八五年）。ウィーン学派の『公法雑誌』にも論文を発表。

（4）Fritz Schreier. 尾高は「フッサールに於ける「純粋」論理学の理念は、ケルゼンの門下に属するフェリックス・カウフマン及びシュライヤーによって、「純粋」法学の構想と連関せしめられ、ここに現象学と純粋法学との結合が成立するに到った」と評価しつつも、「現象学の不徹底な適用であり、純粋法学の側路への誘導に過ぎない」と断じている。参照、尾高朝雄『法哲学』（日本評論社、一九三六年）一九六、一九九頁。

（5）Felix Kaufmann. 前註にもあるように、ケルゼン派の現象学的転回をリードした重要人物の一人。公刊後まもない時期に、いち早く尾高の独文著書の書評を書いている。

（6）Hans Kelsen. ハンス・ケルゼン。いわずと知れたウィーン法学派の総帥である。彼を京城帝国大学に招聘する計画が、尾高を中心に練られたとの証言がある（清宮四郎「私の憲法学の二師・一友」公法研究四四号［有斐閣、一九八二年］一頁以下、特に一三頁以下）。

（7）Eric（Erich）Voegelin. エーリヒ・フェーゲリン。ガイスト会と称する、当時の若手知識人サロンの存在を伝える、『自伝的省察』（山口晃訳、而立書房、一九九六年）は興味深い。近年膨大な著作集が刊行されており、本文に訳出した尾高への手紙もそこに含まれている。Cf. E. Voegelin, The Collected Works of Eric Voegelin, Vol. 29, 2009, p. 588f. なお、尾高は、一九四八年一二月三一日付で返事を書くとともに、The Ultimate Foundation of Law と題した『法の窮極に在るもの』の抄訳を添付して送り届けている（フーバー研究所アーカイヴ所蔵）。また、「Otaka 東京で発見」のニュースは、たちまち友人たちの間で共有されている。

(8) Joachim O. Ronall. ヨアヒム・ロナル。アメリカでも活躍した経済学者・経済史家。

(9) シュッツが、アメリカへの命がけの逃避行の際にも手放さず大切にしていた、尾高家の家族写真をめぐる感動的なエピソードについては、参照、久留都茂子『私の心の一隅に棲む異邦人』(信山社出版、二〇〇一年)二二八頁以下。東京都立商科短期大学学長、東京女学館短期大学学長を歴任した次女都茂子は、女性民法学者としてパイオニア的存在であり、父の『法学概論』の補訂も行っている(第三版、有斐閣、一九八四年)。百田光雄と結婚した長女初枝には、「一通の封書から」日本女子大四十三回生文集委員会編『戦いの中の青春――一九四五年日本女子大卒業生の手記』(勁草書房、一九七六年)がある。

(10) 早稲田大学文学部シュッツ・アルヒーフ所蔵、括弧内は原文。See also Michael D. Barber, The participating citizen : a biography of Alfred Schutz, 2004, p. 172. しかし、二人は再会を果たすことなく、尾高は三年後にシュッツは六年後に、相次いでこの世を去った。

(11) 一九五六年の初夏、歯科治療中のペニシリン注射が惹起したアナフィラキシー・ショックによって、突然この世を去る。一九五五年六月に立ち上げられた戦後日本法学のモニュメント、有斐閣法律学全集の企画書によれば、第二巻は尾高朝雄『法思想史』になるはずであったが、著者の急逝により『法思想史』そのものが幻に終わったのである。同年四月の第二次案段階では(この時点では「法学全集」)、第一巻『法哲学(概論・思想史)』が尾高の担当になっていた。このうち、『法思想史』を独立させ、『法哲学概論』は京都大学の法哲学教授・加藤新平に譲る、というのが最終案になった。参照、「法学全集(仮称)(第二次案)昭和三十年四月」、「法律学全集(仮称)執筆者・項目 昭和三十年六月」、「執筆要領 昭和三十一年五月」。

(12) 尾高は、近所づきあいしていた哲学者の三宅剛一らとともに、フッサール宅に通って個人指導を受けるとともに、オスカー・ベッカーに頼んで『存在と時間』を読んでもらっていた。東京大学教養学部尾高文庫所蔵の手沢本によれば、『存在と時間』は、現象学年報八巻をテクストとして、六月一三日に（かつてフライブルクの駅前にあった）ホテル・オイロペーイッシャー・ホーフで読了している。時折、「ベッカー教授の所見」が欄外にメモされている。『形式的論理学と超越論的論理学』の方は、一九三〇年三月二九日にウィーンで読了、同年八月八日フライブルクにて再読、とある。

(13) Vgl. Alfred Schütz Papers. General Collection, Beinecke Rare Book and Manuscript Library, box 27, folder 631.

(14) 尾高は、Odakaでは外国人にとって発音が難しいという理由で、Otaka表記を用いていた由である。

(15) Vgl. F. Kaufmann, Besprechung : Tomoo Otaka, ord. Professor der Rechtsphilosophie an der Universität Keijo, Grundlegung der Lehre vom sozialen Verband, Archiv für Rechts- und Wirtschaftsphilosophie, Bd. 26, 1932/1933, S. 400f.

(16) Vgl. A. Schütz, Tomoo Otakas Grundlegung der Lehre vom sozialen Verband, Zeitschrift für öffentliches Recht, Bd. 17, 1937, S. 64ff. bes. 70ff.

(17) 引用文は尾高自身による報告の要約。参照、「学界消息・国家研究会」公法雑誌一巻一号（一九三五年）一三〇頁以下。

(18) 参照、尾高朝雄・前掲注（4）一八八頁以下。

(19) Vgl. E. Husserl, Ideen zu einer reinen Phänomenologie und phänomenologischen Philosophie, Bd. 1, 1913, S. 7ff.

(20) 尾高手沢本には、この方面での先駆者であるアドルフ・ライナッハの法律本質学に、傾倒していた痕跡がある。Vgl. A. Reinach, Gesammelte Schriften, 1921.

(21) そのため、しゃにむに読み進める尾高は、「道具」や「道具全体性」、「共同存在」や「周囲世界」といった概念装置には強い魅力を感じながらも、ハイデッガーの立論に対しては苛立ちを禁じ得ないでいる。戦後の『法哲学概論』（学生社、一九五三年、一九五頁）では、「思いつきの面白さはあっても、それだけ哲学の視野を、人間的実存の示す、興味のある、しかし、特殊の態度の上に局限せしめるにいたったというそしりを免れない」と、ハイデッガーを断罪した。

(22) 同書は、『論理学研究』第六研究が解明した「範疇的直観」についての叙述が丁寧であったが、それ以降の著作をカバーしていなかった。そうしたフッサール理解の古さを、尾高はシュッツによって指摘されることになる。参照、山内得立『現象学叙説』(岩波書店、一九二九年)三九三頁以下。Vgl. A. Schütz, a. a. O. (Anm. 16), S. 64ff.

(23) Vgl. T. Otaka, Grundlegung der Lehre vom sozialen Verband, 1932, S. 80ff., 128ff., 135ff., 190ff.

(24) 参照、尾高朝雄「国家に於ける法と政治」京城帝国大学法学会論集第七冊『国家の研究第一』(刀江書院、一九三四年)二九頁以下、特に、五一、五三、五八頁以下。

(25) 参照、尾高朝雄『実定法秩序論』(岩波書店、一九四二年)。

(26) 参照、尾高朝雄『国体の本義と内鮮一体』(国民総力朝鮮連盟防衛指導部、一九四一年)一一頁以下、七四頁以下。

(27) 参照、尾高朝雄「国家哲学」岩波講座『倫理学第七冊』(岩波書店、一九四一年)八七頁以下、九八頁、一〇七頁。

(28) 参照、尾高朝雄「法における政治の契機」法律時報一五巻一〇号(日本評論社、一九四三年)二頁以下。

(29) 参照、尾高朝雄「法の窮極に在るもの(二・完)」国家学会雑誌六〇巻二号九六頁以下、特に一二二頁以下。

(30) 内容からみて、社会統制に言及するのは、京都大学文学部所蔵の米田博士講義録四一巻(純正社会学/第五章社会意識及び社会意識の作用)である。

(31) 参照、鳩山秀夫編『土方教授在職二十五年記念私法論集』(有斐閣、一九一七年)。

(32) 参照、京城帝国大学創立五十周年記念誌『紺碧遙かに』(京城帝国大学同窓会、一九七四年)四三六頁以下。

(33) 参照、尾高朝雄「国家と思想」中央公論五九三号（中央公論社、一九三七年）一一五頁以下。

(34) 参照、小熊英二『日本人の境界』（新曜社、一九九八年）四二二頁以下。

(35) 参照、石川健治「コスモス——京城学派公法学の光芒」酒井哲哉編・岩波講座『帝国日本の学知1』（岩波書店、二〇〇六年）一七一頁以下。

(36) たとえば参照、尾高朝雄『法の窮極に在るもの』（有斐閣、一九四七年）三一五頁。該当するフィヒテの原文は石川が付した。

(37) Vgl. J. G. Fichte, Der geschloßne Handelsstaat, 1920, S. 37. 尾高は、マイナー版の同書が各頁に明示する、全集版の換算頁で引用している（Sämtliche Werke, Bd. 3, S. 422f. bes. 423)。

(38) Vgl. ders., Sämtliche Werke, Bd. 3, S. 402.

(39) Vgl. ebenda, S. 423.

(40) 尾高・前掲注（36）三一五頁以下。

(41) Cf. A. V. Dicey, Lectures on the relation between law and public opinion in England during the nineteenth century, 1905, 2. ed., 1914.

(42) 参照、船田享二「教授化して政治家となる」文藝春秋二八巻二号（文藝春秋社、一九五〇年）五二頁以下。

(43) 参照、尾高朝雄「共通の広場を求めよう」尾高朝雄・坂西志保ほか『二〇代の知性、五〇代の英知』（新日本教育協会、一九五五年）二五六頁以下、特に二八五頁。

(44) 参照、小林直樹「人間学志向の小源泉——若き日の拙い『覚書』の断片から」国家学会雑誌一一九巻九・一〇号（二〇〇六年）六七四頁以下、特に六七七頁。

(45) なお、参照、尾高朝雄・鵜飼信成・船田享二『法と政治の研究』（御茶の水書房、一九四九年）はしがき。

(46) 参照、尾高朝雄「大東亜共栄圏の文化理念」京城帝国大学大陸文化研究会編『続大陸文化研究』(岩波書店、一九四三年) 一頁以下。

(47) 参照、船田享二「ロマニタとファッシズモ」、「ファッシスタ国民理論の原型」柏熊達生ほか『ファシズモ研究』(イタリア友の会、一九四二年) 一頁以下、二八頁以下。

(48) 参照、尾高・前掲注 (36) 三一八頁以下。

(49) 参照、石川健治「イン・エゴイストス」長谷部恭男・金泰昌編『公共哲学一二 法律から考える公共性』(東京大学出版会、二〇〇四年) 一八一頁以下、同『自由と特権の距離 (増補版) ――カール・シュミット「制度体保障」論・再考』(日本評論社、二〇〇七年) 二五二頁以下。この方向での最近の力作としては、江藤祥平『近代立憲主義と他者』(岩波書店、二〇一八年) がある。

(50) Vgl. C. Schmitt, Über die drei Arten des rechtswissenschaftlichen Denkens, 1934, S. 14.

(51) Vgl. Ebenda, S. 17.

(52) 尾高が参考書として精読したのは、コールマン・フィリップソン『古代ギリシア・ローマの国際法と国際慣習』であるが、件のピンダロスについては、まずヘロドトスで「慣習はすべての物の王である」として引用されていること、しかしその後には、聖俗のすべての物に対する、法の主権の意味で理解されたことが要約的に叙述されるのみで、むしろクリュシッポス『法論』が重視されている。Cf. Coleman Phillipson, The international law and custom of ancient Greece and Rome, Vol. 1, 1911, p. 54f.

(53) 一九三八年から、京城で尾高や清宮四郎の指導を受けながら仕上げた、鵜飼信成の訳文 (岩波文庫『市民政府論』一九六八年) では、「……しかし彼らが神と自然の法に服しなければならぬことは確実である。何人も、どんな権力も、この永久法への義務から彼らを免れさせるわけにはいかない」。

(54) Vgl. H. Krabbe, Die Lehre der Rechtssouveränität : Beitrag zur Staatslehre, 1906.

(55) Cf. E. Husserl (traduit par Gabrielle Peiffer et Emmanuel Levinas), Méditations cartésiennes :

introduction à la phénoménologie, 1931. 有斐閣の印が押されているが、経緯は不明である。

(56) 参照、尾高朝雄「法哲学における形而上学と経験主義」法哲学四季報一号（一九四八年）九〇頁以下（同『法の窮極にあるものについての再論』〔勁草書房、一九四九年〕一三三頁以下）。

(57) Cf. Georges Renard, La théorie de l'Institution : Essai d'ontologie juridique, 1930.

(58) 参照、尾高朝雄『法思想史序説』（弘文堂、一九五〇年）七五頁。この生産もまた、原語は Erzeugung のはずである。他方、複合体（Komplex）とは、法制度を規範の複合体（Normenkomplex）と捉える概念法学的用法に由来する、典型的な制度理論のイディオムである。

(59) ハイデッガー『存在と時間』は、所与の道具的世界（道具全体性 Zeugganzheit）における、適所性（Bewandtnis）を特色とする世界内存在として、人間を描き出した。なお Erzeugung は、ケルゼンらウィーン学派の用語でもあり、「創設」と訳される（宮澤俊義は「生産」の訳語を好む）。参照、ハンス・ケルゼン（清宮四郎訳）『一般国家学』（岩波書店、一九三六年）五〇七頁以下。

(60) 参照、尾高朝雄『自由論』（勁草書房、一九五二年）五六頁以下。

(61) 参照、尾高・前掲注（61）六七頁。

(62) 参照、尾高・前掲注（29）一二二頁以下。

(63) Cf. J. J. Linz / A. Stephan, Problems of democratic transition and consolidation, 1996.

(64) 参照、尾高朝雄「社会民主主義への道」蠟山政道ほか『マルクシズムに対決するもの――批判と反批判』（労働文化社、一九四九年）五〇頁。

(65) 新憲法によって国体が変更されるか否かについて、佐々木は変更されるといい、和辻は変更されないと主張して、戦後最初の「国体論争」と呼ばれた。佐々木惣一『天皇の国家的象徴性』（光文社、一九四九年）、和辻哲郎『国民統合の象徴』（勁草書房、一九四八年）。

(66) 参照、石川健治「八月革命七〇年後――宮沢俊義の八・一五」辻村みよ子・長谷部恭男・石川健治・愛敬浩二編『「国家と法」の主要問題』（日本評論社、二〇一八年）五頁以下。

(67) 参照、姜尚中『ナショナリズム』(講談社学術文庫、二〇一八年) はしがき。
(68) 参照、石川健治「非政治と〈情念〉」思想一〇三三号 (岩波書店、二〇一〇年) 二六二頁以下。
(69) 参照、清水真人『平成デモクラシー史』(ちくま新書、二〇一八年)。
(70) 参照、互盛央『日本国民であるために――民主主義を考えるための四つの問い』(新潮選書、二〇一六年)。
(71) 和辻哲郎は、尾高朝雄の実弟・邦雄の岳父であり、親戚としての交流があったが、法政大学図書館和辻文庫に所蔵されている、尾高朝雄『国民主権と天皇制』(国立書院、一九四七年) の和辻手沢本は、ほとんど全ページにわたって和辻の書き込みがあり、到るところに二重丸が記されて、諸手を挙げて絶賛の状況である。
(72) 参照、石川健治「象徴・代表・機関」全国憲法研究会編『日本国憲法の継承と発展』(三省堂、二〇一五年) 一七〇頁以下。
(73) 参照、石川健治「法律時評・天皇の生前退位」法律時報八八巻一三号 (日本評論社、二〇一六年) 一頁以下。
(74) 参照、石川健治「国民主権と天皇制――視点としての『京城』」姜尚中ほか『明治維新一五〇年を考える』(集英社新書、二〇一七年) 一六三頁以下、石川健治・姜尚中「象徴としての天皇と日本国憲法――今上天皇の「退位」を巡る考察」すばる四〇巻一号 (集英社、二〇一八年) 五二頁以下。
(75) 参照、菅野喜八郎「ノモス主権論争 私見」同『続・国権の限界問題』(木鐸社、一九八八年) 三四五頁以下。
(76) 参照、清宮四郎「綜合法学への大道――尾高朝雄氏著『実定法秩序論』」帝国大学新聞一九四二年六月二二日第四面。

KODANSHA

本書の原本は、一九五四年に青林書院から刊行されました。読みやすさに配慮して統一やルビの追加を行い、明らかな間違いは訂してあります。また、現在では「着」が用いられる「著」は読みやすさを重視して「着」とし、原本では漢数字になっている注番号はアラビア数字にしました。なお、読解の一助として編集部による注記を〔　〕の形で挿入してあります。

尾高朝雄（おだか　ともお）

1899-1956年。法哲学者。東京帝国大学法学部卒業後，京都帝国大学文学部に進み，西田幾多郎らに学ぶ。留学中にケルゼンやフッサールの薫陶を受け，京城帝国大学教授，東京帝国大学教授を歴任。主な著書に，『国家構造論』（1936年），『実定法秩序論』（1942年），『自由論』（1952年），『法哲学』（1956年）など。

講談社学術文庫

定価はカバーに表示してあります。

国民主権《こくみんしゅけん》と天皇制《てんのうせい》

尾《お》高《だか》朝《とも》雄《お》

2019年６月10日　第１刷発行
2025年２月12日　第２刷発行

発行者　篠木和久
発行所　株式会社講談社
東京都文京区音羽2-12-21 〒112-8001
電話　編集（03）5395-3512
販売（03）5395-5817
業務（03）5395-3615

装　幀　蟹江征治
印　刷　株式会社ＫＰＳプロダクツ
製　本　株式会社国宝社
本文データ制作　講談社デジタル製作

2019 Printed in Japan

ISBN978-4-06-516271-2

「講談社学術文庫」の刊行に当たって

これは、学術をポケットに入れることをモットーとして生まれた文庫である。学術は少年の心を養い、成年の心を満たす。その学術がポケットにはいる形で、万人のものになることは、生涯教育をうたう現代の理想である。

こうした考え方は、学術を巨大な城のように見る世間の常識に反するかもしれない。また、一部の人たちからは、学術の権威をおとすものと非難されるかもしれない。しかし、それはいずれも学術の新しい在り方を解しないものといわざるをえない。

学術は、まず魔術への挑戦から始まった。やがて、いわゆる常識をつぎつぎに改めていった。学術の権威は、幾百年、幾千年にわたる、苦しい戦いの成果である。こうしてきずきあげられた城が、一見して近づきがたいものにうつるのは、そのためである。しかし、学術の権威を、その形の上だけで判断してはならない。その生成のあとをかえりみれば、その根は常に人々の生活の中にあった。学術が大きな力たりうるのはそのためであって、生活をはなれた学術は、どこにもない。

開かれた社会といわれる現代にとって、これはまったく自明である。生活と学術との間に、もし距離があるとすれば、何をおいてもこれを埋めねばならない。もしこの距離が形の上の迷信からきているとすれば、その迷信をうち破らねばならぬ。

学術文庫は、内外の迷信を打破し、学術のために新しい天地をひらく意図をもって生まれた。文庫という小さい形と、学術という壮大な城とが、完全に両立するためには、なおいくらかの時を必要とするであろう。しかし、学術をポケットにした社会が、人間の生活にとってより豊かな社会であることは、たしかである。そうした社会の実現のために、文庫の世界に新しいジャンルを加えることができれば幸いである。

一九七六年六月

野間省一

政治・経済・社会

2562・2563
国富論（上）（下）
アダム・スミス著／高　哲男訳

スミスの最重要著作の新訳。「見えざる手」による自由放任を推奨するだけの本ではない。分業、貨幣、利子、貿易、軍備、インフラ整備、税金、公債など、経済の根本問題を問う近代経済学のバイブルである。

電P

2569
ルイ・ボナパルトのブリュメール18日
カール・マルクス著／丘沢静也訳

一八四八年の二月革命から三年後のクーデタまでの展開を報告した名著。ジャーナリストとしてのマルクスの舌鋒鋭くもウィットに富んだ筆致を、実力者が達意の日本語にした、これまでになかった新訳。

電P

2599
日本憲法史
大石　眞著

憲法とは文言ではなく、国のあり方そのものである――。近代の日本が、時代ごとに必要としてきたものは何か？　開国、議会開設から敗戦・占領を経ての独立まで、憲法＝国家構造の変遷を厳密にひもとく。

電P

2612
憲法問題
恒藤　恭著（解説・角田猛之）

日本に憲法を改正する資格はあるのか？――芥川龍之介の親友として知られる法学者が一九四九年から六〇年という激動の時代に発表した鋭利な提言の数々。ここにある問いは、今もなお答えられていない。

電P

2635
経済学の思考法　稀少性の経済から過剰性の経済へ
佐伯啓思著

もはや、「神の見えざる手」に頼ることはできない。格差拡大、雇用不安など、現代資本主義が直面する数々の困難を、徹底検証。アダム・スミスからアベノミクスまで、経済学の限界と誤謬を提示する。

電P

2670
憲法と国家の理論
清宮四郎著／樋口陽一編・解説

宮沢俊義と並んで戦後日本の憲法学を主導した偉大なる碩学・清宮四郎（一八九八―一九八九年）。その精髄を伝えるべく、著者に薫陶を受けた樋口陽一氏が重要論文を精選した初にして最良のアンソロジー。

電P